罗素 论人的理性

Bertrand Arthur William Russell
[英] 伯特兰·阿瑟·威廉·罗素 著

石磊 编译

中国商业出版社

图书在版编目（CIP）数据

罗素论人的理性／［英］罗素著；石磊编译．—北京：中国商业出版社，2016.2（2021.6重印）

ISBN 978-7-5044-9257-9

Ⅰ．①罗… Ⅱ．①罗…②石… Ⅲ．①罗素，B．（1872~1970）—理性—哲学思想 Ⅳ．①B561.54

中国版本图书馆 CIP 数据核字（2016）第 023691 号

责任编辑　姜丽君

中国商业出版社出版发行

010-63180647　www.c-cbook.com

（100053　北京广安门内报国寺 1 号）

新华书店经销

三河市悦鑫印务有限公司

* * * *

890 毫米×1260 毫米　16 开　16 印张　282 千字

2016 年 4 月第 1 版　　2021 年 6 月第 3 次印刷

定价：48.00 元

* * * *

（如有印装质量问题可更换）

序

真正的伟人总是因为历史翻新的一页而更有魅力。在过去的几个世纪中，曾出现过许多伟人，随着时光的流逝，以及现代人直接务实的态度，使他们中的很多人已与我们越来越远，影响越来越小，但也有一些人却显得更伟大、更迷人，那是因为他们的灵魂没有随历史而去，而是不断地从历史里走出来。《大学》上说："物有本末，事有终始，知其先后，则近道矣。"那些只能对当时社会、对个人求生有所帮助，而并不足以使人们认识社会、了解人生的意义与生命的价值的观念，将渐渐被历史所遗忘。今天我们向读者介绍20世纪一位有着敏锐的洞察力、预见深远的大思想家、大哲人，他就是从历史向现实走来的伟人罗素。

罗素是20世纪英国哲学家、数学家、逻辑学家、历史学家，也是20世纪西方最著名、影响最大的学者和和平主义社会活动家。于1872年5月18日诞生在威尔士的屈尔克。

罗素是个反战主义者，第一次世界大战时，虽然他已超过了服兵役的年龄，但他写文章反对战争。这些言论给他带来了麻烦，他被判刑，坐了六个月的牢。剑桥大学也因此而取消了他的讲师资格。在监狱里，因为狱卒久慕罗素大名，对他非常客气，允许他自由自在地写作《数学哲学导论》的原稿。战后，他对这些现实问题做了更深入地研究。他说："在大战的几年中，我努力写许多人人能读能懂的文章，战争结束后，我发现重返纯粹的学者生活已是不可能的了。"因为他是个绝对的和平主义者。

1921年，他应约前来中国讲学，在北平国立北京大学举办哲学讲座。他对中国文化甚为景慕，尤其是中国文化在历史学、哲学方面的远大见地，给了他极深刻的印象，他写了一本极有价值的书——《中国之问题》。这一年，罗素差一点儿死于肺炎，有几家日本报纸竟抢先发布罗素逝世的消息，使他能活着读到自己的"讣闻"。1922年，罗素回到英国，曾两次竞选国会议员，但都不幸失败了。从1927年起，他又从事了另一项有意义的工作——儿童教育工作。

罗素对于儿童教育有自己特殊的见解。他主张儿童应该自由地生活，自由地发展，不受成人的干涉。在1927年到1932年，他同第二任妻子在塞塞克斯创设了有名的倍康山学校（Beacon Hill School）。在这所学校里，孩子们如春日之花，自由极了。伍德在其遗著《罗素传》中说："饭厅的天花板上全是布丁，孩子们争着往天花板上抛布丁，看谁能贴住"。这种最进步的教育方法使这所学校名扬世界。1938年罗素到美国，在芝加哥大学任哲学客座教授，一年后到洛杉矶加州大学任客座教授。1940年年初，他又受聘于哈佛大学和纽约市大学。不久美国掀起了一阵反罗素的狂潮，因为他发表了很多讨论性的文章，而他对性与婚姻问题所持的见解又太激烈。哈佛反对他的狂潮不久即平息了，但纽约一市民控诉纽约市高等教育局，要求该局解除与他的聘约，法院没有接受这一控诉。同时，又有人企图把他赶出加州大学，也未获成功。到1940年10月，纽约市大学事件才告平息，那时他接受了宾夕法尼亚州默利昂（Merion）地方的巴恩斯基金（Barnes Foundation）文化史讲座的位置。1941年1月，他到那里去，又在柴斯特城（Chester Country）买了个农庄，安静地住在那儿。当然，罗素的婚姻确实是不凡的，也难怪惹起非议。1894年他和阿丽斯·斯密斯小姐（Alys Pearsall Smith）结婚，1921年离婚。同年他和朵拉·布莱克小姐（Dora Winifred Black）结婚，生了儿子约翰和女儿凯莎琳，1935年离婚。1936年他同白翠莎·斯宾塞小姐（Patricia Helen Spence）结婚，她是罗素的秘书，1953年离婚。同年，80岁的罗素又和52岁的美国人艾迪斯·芬琪（Edith Finch）女士结婚。据伍德说，他还同别的女人有关系，这关系不是单单的"柏拉图式爱情"。

  1942年年底，罗素回到英国，以讲学、讲演与写作为业。由于他卓越的成就，1949年6月获英王颁赐荣誉勋章，1950年又获得诺贝尔文学奖。"没有罗素的卓越贡献"，著名哲学家莱什巴赫（Hans Reichenbach）说，"今天的逻辑和认识论简直不可想象；他的见解中能包容那些部分相异的意见，然后寻求别的解决方法。"20世纪最伟大的思想家之一的罗素并不是个埋首故纸堆或深居象牙塔的哲学家，他对世界上任何问题都有精辟的见解，他关心人类的前途，在当今一片混乱里，他给世界寻找新的希望。他反对任何形式的专制主义，在希特勒崛起后他放弃和平主义而怒斥极权主义之为害人类。

罗素的兴趣是多方面的。罗素在数理逻辑上的贡献，乃是20世纪初学术史上一件重大的事情。可以说，在这些学问上面，罗素的见解亦是我们现代所仅能得到的最可信赖、最可遵从的。这里的"信赖"和"遵从"的字样，自然是用来为初学的人的说法。罗素并不希望读他书的人只会"信赖"和"遵从"！

他讲"普通哲学"方面的书，最早的是为"家庭大学丛书"写的一本《哲学问题》。这本书虽是通俗丛书之一，却并不十分容易读。在这本书里，罗素对于他之前的几个著名的哲学家的重要学说，都有很严肃的批评。但我们如果要在罗素的著作中替初学者找一本哲学入门的书，最适宜的还是在1927年出版的《哲学大纲》，这是现在世界上最好的哲学启蒙书。一个人无论要专学哲学与否，读了这本书，便能知道哲学的正当门径，而不为糊涂的哲学家所误了。在这里我们可举一例来说明罗素对于他的学问上的前辈的态度。怀特海是罗素在剑桥三一学院的业师，后来成为他的朋友。他们合作十年，成就若干巨著，乃是思想史上最值得传达的佳话。但罗素晚年讲到怀特海的哲学时说道："他的哲学很晦涩，有许多地方，我是永远不会懂得的。"罗素在这种地方给后学的启示，是很有用的。至于他对黑格尔学说的驳斥，使从事哲学史的人有拨云雾而见青天的感受。

罗素常鼓励不是专门学哲学的人去学点哲学。他以为有许多问题并不是现在的科学所能解答的，但如果疏忽了这些问题，或随随便便地做些解答，都足以使生活贫乏，要使这些问题常新，要缜密地鉴定对于这些问题的解答，乃是哲学的一种功用。

罗素的许多哲学思想与孔子的"毋意、毋必、毋固、毋我"相似。他以为哲学可以养成青年男女慎思明辨的习惯，而不只是在算学和科学上，且亦在重要的实际问题上：哲学可以使人们对生命目的的观念变得远大；哲学可以教导我们认识个人在社会中的正当角色，了解现在人类对于过去人类和将来人类的关系以及整个人类历史在宇宙中的地位。因为哲学能使人思想的对象扩大，所以哲学在这个烦恼的世界中是消除忧患而维护宁静的良方。

罗素主张社会主义，乃是因社会主义的实行可以得到经济的公平，而消除人与人之间怨仇和争夺的缘故。但他继承他的教父密勒·约翰的精神，以为自由是人世间许多最好事物的要素。因此，他虽然主张社会主义，却决不愿自由受到剥夺。一个好政府，一方面能够维持公众秩序经济的公平和技术上的效能，一方面又须尽可能地尊重个人。

罗素是赞成个人主义的，但对许多"进步的"教育家只热心培植个人主义而忘却社会，他不以为然。他认为我们非只是"个人"，更是社会的分子，教育非只需使一个人成为杰出的个人，并须使他成为社会里有用的分子。

在第一次世界大战时便以反对战争而坐牢的罗素，在第二次世界大战后呼吁和平尤亟。他是时时刻刻以保存人类文明为念的,他是时时刻刻为下一代、下两代甚至更多代的人类着想的。我们非只应该替后代想好至太平的方法,并且应该尽量替后代留下生活的资源。

1970年2月2日晚,罗素在威尔士平静地睡去了。罗素的著作、论文有二百多篇,成书的有三十余种,没有不值得一读的——反而有许多是应该精读的。《罗素论人的理性》是其文集的一个节选主题集。如果读者能够因为这个文集而对读罗素的书产生浓厚的兴趣,那便是我们最大的收获。

最后尚需说明的是,由于时代的局限和罗素个人的偏见,本书中的有些观点和论述显然是错误的,请读者在阅读时予以鉴别,取其精华,去其糟粕。

目录

一、人有不幸 …………………… 001
二、生存竞争 …………………… 008
三、厌烦和兴奋 ………………… 015
四、疲劳的工作 ………………… 022
五、人与妒忌 …………………… 030
六、犯罪意识 …………………… 037
七、虐待倾向 …………………… 045
八、舆论与恐惧 ………………… 053
九、幸福的获得 ………………… 061
十、渴望的热情 ………………… 069
十一、人间情爱 ………………… 078
十二、时代与劳务 ……………… 084
十三、个人的兴趣 ……………… 090
十四、拼搏与取舍 ……………… 095
十五、幸福的生活 ……………… 101
十六、高尚的信仰 ……………… 105
十七、禁欲与心理卫生 ………… 120

十八、不同的快乐理想……………… 126
十九、善人做恶事………………… 132
二十、自由的环境………………… 140
二十一、自由的思想……………… 149
二十二、怀疑的价值……………… 155
二十三、人的理性………………… 164
二十四、知识与价值……………… 170
二十五、神秘体验………………… 177
二十六、爱的地位………………… 184
二十七、婚姻问题………………… 189
二十八、新兴的家庭……………… 195
二十九、人的本能的地位………… 203
三十、欲望的实质………………… 209
三十一、婚姻新解………………… 216
三十二、中国的未来……………… 221
三十三、理想的素质……………… 226
三十四、现代及将来……………… 234

一、人有不幸

动物只要不患病，吃得饱，便是幸福快乐的了。人呢，本来也应该这样，但在现代世界上却并非如此，至少有许多人是不幸福的。如果你不幸福，或许你就会承认，自己在这一方面并不例外。如果你是幸福的，那么请自问一下，你的朋友中又有几个是幸福的？在你对自己的朋友作了回顾之后，你可以教自己学习观察人的情绪的艺术，使自己更善于感受在日常生活中遇到的人们的各种情绪。

19世纪时英国诗人、版画家布莱克说：

我见过的一张张脸上

显出斑斑懦弱，点点哀怨

尽管不幸的形式各种各样，但是你不难发现处处都会遇到它。现在我们假定你在最典型、最摩登的大都市纽约城里，上班时间你站在一条繁忙的大街上，或是周末站在通衢大道上，或是晚上去出席一场舞会，你把自我从心灵里完全排除，让周围陌生人的个性一一进入你的眼底，你会发现，这些不同的群体都有各自的烦恼。在赶着上班的人流里，你会看到焦虑不安、精神过度集中、消化不良、那种除了生存斗争对一切缺乏兴趣的态度、游戏娱乐兴致殆尽，以及对人类同伴的冷漠无情。

在周末的大街上，你会看见男男女女，心情轻松悠闲，有的很有钱，去寻求快活享乐。

这种追求完全是以同样的速度进行的，长长的车队如蜗牛般地缓缓爬行，坐在汽车里根本看不见道路或是周围的景象，因为稍一旁视便可能引起交通事故。所有这些汽车里的人，此刻所关注的便是设法超越前面的车辆。但是道路如此拥挤，他们不可能做到这一点，要是他们的心绪由此游离开去,就像那些坐在车中而未握方向盘的人那样,一种难以名状的厌烦就会攫住他们,他们会露出微微不满的神情。有时候一辆装满黑人的车上会爆发出真诚的快活来,但是他们的乖戾行为又引起愤懑,到最后因为交通事故而落到警察手中——假日里的快活是非法的。

或者,再来看看那些欢度夜晚的人们。人人都想来此消遣快活一番,这种坚定的决心,犹如一个人去看牙医时保证神经不紧张一样,激动也是不可动摇的。人们都认为饮酒和吻抱是通向欢乐之路,于是便开怀畅饮,尽量不去注意同来的伙伴如何讨厌自己。一阵狂欢滥饮之后,他们开始哭泣流泪,哀叹自己太对不起母亲的养育之恩。

酗酒给他们带来的不过是犯罪感的发泄,而这在人清醒的时候却为理智所压抑。

这种种不幸的根源,部分在于社会制度,部分在于个人的心理素质。当然,后者在很大程度上是社会制度的产物。为促进人的幸福而在社会制度方面需要进行的改革,我以前已有著述。在本书中我不打算就战争、经济剥削、棍棒恐吓教育的废除等问题展开讨论。

我们的文明时代极重要的任务之一,就是去寻找一种没有战争的制度。但是,做人类是如此的不幸,以至于互相残杀比起持久地享受生活的阳光,反倒显得不怎么可怕,在这种情况下,再好的制度也是难以实现的。如果说机器生产是为了增进那些最为需要的人们的利益,防止贫困的永久性是必要的,那么连富人们都是痛苦不幸的,使所有的人变富又有什么意义呢?棍棒恐吓教育是不好的,但是如果那些人自己就是这类热情的奴隶的话,他们是不可能施予其他形式的教育的。

以上这些思考使我们想到这一与个人有关的问题:一个男人或一个女人,在此时此地,怎样来获得个人幸福呢?

在讨论这一问题时,我将把自己的注意力集中到这样一类人身上,他们没有经受过来自外部的巨大痛苦。我假定他有足够的收入解决温饱和住宿问题,身体健康,能够从事各项普通的活动。我不考虑这样一类巨大的灾难,如儿辈尽亡或当众受辱等。这类事件是值得讨论的,而且它们的确也很重要,但是同我下面要说的事情比较起来,它们属于另外一种类型。我是想提出一种对文明国家里绝大多数人遭受的日常不幸进行医治的处方，这种不幸由于没有明显的外部原因，看起来几乎无法加以回避，因而使人更不堪忍受。

我认为，这种不幸在很大程度上是由对世界的错误看法、错误的伦理观、错误的生活习惯所引起的，结果导致了对那些可能获得事物的天然热情和追求欲望的丧失，而这些事物，正是人和动物的一切幸福、快乐最终有赖于它们的。这些事物的获得本在个人的能力范围之内，我因而提出这样一些转变方法，只要我们有一般的好运道，便能通过这些转变得到幸福。

对我所要提倡的哲学的介绍，或许最好从我的简要自传开始。

我生来并不幸福。我小时候，最喜欢听的圣歌是："对尘世觉得厌倦，我肩头重负罪孽。"我 5 岁时，曾这么想过，要是我活到 17 岁，那我到现在才忍受了我全部生命的 1/4，我觉得在我面前的漫长厌倦、无聊的生涯简直让人难以忍受。到了青春期，我痛恨生活，一直在自尽的道路上徘徊，而我之所以最终没有自尽，只是因为想多学些数学。

现在，相反地，我热爱生活。几乎可以这么说，随着岁月一年一年地流逝，我对生活更加热爱了。这一方面是由于我发现了什么是我最想得到的东西，而且逐渐得到了其中的一大部分；另一方面是因为我成功地摒弃了某些原先向往的目标，因为，实际上我不可能得到它们。但在很大程度上则是由于消除了对自我的过分贯注。

像受过清教徒教育的人一样，我也有过这么一种习惯，反省自己的罪过、愚行和缺点。我在自己眼中是一个可怜的怪人。后来，渐渐地，我学会了对自己及自己的不足之处不加关心，我把自己的注意力日益集中到外部事物上去如世界大事、各种学科知识、我所喜爱的个人等。

的确，对外界事物的种种兴趣，也有可能带来各自的痛苦：这世界可能会投入战争；某些方面的知识可能再也难以获得；朋友可能会离我而去。但是，这些痛苦不会像那些由于对自我的厌恶而产生的痛苦那样——毁灭生活的本质方面。而每一种对外界的兴趣都会激起某种活动，只要这一兴趣依旧存在，这种活动便能完全防止人的厌倦和无聊意识的产生。对自我的兴趣则相反，它不会激起进取性的活动。这可能会促使一个人去记日记，进行心理分析，或许是去当个僧侣。但是，僧侣只有在修道院的生活常规使他忘却了自己的灵魂以后，才会得到幸福。他由宗教而得到的幸福，其实从清道夫这一行业中也可以得到，只要他一直坚守在这一岗位上。对那些自我专注过于严重，用其他方法治疗均无效果的人来说，通向幸福的唯一道路是对客观知识的追求。

自我专注有多种形式。其中最普通的有罪人、自恋者和夸大狂三种形式。

在我说到"罪人"时，我并不是指犯了罪过的人。根据对这一词语的不同解释，既可认为人人都犯罪，也可说谁都没有犯罪。我指的是这样一种人，其精神贯注在犯罪意识中。他始终在责难着自己，如果他信教的话，就把这解释为是上帝的旨意。他对自己应该成为怎样的人有一定的想法和要求，而这与他所了解的实际的自我总是相矛盾的。如果他在有意识思维里早就抛弃了他在母亲膝下时学得的那些道德准则，那么犯罪意识或许埋藏于他的无意识深处，只有在喝醉酒时或睡眠中才浮现出来。但是，这足以使一切事物失去其吸引力了。

实际上，他依然接受了在婴儿期学得的所有禁律。

骂人是邪恶的，饮酒是邪恶的，做生意的精明是邪恶的；而首先，性是邪恶的。当然，他并没有禁止自己去享受这些快乐。但是，这一切在他的思想中都受到了毒化，他感到自己由此而堕落了。他全身心去追求的一种快乐是受到母亲的亲切抚爱，他在儿童时代的这一经历至今依然记忆犹新。这种快乐如今再也享受不到了，他便觉得一切都无所谓了，既然他总是要犯罪的，干脆深陷到罪恶中去吧。

在他谈恋爱时，他在寻求着母性的温柔，但是又不能接受这种温柔，因为母亲形象的存在，使他对任何与自己有性关系的女人都不可能产生尊重。于是在失望中，他变得冷酷了。然而，后悔自己的冷酷，又重新开始了一轮想象中的犯罪和真诚的悔恨意识交替的过程。

这就是许多表面上死硬的放荡者的心理。使他们走上歧途的，是对难以企及的目标（母亲或母亲替代者）的忠诚献身，以及童年时代受到的可笑的伦理准则的灌输教诲。对这些母性"贞洁"的牺牲者来说，走向幸福的第一步是摆脱早期信仰和情爱观的统治。

自恋，在某种意义上，正是习惯的犯罪意识的反面：它包括对自我的羡慕和希望被人羡慕的习惯。当然，某种程度的自恋是正常的，也不必为之哀叹，只是在发展过头时，才成了一种邪恶。

有许多女人，尤其是富裕阶层的女人，她们身上爱的感受能力已经完全干涸了，取而代之的是这么一种强烈的愿望，即所有的男人都应该爱她们。当这种女人确信某一个男人爱她时，她便觉得他对自己不再有用了。男人方面也有这种情况，不过为数要少一些。一个典型的例子便是《危险的私通》中的主角凡尔芒，由于诱奸被杀死。这是法国18世纪作家比埃尔·肖戴乐·德拉克洛写的书信体小说中的主人公。

当虚荣达到这种程度时，就不可能对任何其他人产生真正的兴趣，因此也不可能从爱情中得到真正的满足，而在其他方面的兴趣则会更快地低落下去。例如，一个自恋者为人们对大画家们的崇敬所激励，可能会去当一个美术专业学生。但是，对他来说，绘画不过是达到某一目的的手段，绘画技巧从未使他真正产生兴趣，除了与自己有关的事情以外，他看不见任何别的主题。其结果是失败与失望，而不是期望中的人们的奉承与赞扬。

同样的情况也发生在那些小说家身上，他们的小说总是把自己作为理想的英雄。任何劳动的真正的成功，有赖于对这一劳动的对象真正的兴趣。那些成功的政治家们的最终悲剧就在于，他们原先对社区活动和主张措施等的兴趣，逐渐为自恋情绪所替代。

一个只对自己感兴趣的人是不值得称赞的，人们不会这样去看待他。因此，如果一个人对这个世界唯一所关心的是这个世界应该对他表示敬慕，那么他是不大可能达到这一目标的。即使他达到此目标，他也不可能得到完全的幸福，因为人的本能从来都不完全是以自我为中心的。而对自己加以人为限制的自恋者，恰如一个为犯罪意识所压抑的人一样。原始的人可能会为自己是个优秀猎手而自豪，但是他也喜爱狩猎活动本身。

虚荣心在过了某一极点后，就会因为其本身而毁掉参加任何活动的乐趣，因而必然导致倦怠和厌烦。其根源便是自信心的缺乏，疗法则在于培养自尊。但是，这只有通过在从事对客观事物的兴趣所激起的活动中取得成功才能达到。

夸大狂与自恋者的区别在于，前者希望自己有权势威严而不是可爱媚人，企求为人所畏惧而不是为其所爱。许多疯子和历史上的多数伟人均属这一类型。

权欲同虚荣心一样，是正常人性中的一个重要部分，因此是可以被接受的；只有在它极度膨胀，或是与不真实的现实感连在一起时，才变得令人可叹。这时候，它就会使一个人不幸福，或是显得愚笨，甚至两者兼而有之。

自以为头上戴着皇冠的疯子，在某种意义上可能是幸福的，但这种幸福是任何精神健全的人都不会去嫉妒的。公元前的马其顿国王亚历山大大帝心理上与疯子属同一类型。他生前征服了当时欧洲人已知世界的绝大部分，死时才33岁，只是他具有实现疯子的梦想的才能。但是，他却未能实现自己的梦想，因为这一梦想随着他战绩的扩大而无限膨胀。当他知道自己成了历史上最伟大的征服者时，他便自命为上帝。

他是个幸福的人吗？他的嗜酒如命、他的狂躁脾气、他对女人的冷漠无情、他的封神称帝，都表明他并不幸福。

为了扶植人性中的某一部分而以牺牲其他部分为代价，或是把整个世界看作是为了个人自我的伟大高贵而创造出来的，那是不可能得到最终的满足的。

一般来说，夸大狂，无论是精神错乱的还是较为健全的，多为过分的羞辱受屈所致。拿破仑在求学时代曾为自卑感所折磨。他的同学大都是贵族子弟，而他出身贫穷，靠奖学金才得以维持学业。在他后来允许那些流亡者归来时，他看见自己以前的同学向他屈膝低首，于是感到得意和满足，真是福乐至极！这又导致他去征服沙皇以得到同样的满足，而这种满足却把他送上了南大西洋的圣赫勒拿岛。

既然没有人是全能的，一个完全为权欲所制约的人迟早会碰到那些难以逾越的障碍。要拒绝接受这样一种认识，只有在意识层次强行注入某种形式的精神错乱。当一个人的权力足够大时，他还可以把向他指出这一点的人监禁起来或处以死刑。因此，政治意识和心理分析意识中的压抑是相关联的。当心理分析上的压抑以任何形式出现时，人就不可能有真正的幸福。

在适当范围内掌有一定的权力可能会增进幸福，但是如果把它作为生活的唯一目的，那么，它就会给外部世界或人的内心世界带来巨大的灾难。

很显然，不幸福的心理原因多种多样，但是它们都有某些共同点。典型的不幸福的人，由于在青年时期被剥夺了某些正常的满足，于是就把这种满足看得比其他方面的满足更为重要，一生只朝着这一方面孜孜追求，他仅仅对成功给予更多的、不恰当的重视，而不是对那些与此相关的活动给予重视。

今天，另外一种现象发展得很普遍——一个人可能觉得自己彻底失败了，于是他不寻求任何形式的满足，只求消遣娱乐、湮没无闻。他便成了"快活"的爱好者。这就是说，他减少自己的活力以使生活容易忍受。例如，酗酒就是一种暂时的自杀，它所带来的快乐只是消极的，不过是不幸的短暂中止而已。

自恋者和夸大狂相信幸福是能够得到的，尽管他们可能采取错误的手段去攫取它。但是寻求精神麻醉的人，无论以哪种方式，他都已失去了希望，只求湮没无闻。在这种情况下，要说服他的第一点就是——幸福是值得去争取的。不幸的人，同失眠的人一样，总是对此表示自豪。或许这种自豪同丢了尾巴的狐狸的态度一样。如果是这样，治疗的方法是向他们指出怎样去长出一条新的尾巴来。

我想，很少有人在看到了通向幸福的道路后，再去存心选择不幸之路的。我不否认这类人的存在，但是肯定为数不多，不会形成气候。因此我假定，读者诸君是愿意幸福而不愿意不幸福的。我是否能帮助读者实现这一愿望，我不能肯定，但至少我的努力是不会有害处的。

二、生存竞争

如果你随便问一个美国人，或是一个英国商人，对他的生活快乐妨碍最大的是什么，他会这么回答："是生存斗争。"他这话是由衷之言，他相信确是这样。

在一定意义上，这种说法是对的，但是从另一层意义上来看，这是完全不正确的。生存斗争这种情况确实会发生。如果我们遭遇不幸，我们就得去为生存而斗争。

例如，19世纪中期至20世纪初期英国小说家康拉德小说中的主人公福尔克就是如此：在一艘被人遗弃的船上，水手中只有两个人有武器，他就是其中之一，这时除了其他水手以外，已别无他物可充饥了。当这俩人吃完了原先一起分享的最后一点食物后，一场真正的生存斗争开始了。福尔克赢了，但此后他成了素食者。这并不是商人说的"生存斗争"的含义。商人运用这一意义不确切的词语，只是为了夸大那些实际上是无甚价值的事件的重要性。

试问，处于他这一生活阶层的人当中，又有几个死于饥饿的；再试问一下，在他的朋友破产以后，会发生什么情况。谁都知道一个破了产的商人，在物质享受方面，比起一个从来还没富裕到可能破产的人来，条件要好得多。因此，人们平常说的生存斗争，实际上是追求成功的斗争。他们在斗争中感到恐惧的，并不是第二天早晨能不能吃到早饭，而是他们将不能胜过自己的邻居。

令人非常奇怪的是，人们似乎很少意识到，他们并未处于一个无法摆脱的机械装置的支配下，而是在一架踏车上，他们之所以依然处于原来的位置，只是因为他们没注意到是踏车未能把他们送到更高一些的地方上去。

当然，我是指那些获得成功的大商人，他们已经有了相当可观的收入，只要他们愿意，完全可以赖以生活下去。但是，在他们眼中这样做似乎是可耻的，犹如面对敌人临阵脱逃。假如问起他们的劳动是为了何种公共事业时，他们会茫然所措不知如何回答。

试想一下这种人的生活吧。我们假定，他有舒适的住房、美丽的妻子，还有可爱的儿女。清早，在妻儿们还在酣睡时，他已早早起身赶到办公室去了。在那里，他的职责是展示一个大经理的风度才干：他下颚紧绷，说话干脆果断，目的是要给每个人都留下一副精明强干、谨慎持重的印象。他口授信函，和各色要人通话联系，研究市场行情，然后和那一位正在或打算与他交易的人共进午餐。同样的事情整个下午又继续进行。然后他精疲力竭地回到家里，就换好衣装去赴宴。

餐桌上，他和另一些疲劳不堪的男子们还得在女宾面前装作快活高兴的样子，而这些女宾还无从感受过如此的疲倦呢。难以预计要过几个小时，这个可怜人才能逃脱这种场面。直到终了，他才进入梦乡，在这几个小时里绷紧的神经得以松弛一下。

这种人在劳动生活里，心理犹如百米赛跑。但是他参加的是这样一种赛跑，其唯一的目标就是坟墓。那种对百米赛跑来说很合适的全神贯注，在这里最终就发展过头到了极点。

他对自己的儿女有什么了解呢？平时他每天都在办公室里，星期天则是在高尔夫球场度过的。他对自己的妻子了解吗？他早上离开她时，她还在梦乡中。整个晚上，他和妻子出席社交活动，这种场合里是不可能进行亲密交谈的。他在男人中或许没有一个真正可靠的朋友，尽管他另有一些所谓朋友，但他对他们的亲热是装出来的。对春天和收获季节，他只有在它们对市场带来影响时才有所感觉。他或许游历过几个国家，可是眼神里却显得满是倦怠。书籍对他来说毫无用处，音乐更是故弄玄虚。

一年又一年，他变得越来越孤独，他的精神愈加专注到生意和事业上，除此之外的生活变得更加枯燥无味。

我在欧洲看见过一个这种类型的美国人，年龄已过中年，在和他的妻子女儿一起旅行。显然，是她们劝这个可怜的家伙该度个假期了，该让女儿们有个机会来看看旧世界欧洲。母亲和女儿们兴奋地围着他，向他指点每一件使她们感到新奇有趣的事物景象。这位一家之长呢，则是极端疲倦，极端厌烦，此时此刻还在担心办公室里业务进展如何，或是棒球场上的比赛情况。他的一家人最后都对他失去了希望，认为男人们全是菲利斯人。她们从未想过，他是她们的贪心的牺牲品。而且真的，在一个欧洲旁观者眼中，他实在同殉夫自焚的寡妇一般。或许十有八九，这个寡妇是个自愿的牺牲者，为了贞洁、名誉和教规戒令，准备去自焚献身的。

商人的宗教和荣誉感要求他去挣更多的钱。因此，像印度的寡妇一样，他是愉快地去接受这种痛苦的折磨的。如果这个美国商人要想使自己变得幸福些的话，首先他得改变自己的宗教。只要他不仅在追求成功，而且是完全相信一个男人的职责就是追求成功，认为一个不这样去做的人就是一个可怜虫；只要他的生活依然这样紧张集中、令人焦躁不安，那么他就不会得到幸福。

举个简单的例子，比方说投资吧。几乎每个美国人都会选择利润百分之八的风险投资，而不要百分之四的安全投资。结果是，货币的损失常常出现，人则一直为之担忧烦恼。

就我来说，我希望从金钱中得到的是安逸快活的闲暇时光。但是典型的当代人希望得到的则是更多的金钱，以此来炫耀卖弄，并且胜过原来同自己地位一般的人们。

美国的社会等级是不确定的，不断处于上下波动之中。因此，各种势利意识较之社会等级固定不变的地方，更显得波动不已，尽管金钱本身还不足以使人声名显赫，但是没有金钱也是很难达到显赫声名的。此外，一个人挣钱多少成了公认的衡量智力水平的尺度。一个发了大财的人一定是个聪明的人，反之，这个人就肯定不聪明。没有人希望被人看作傻瓜。于是，当市场处于不景气局面时，一个人便会像年轻人在考场上一样惶惶不安。

阿诺德·本涅特作品中的克莱汉格，无论他变得怎么富裕，始终在担心害怕死在工厂里。我不怀疑，那些在童年时代受过贫穷、痛苦折磨的人常常为这种恐惧所困扰，担心自己的儿女遭受同样的命运，而且会产生这种想法，觉得难以积聚百万钱财来抵挡这一灾难。这种恐惧心理在创业者一代中恐怕是难以避免的，但是对那些从不知晓贫困为何物的人则可能没有什么影响。不管怎样，它们不过是问题中一个较小的、偶然的方面而已。

问题的根本在于，人们过分地把竞争的成果看作幸福的主要源泉。我不否认，成功的意识更容易使人去热爱生活。比方说，一个画家，在整个青年时代都是默默无闻的，那么如果他的才能得到公认之后，他多半会变得快乐幸福起来。我也不否认，在某一点上，金钱是极为有助于增进幸福的，而过了那一点，事情就不一样了。

总之，我认为，成功只能是幸福的一个组成部分，如果不惜以牺牲其他一切来得到它，那么这个代价是太昂贵了。

问题的根源是商界流行的那种生活哲学。说实在的，在欧洲，其他一些行业仍享有威望声誉。在有些国家，贵族阶层依然存在。在欧洲各国的那些需要学问的职业，除了少数几个小国外，各国的军队、海军都受到尊敬。

的确，现在不管一个人从事什么职业，成功中总有竞争的因素。但同时我们也应该看到，为人们所尊重的不仅仅是成功，还有那优异的表现，不管其形式如何，但成功是仰赖于此的。一个科学工作者可能去从事挣钱的事业，也可能不这么干。如果他去挣钱，也不会因此受到更多的尊敬。

看到一位著名的将军或是舰队司令生活清贫，没有人会觉得惊奇。的确，在这种情况下，从某种意义上说，贫穷还是一种荣誉呢。由于以上这些原因，在欧洲，完全为了金钱的竞争斗争仅限于某些行业圈子内，而且它们多半不是影响最大的，或最受尊敬的。

在美国，情况正相反。军队在国民生活中的作用，根据他们的标准来衡量是太小了，不足以产生什么影响。至于说到那些需要学问的职业，外界无人能知晓一个医生究竟懂得多少医学知识，或是一位律师是否确实精通法律，于是判断他们成就大小的简便方法，就是根据他们的生活标准来看其收入多少了。说到教授，他们不过是商人雇用的仆人，同那些古老的国家比较，他们受到的尊敬要少多了。

这一切的结果是：在美国，专家跟在商人后面亦步亦趋，而不是像在欧洲那样自成一家。因此，在整个富有阶级中，没有什么东西能够用来削弱为了金钱成功的争斗。

美国的儿童从很小的时候起，便知道这是唯一要紧的事，如果哪一种教育里没有金钱的价值，他们才不愿去为此下工夫呢。教育曾经被广泛认为是一种欣赏和享受能力的训练，这对完全无教养的人来说是不可能接受的。

在18世纪，作为"绅士"的标志之一是，对文学、绘画和音乐的鉴赏情趣。今天我们可能不同意他的爱好，但至少这是确实存在的。

今日的富人则往往是另一种类型。他从不读书。如果他要建立一个艺术画廊，那只是为了扩大自己的声望，对于绘画作品的选择，他得依靠专家们去做，他从中得到的快乐并不是对这些作品的欣赏，而是因防止别的富人拥有这些绘画而产生的那样一种快乐。说到音乐，如果他正巧是个犹太人的话，他或许真有点欣赏力，否则，就像在其他艺术方面一样，他也没有任何教养。

这一切的结果是，他根本不懂得如何打发闲暇时光。他变得越来越富，挣钱也越来越容易，到后来，一天里5分钟所挣的钱就多得叫他都不知道怎么去花了。于是这可怜的人因为自己的成功而无所事事。只要成功本身被当作生活目的，其结果就必然如此。

除非一个人受过教育，懂得获取成功以后如何对付它，否则，成功的获得必然会使他成为厌烦的牺牲品。

心理的竞争习惯很容易侵入本来不属于竞争的领域。我们以阅读为例。读书有两种动机：其一，是因为你欣赏它；其二，你可以因此炫耀一番。在美国，小姐们每个月读几本书成了一种风气：有的把书都看了，有的只读第一章。有的只看评论，但是谁都把这些书搁在桌子上。可是她们却什么名著都不看。

从来没有哪一个月读书俱乐部推荐过《哈姆雷特》或者《李尔王》；从来没有哪一个月似乎有必要让人们知道但丁。因此，人们读的那些书完全是现代人写的平庸之作，从来不是名家名著。这也是竞争的影响之一，虽然并不全是坏事，因为我们提到的那些小姐，如果让她们自己去选择的话，她们读的书比那些文学大师向她们推荐的还要低劣糟糕，更不必说阅读什么名著了。

现代生活中对竞争的过分重视，同文明准则的普遍衰退是相关联的，这种文明的衰退在奥古斯都时代以后的罗马一定出现过。人们已显得没有能力欣赏更为志趣高尚的娱乐了。例如，谈话的艺术在18世纪的法国沙龙里已发展得臻于完善了，在40年前依然为人们所继承。这是一种极为高雅的艺术，为了某种几乎是瞬息即逝的事物，将人的最高官能发挥至极点。

但是，在我们这个时代还有谁关心这等闲事？在中国，10年前这门艺术还很繁荣兴盛，不过我看自那时起，仅在50年或100年前，高雅的文学知识在受过教育的人当中很普及，可是今天只有少数几个教授才通晓此道。所有高雅的娱乐都被抛弃了。

在一个春天，有几个美国学生带我到他们校园边上的树林里散步，那里开满了各种绚丽多彩的野花，可是我的向导竟没有一个能说出哪怕是其中一种花的名称。具备这样的知识有什么用呀？它又不给人增加任何收入。

问题不仅仅是在个人方面，而且哪一个个人在其孤立的情况下也不可能防止其出现。问题在于为人们普遍接受的生活哲学，根据这一哲学，生活是一种争夺、一种竞争，尊敬则给予竞争中的胜利者。这种观点导致了以牺牲各种感觉和才智为代价，对意志的培植的过分强调。这样，可能是本末倒置了。清教徒道德家们总是强调现代的意志，尽管本来想强调的不过是信仰。或许清教主义时代产生了这样一种人，他们身上的意志力过度发展，而感觉和才智则横遭压抑，因而这种人把竞争哲学看作是最适合自然的哲学。

不管怎样，这些现代恐龙，就像史前恐龙一样，宁愿要权力而不要智慧。他们巨大而惊人的成功使得自己到处被人模仿，他们成了世界各地白人的典型，在今后几百年里这种情况可能日益为盛。不过，那些没有跟随此潮流的人尽可放心，因为远古的恐龙最终并没有赢得胜利，它们互相残杀，而由智慧的旁观者继承了它们的王国。

我们的现代恐龙正在毁灭自己。一般说来，他们每次婚姻生育子女不到两个。在这一点上，他们从清教徒祖先那里继承的过于狂热的哲学显示了与世界的不相适应。那些对生活的看法使他们如此感受不到幸福的人，没有了生儿育女的欲望——人在生物上注定要灭亡的，过不了多久他们将被更为欢乐愉快的一辈所替代。

把竞争看作是生活中的主要事情，这种观点是太冷酷、太顽固了，使人的肌肉绷得太紧，意志过于专注集中。如果将它用作人生基础的话，连一二代人都难以持续。过了这样一段时间后，它一定会引起神经疲劳、各种形式的逃避、对快乐的追求同对工作的追求一样紧张艰难（因为松弛宽懈已经不可能了），最后，因为不育症，导致整个家族消亡。

不仅劳动受到竞争哲学的危害，悠闲生活也同样深受其害。那样一种闲情安逸、使人神经放松的悠闲生活，被看作是令人厌烦无趣的。接踵而至的必是连续的加速运转，其自然的结局是吸毒和崩溃。

治疗的方法在于，应该承认，在平衡的理想生活中，健全的、温文的快乐享受是必要的。

三、厌烦和兴奋

厌烦所起的作用，远远没有受到应有的足够重视。我相信，它是在整个历史长河中起推进作用的一个巨大动力，今天更是如此。

厌烦似乎是唯有人类才具有的一种情绪。被捕获的动物确实也会变得烦躁不安，上下踱步，张口打哈欠，但从性质上来说，我认为它们的体验是不可能同人类的厌烦类比的。大部分时间里它们是在警惕敌方、寻找食物，或是两者兼有，有时它们在求偶，有时在设法保持温暖。但是即使在它们不快活的时候，我想它们并没有觉得厌烦。可能类人猿在这方面以及其他不少方面同我们相似，但是我从来没和它们一起生活过，因此没有机会做这一实验。

厌烦的基本要点之一是：把目前的状况同别的状况进行对比。厌烦的另一要点是：人的官能不能处于繁忙紧张状态。从企图危害你性命的敌人身边逃跑，我想这是使人难堪的，但这决不是厌烦的。一个人在被处死时是不会感到厌烦的，除非他有那种近乎超人的勇气。同样，没有人在做首次演说时会打呵欠，唯一的例外是已故的德文郡公爵，他却因此而受到贵族的尊敬。

从根本上说来，厌烦是一种受到挫折的欲望，那些期望发生的事件本身并不一定是令人愉快的，它们只要使厌倦无聊的牺牲者知道这一天和别一天有所不同就行。厌烦的反面，一言蔽之，不是愉快，而是兴奋。

追求兴奋的欲望深深扎根于人类的心灵之中，尤其是男性。我想，比起以后的各个时代来，这种欲望在狩猎时代更容易得到满足。追猎是令人兴奋的，战争是令人兴奋的，求爱是令人兴奋的。一个野蛮人会在一个女人身边还睡着她的丈夫时设法和她通奸，尽管他知道，只要这个丈夫醒来自己只有死路一条。这种情境，我想是不会令人厌烦的。但是随着农业时代的来临，生活开始变得单调枯燥了。当然贵族例外，他们仍然处在而且一直停留在狩猎时代。

我们听到过很多对机械生产劳动沉闷单调的抱怨，不过我想用旧的耕作方法从事农业劳动是最枯燥乏味的。真的，同大多数慈善家的观点相反，机器时代大大减少了整个世界的人们所感受到的厌烦的总量。在雇用劳动者方面，工作时间里并不孤独，而夜晚的时光可以在各种娱乐活动中消磨度过，而这在旧式的乡村里是根本不可能的。

再看看中下等阶级生活的变化吧。从前，晚饭过后，当妻子和女儿拾掇妥当后，一家人团团围坐，开始"大团圆"的欢乐时光。这就是说，一家之长去睡觉了，妻子忙着编织。女儿们宁愿自己要么死去，要么神游江巴克图。她们不许看书，不许离开屋子，因为当时流行的做法是，这个时候应该由父亲与她们说话，而这对一家人来说都应是一种快乐。要是运气好，她们最终也结了婚，于是便折磨自己的孩子，让他们的青年时代同自己所经历的一样沉闷无趣。要是运气不好，她们便做处女，最后当个老奶奶的侍女、仆佣——这种命运正像野蛮人施加于其牺牲者身上的命运一样可怕。

在我们评判100年前的世界时，应该记住这一厌烦的重负，历史时代越往前移，厌烦的压力也就越重。

试想一下中世纪农村冬天的单调生活吧。人们不会读书写字，天黑以后只有蜡烛给了他们些许光明，那堆柴火的烟雾散满了唯一的单间屋子，室内依然寒冷透骨。外面的道路实际上根本不能通行，因此他们几乎见不到来自邻村的人。一定是这类厌烦产生了搜捕行巫者这种习俗。这后来成了冬天晚上唯一有点生气的活动。

比起我们的祖先来，我们经历的厌烦要少得多，但是我们更害怕厌烦。我们开始知道，或者说是开始相信，厌烦不是人的自然命运的一部分，它可以通过对兴奋的积极强烈的追求而予以避免。

姑娘们现在大多自己谋生，多半缘于此，她们能够在晚上去寻找兴奋刺激，去躲避她们的祖母那一辈当年不得不忍受的"大团圆"时光。现在人人都可住到城里去。在美国，那些买不起汽车的人，至少有了一辆摩托车，可以骑着去看电影。而且他们家里都有了收音机。年轻的男女们相见约会比起以前来方便多了，每一个家庭女佣可以期望一星期至少有一次兴奋的社交聚会，而这足以使 18 世纪英国小说家简·奥斯汀的小说《爱玛》中的主人公期待不已了。

随着社会地位的提高，对兴奋的追求也越来越强烈。那些有条件的人不停地从一处转向另一处，走到哪里，便把欢乐带到哪里，狂舞乱跳，饮酒作乐，但是出于某种原因，他们总希望到了新的地方会有更多的乐趣。

那些不得不靠挣钱谋生的人，在劳动时间里只好忍受厌烦的折磨，而那些有足够的钱财以免受劳动之苦的人，便把完全摆脱厌烦的生活作为自己的理想。这是一种崇高的理想，像其他理想一样，比起那些理想主义者的假设来，那是更难获得的。与欢乐的前一天晚上比较起来，早晨总是令人厌烦的。人会有中年，甚至晚年。人至 20 岁时想到，到了 30 岁生命即将完结。我已经 58 岁了，不可能再持这种观点。

或许把人的生命资本当作货币资本来花是不明智的。或许一定量的厌烦是生命不可缺少的一部分。希望摆脱厌烦的愿望是很自然的。的确，各个民族只要有机会，都会显示这一愿望。当野蛮人第一次从白人那里尝到酒的滋味时，他们至少找到了一种摆脱单调枯燥生活的方法，因此，除非政府加以干预，他们便会喝得烂醉如泥。

战争、屠杀以及迫害等，都是企图摆脱厌烦的一些方式，甚至与邻居吵一架也要比无所事事好一些。因此，厌烦对道德家来说是一个极为重要的问题，因为在人类所犯的罪恶中，至少有一半是出于对厌烦的恐惧引起的。

不过，我们不应该把厌烦看作完全是邪恶的。

厌烦有两种，一种是产出型的，另一种是愚滞型的。产出型是由于缺乏毒品引起的，愚滞型则是由于缺少活动所引起的。

我并不是说毒品对人的生活一点用处也没有。例如，有时候，一个明智的医生开的药里就有鸦片，而且我想这种情况比禁烟主义者假设的要多得多。但是对毒品的迷醉与狂热，甚至让不加约束的本能冲动所控制，这是绝不应该的。而适用于解决吸毒问题的，在一定度内，也适用于对付各种兴奋。一种过于充满兴奋的生活会使人精疲力竭，在这种生活里，人需要得到连续不断的强烈刺激，才能产生那种快乐的战栗狂喜。一个习惯于过度兴奋的人，就像一个对胡椒有着过分嗜好的人一样，到头来，对足以使任何人窒息的一定数量的胡椒，他甚至不能品尝出一丝味道来。要避免过度的兴奋，一定限度的厌烦是不可缺少的。过度的兴奋不仅有害健康，而且会削弱对各种快乐的欣赏能力。用兴奋代替广泛的机体满足，如同用机灵代替智慧，惊诧代替美感。

我并不完全反对兴奋。一定量的兴奋是有益于身心的，但是，同一切事物一样，问题就在数量上。数量太少会引起人强烈的渴望，数量太多则会使人疲惫不堪。因此，要使生活幸福，一定程度的厌烦忍受力是必要的，这一点从小就应传授给年轻人。

一切伟大的著作都有令人厌烦的章节，一切伟人的生活都有无聊乏趣的时候。试想一下，一个现代的美国出版商，面对着刚刚摆到他面前的《旧约全书》手稿，不难想象他会发表出什么评论来，比方说《创世纪》吧——"我的天，先生，"他会这么说，"这一章太不够味儿了，面对那么一长串人名，而且你几乎没作什么介绍，可别指望我们的读者会产生什么兴趣。你的故事嘛，我承认，开头还不错，所以起先我的印象还相当好，不过你真是想把一切统统倒给读者。把要点留下来，水分给我挤掉，篇幅好好削一削，再把手稿带来给我看看。"

现代的出版商是会这么说的，因为他知道当代的读者对厌烦的恐惧。还有孔夫子的《论语》、伊斯兰教的《古兰经》、马克思的《资本论》，以及所有那些被证明是畅销书的圣贤之书，他都会持这么一种看法。不独圣贤之书是这样，所有那些精彩的小说也都有令人乏味的章节。要是一本小说从头至尾每一页都是扣人心弦的话，那它肯定不是一部伟大的作品。那些伟人们的生平，除了某些辉煌的时刻以外，也并不总是那么绚丽夺目的。

苏格拉底可以时而出席一场宴会，在喝下去的毒酒开始发作前，他也一定会从自己的高谈阔论中得到相当的满足，但是他一生中，大半时间还是静悄悄地和凶悍泼辣的妻子一起生活，下午出去散散步，或许在路上遇见几个朋友。据说康德在其一生中，从未离开柯尼斯堡

10英里远。达尔文呢，在周游世界以后，余生就是在他自己家里度过的。马克思则掀动了几次革命，尔后在不列颠博物馆度过了他的一生。

总之，可以发现，伟人们的特征之一就是平静安逸地生活，他们追求的快乐，并不是那种在外人看来兴奋激动的快乐。不通过坚持不懈的劳动是不可能取得伟大成就的，这种劳动是如此艰苦，如此使人全神贯注，使人不再有精力去参加那些更劳人身心的娱乐活动，唯一的例外是加入假日里恢复体力消除疲劳的活动。

对或多或少有些单调的生活的忍受能力，应该从儿童期就开始培养。现代的父母在这方面是有相当责任的，他们给孩子提供了过多消极的娱乐活动，诸如电影、戏剧、味美的食物等。他们没有意识到，对孩子来说，除了某些很少的例外，过着日复一日相同生活的重要性。孩子们需要的快乐，主要应该由他们通过自己的努力去创造，从自己生活的环境中去获得。

那种一方面令人兴奋，一方面又不需付出体力代价的快乐活动，诸如看戏等，应该尽量减少为好。这种兴奋究其本质而言犹如毒品，兴奋越多，追求兴奋的欲望也就越强烈，但在兴奋期间身体的消极被动状态则是违反人的本能的。

一个小孩就像一株植物一样，让他不受干扰、在同一块土地上生长时，才发育得最好。太多的旅行，太多的形形色色的感觉印象，对青少年并没有好处，会使得他们长大以后缺乏忍受寂寞生活的能力，而唯有寂寞才能使人有所创造。

我不是说寂寞生活本身有什么长处，我只是说，某些美好的事物只有在伴以一定程度的单调时才有可能获得。以19世纪英国诗人华兹华斯的诗《序曲》为例，对每一位读者来说，显然，对华兹华斯的思想和感情中任何有价值的东西，老于世故的城市青年是不可能有同样感受的。

一个孩子或青年，在他具有某一严肃的创造性目标时，他就会甘于忍受巨大的厌烦，他发现这是走向成功所必需的。但是如果一个孩子过的是放荡享乐的生活，那他的头脑就不会自然产生这类创造性目标，因为在这种情况下，他头脑里想的，总是下一个快活享乐，而不是距离尚为遥远的成功。

基于以上理由，一代不能忍受厌烦的人将是一代不成气候的人。这样的一代人适当地与缓慢的自然发展过程分离开来，在他们身上任何一种生命的冲动都渐渐消亡，犹如花瓶中被折断的花儿一样凋谢枯萎。

我并不喜欢用玄乎隐秘的语言，但是这里如果我不用听上去有些诗意的而不是科学的语言，我就不知道怎么来表达我要说的意思。不管我们怎么认为，我们总是大地的造物，我们的生命就是大地生命的一部分，就像动植物一样，我们也从它身上汲取营养。大地生命的节奏是缓慢的，对它来说，秋天和冬天同春天和夏天一样重要，休憩和运动一样重要。对儿童来说，比成人更为重要的是，同地球生命的潮汐涨落保持某种联系。通过无数世代，人的躯体已经适应了这种节奏，基督教在复活节里也体现了这一点。

我见过一个两岁的孩子，他一直生活在伦敦。有一回，他第一次被带到葱绿的乡间去散步，时间是冬天，一切都是湿漉漉，道路泥泞难行。在成人眼中，并没有什么可引人注目的，但是在孩童的眼里却闪现出奇异欣喜的光彩，他在潮湿的土地上跪了下去，把脸埋到青草里，嘴中发出快乐高兴的咿呀叫声。他所体验到的那种欢乐是原始的、质朴的，又是广泛的。那种得到满足的机体的需要是如此的强烈。这种需要得不到满足的人，很少是精神完全健全的。

有许多快乐，我们举赌博作为一个例子吧，它本身没有和大地的联系因素。这一类快乐一旦停止下来，就会使人感觉无聊不满，渴望着什么，却又不知道自己究竟要什么。这种快乐带给我们的是不能称做幸福的。另一方面，那些把我们和大地的生命连接起来的快乐里，则有着使人得到极大满足的东西。在它们停止以后，它们带来的幸福依然存在，尽管其强烈程度比起那些更令人兴奋的放荡胡闹来要低些。这中间的区分差别，可以有从最简单的到最文明的长长一串行业。我刚才提到的两岁幼儿便显示了他与大地的生命融为一体的最原始的可能形式。但是在高一级的形式上，同样的情况则可以见诸诗歌。

使得莎士比亚的抒情诗如此卓越感人的，便是因为诗中充满了使两岁的幼儿拥抱草地的同样一种欢乐。请读一下英国诗人雪莱的诗《致云雀》中的第一句"听,听,云雀"或是"来到金黄的沙滩上",你会发现,那两岁的孩子只能以口齿不清的叫喊显示出来的感情,在这些诗里以更为文明的形式表现了出来。

或者,我们再来看看爱情和纯粹的性爱之间的差别。爱情是这样一种体验,它使我们整个身心得到复苏和新生,恰像植物在久旱之后受雨露滋润一样。但是没有爱情的性交全然不属于这种情况。在瞬间的肉体快感过去之后,随之而来的是疲惫、厌恶,以及生命是空虚的这类意识。爱情是大地生命的一部分,没有爱情的性爱却不属于此。

当代的城市人所遭受的那样一种厌烦,是与他们同大地生命的分离密切相关的。这种分离使得生活变得灼热、无聊而又干枯,犹如沙漠之中的朝圣远行。在那些富裕有钱、可以自己选择生活方式的人中,他们所遭受的那种特别难以忍受的厌烦,正像它看上去显得很荒谬一样,是由于他们对厌烦的恐惧而产生的。在逃避产出型的厌烦时,他们成了另一种更为严重的厌烦的牺牲品。

幸福的生活在很大程度上必定是一种宁静安逸的生活,因为只有在宁静的气氛中,真正的快乐幸福才能得以存在。

四、疲劳的工作

　　疲劳的形式是多种多样的。比较起来,有的疲劳对人的幸福的障碍要更大一些。纯粹体力上的疲劳,只要不过度,倒往往会成为幸福的原因之一。这种疲劳使人睡眠酣畅,胃口大开,倍增人们假日里玩乐游戏的劲头。不过,如果疲劳过度,就会对人带来很大危害。除去那些高度先进发达的地区以外,贫穷地区的农妇多因过度辛苦劳动,到30岁就已衰老了。在英国工业革命初期,儿童的生长发育受到一定程度的阻碍,甚至常常因劳动过度而夭折。这类情况在工业革命刚刚开始的中国和日本仍时有所见,在某种程度上也见于美国南部各州。

　　体力劳动过了某一极限便是对人的残酷折磨,而且常常发展到使生活本身变得不堪忍受的程度。然而,在当代世界最先进的那些地区,由于工业生产劳动条件的改善,体力上的疲劳已经大大减轻。在今日的发达地区,问题最严重的是神经疲劳。奇怪的是,这类疲劳最常见于富裕人家,比较起实业家和脑力工作者来,雇佣劳动者身上要少见得多。

　　要避免现代生活中的神经疲劳是非常困难的。首先,对城市劳动者来说,在整个工作时间,甚至在上下班时间里,不断受到噪音的干扰,尽管他们学会了对大部分噪音不去有意识地注意,但是噪音依然在折磨人,而且由于潜意识中竭力去避开这些噪音的紧张过敏,反而使人更为疲乏。

　　其次,我们未意识到的产生疲劳的原因是,陌生者连续不断地在场出现。同别的动物一样,人的自然本能也习惯于对同类的每一位陌生者进行探究打量,以决定究竟用友好的还是敌视的态度与他相处。

这种本能在高峰时间里乘坐地铁的人们身上受到了抑制,其结果是,他们对所有陌生者,对这些非出本愿而被迫与他接触的陌生者产生了一种普遍的愤怒。

另外,急着去赶早班火车的紧张情绪会引起消化不良。因而等赶到办公室,一天的工作刚刚开始,这位职员的神经已经紧张疲乏,对整个人类产生一种讨厌的情绪。他的雇主呢,也带着同样的情绪上班,对雇员身上的这种情绪无意消除打发。雇员出于担心被解雇的恐惧,不得已而显出恭敬驯顺,但是这种不自然的行为只会进一步加剧神经的紧张。要是允许雇员们一个星期有一次机会去捏捏老板的鼻子,或是用其他方式表示对老板的真实想法,那么他们紧张的神经就会得到放松。

但是从雇主的角度来说,他也有自己的困扰,这样做并没有解决他的问题。雇员担心的是被解雇,雇主担心的则是破产。的确,有的雇主已经足够富裕强盛,不必再为此担忧了,但是在他们取得这样的地位之前,他们一般都得经过多年顽强激烈的奋斗。在这期间,他们得时时警惕、关注世界各地的行情变化,不断地设法挫败对手的计谋。这一切结果是,当真正的成功到来之时,一个人的神经已经崩溃了。他已经习惯于焦虑忧愁,甚至在这种焦虑过去之后,他仍未能摆脱这一习惯。

是的,富人们也有子孙后辈,但是他们多半也会给自己制造出焦虑来,而且这类焦虑同他们如果不是出身富家时可能遭受的焦虑几乎一样。他们聚众赌博,因而招致与父辈同样的不快,他们牺牲睡眠,通宵达旦寻欢作乐,弄垮了自己的身体。待他们平静下来,也已同其父辈一般,无力去享受幸福了。无论是出于自愿,还是出于选择或需要,大多数现代人过的是伤神伤筋的生活,长期以来要不是靠酒精的刺激,他们早已因为过于疲惫而丧失享受生活乐趣的能力了。

对这些愚笨的富人我们不想多加赘述,我们还是来考虑那些为了谋生而付出艰巨劳动的普通人,考虑他们身上的更为常见的疲劳问题吧。在很大程度上,这类疲劳是由忧虑产生的,但忧虑是可以通过一种更为健康的生活哲学,一定的心理修养而加以避免的。

大多数人对自己的思想缺乏控制能力。他们在面对那些自己一时

四、疲劳的工作

未能采取有效措施的问题时，依然未能阻止去想这些问题。男人们深夜上了床，在他们本该去好好恢复体力以便对付明天的问题时，却依然在为工作上的事情担忧，他们脑子里翻来覆去，冥思苦想，而实际上此刻他们对这些问题又无能为力。他们这般思虑，并不是去找一个明天可行的方案，而是带有一种精神错乱的状态，而这正是失眠症伴有的思维紊乱的特点。黎明来临，但是半夜里的那种精神疯狂依然紧紧缠着他们，模糊了他们的判断力，使得他们脾气更为急躁，使得每一个困难障碍都令人恼怒。

贤人们只是在有某种明确目标时才去考虑那些困难，在其他时刻则考虑别的事情，或者，要是在晚上，干脆什么都不去想。我这并不是说，在碰到大的危机，譬如面临破产时，或是一个男人有理由怀疑妻子不忠时，尽管没有对付解决的办法，也不去加以考虑。当然，对少数头脑特别清醒的人来说，也能够做到这一点。

但是对于日常生活中碰到的麻烦和困难，除那些必须即刻处理的以外，是可以把它们暂且搁置起来的。在对大脑的思维经过系统训练以后，就既能增进人的幸福，又能提高解决问题的效率，因为我们只在适当的时候才去考虑某一问题，而不是不适当地、无间歇地思考。在要作出一个困难的、使人费神的决策时，应该等到有关的数据信息收集齐备，即给予最充分的考虑并作出决定，在决定作出以后，除非得到新的事实证据，勿去随便加以修正。

没有什么比犹豫不决更使人精疲力竭、更无成效的了。

通过对引起忧虑事物的无价值的、无意义的认识，大多数的忧虑是能够加以削弱、克服的。我一生中曾经作过多次公众演说。最初，每一位听众都使我觉得恐惧，神经紧张使我讲得极不成功，我对这一折磨觉得如此害怕，甚至常常在演讲之前，希望自己的腿跌断了才好，在讲演结束后，则因神经的紧张而感到精疲力竭。后来渐渐地，我教会了自己这么去想，不管我说得成功与否，都没有什么关系，无论怎样，宇宙依然在运转。后来我发现，我对自己的讲演成功与否担心越少，我说得反倒越不怎么坏，神经的紧张渐渐削弱得以至于没有了。许多种神经疲劳都可以用这种方法来治疗。

我们的作为并非如我们自己想的那么重要，我们的成功或失败归根结底并没有多大关系。巨大的悲伤可以忍受克服，那些似乎使人生幸福永不归来的困难也随着时间的流逝而退却消失，以至到后来使人难以记起这些困难原先显得多么巨大。但是，在这些以自我为中心的考虑之外，更重要的是，要想到个人并不是整个世界的一个大部分。

一个能够把自己的思想和希望超越于自我的人，也就能够在日常生活的困境中找到宁静安逸之地，而这对彻底的利己主义者来说是不可能的。

人们对神经卫生的研究是开展得太少了。确实，工业心理学对疲劳作过详细的调查，统计数据证明，在连续相当长一段时间里专门从事某一活动后，人最终会感到非常疲倦——这一结果其实不需要很多的科学知识也大体可以猜出来。心理学家对疲劳的研究主要是关于机体的疲劳方面，尽管对学校儿童的疲劳也作过部分研究。但是这些研究都没有触及这一重要问题。

对人来说，在现代生活中，情绪上的疲劳一直是主要的形式之一。纯粹脑力的疲劳，同纯粹是机体的疲劳一样，只需通过睡眠即能得到补偿。一个人进行了大量的、不需要情绪卷入的脑力劳动以后，比如，繁琐复杂的计算等——只要在每天工作后通过睡眠即可把疲劳消除。过度劳动带来的危害远非是在这一点上，而是某种形式的忧虑和焦躁。

情绪疲劳会妨害人的休息。一个人越疲倦，就越觉得难以止息这种疲倦。这种濒临神经崩溃的症状之一，就是认为自己从事的工作极端重要，似乎要是去度一天假就会使事情不可收拾。如果我是个医生，我就会给任何一个认为自己工作最重要的病人开个休假的处方。那种似乎是由工作引起的神经崩溃，事实上都是由某种情绪障碍引起的，病人只是企图通过工作来摆脱这种障碍。他之所以不愿意放弃工作，是因为一旦如此，他将无以驱散解脱萦绕他心头的不幸，无论这种不幸是怎样的。

当然，问题也可能是对破产的恐惧。在这种情况下，他的工作直接与忧虑联系在一起，即使这样，忧虑很可能使他长时间地扑到工作上去，以至于到头来他的判断能力愈加低弱，破产反而会来得更早一些。

不管怎样，引起神经崩溃的是情绪障碍，而不是工作。

忧虑的心理决不是很简单的。我前面已经谈到过心理修养，即在适当的时刻思考一定问题的习惯。这一习惯的重要性：第一，在于使我们花较少的时间思考而又能完成一天的工作；第二，它提供了一个治疗失眠的方法；第三，它有助于决策效率和水平的提高。但是这类方法并不能触及潜意识或无意识方面，当某一障碍相当严重时，任何方法如不能深入到意识层次之下，便不能产生什么作用。

在无意识对意识的作用方面，心理学家已开展了大量的研究，但是对于意识对无意识作用的研究就很少了。然而后者在精神卫生方面有极大的重要性，如果要使理性的信念作用于无意识王国，就必须认识了解这一作用。这在解决忧虑问题上尤为重要。嘴上说某一不幸万一发生的话并不怎么可怕，这是很容易的，但是只要它仍停留在意识信念里，这种自慰在夜深人静难以入眠时就不会起作用。

我个人认为，一种有意识思维，只要赋予其足够的活力和强度，是可以植入到无意识思维中去的。无意识思维大多是由本来是情绪强烈的有意识思维组成的，现在则隐伏了起来。这种隐伏过程有可能是有目的地去加以实现，这样，我们就可以利用无意识思维做许多事情。

例如，我发现，如果我要写作某一较为困难的题目，最好的办法是，在几个小时或几天里，集中全力予以认真深刻地思考。在这段时间过后，即发出指令，比方说，要求这一工作转到地下进行。过了几个月后，我有意识地回到这一题目上，便发现这一任务已经完成了。在我发现这一技巧之前，我常常会在以后的几个月里，因为任务没有进展而忧虑不止，但是我并没有因为忧虑而使问题解决得更快些，而这期间的几个月时间却浪费了。现在呢，我就可以利用这段时间从事其他工作了。在解决焦虑的问题上，也可以运用在许多方面与此相同的过程。

当某一不幸袭来时，我们可以严肃、认真地思考一下，可能发生的最坏的结果是什么。在正视之后，我们就感到有确切的理由认为，它并不是极其可怕的灾难。这类理由总是存在的，因为说到底，我们个人碰到的任何事情并没有什么普遍的重要意义。当你认真地考虑了这种最坏的可能性后,并怀着确信对自己说:"嗯,毕竟这问题不是那么严重紧要。"这时你就会发现,自己的忧虑减小到了最低的限度。这一过程可能要重复几次,但是到最后,如果你面对最坏的可能性都没有退缩躲避,你就会发现,自己的忧虑完全消失了,取而代之的是一种振奋昂扬的情绪。

这是避免恐惧心理的更为普遍的技巧方面的一部分。忧虑是恐惧的一种形式,任何形式的恐惧都会产生疲劳。一个人学会了消除恐惧心理,就会发现日常生活中的疲劳大大减弱了。当我们不希望出现的某种危险发生时,恐惧便以其最有害的形式产生出来。

究竟恐惧的是什么,每个人不一样,但是几乎人人都有某种潜在的恐惧:有的人害怕得癌症;有的人担心经济上破产;第三个人担忧不光彩的隐私被人发现;第四个人受着怀疑心理的折磨;第五个人则在夜晚想到年幼时听到的地狱之火的故事可能是真的而毛骨悚然。或许以上这些人用的都是一种错误的对付恐惧的技巧,无论何时恐惧进入了他们的头脑,他们都试图去想别的东西,他们用娱乐、工作或其他手段来分散自己的想法。

这种不敢正视现实的做法,反而加剧了各种形式的恐惧。

转移自己思考目标的做法是由于鬼怪幽灵的恐怖所致,人由此转移了自己注视的目光。

对付任何一种恐惧的正确方法是:理智地、沉静地对其进行思考,思想须全神贯注,直到对它完全熟悉了解为止。最后,由于对它的熟悉而削弱了它的恐怖可怕,这整个对象就变得令人厌烦,我们的思想由此而转移开去,但不是像以前那样,由意志的作用引起,而纯粹是由于对该事物缺乏兴趣所致。

当你发现自己在对某一事物进行沉思默想时,最好的办法是,用比自己平时更认真的态度进行更多的、更严肃的思考,直至最后它失去了令人可怕的吸引力。

现代道德中最为缺乏的东西之一,是对付恐惧的方法与态度。是的,人在体魄上的勇敢,尤其是在战场上的勇敢,是社会所期望于男子的,但是社会却并不期望他们具有其他方面的勇气,而对女子来说,人们则不希望她们具备任何勇气。一个勇敢的女子要是希望有男人喜欢她，还不得不把这种勇气掩盖起来。一个男子除了在身体上受到攻击时应表示出勇敢外，在其他方面如果也有这种表示，便会遭人冷眼。例如，对公众舆论的冷漠态度，便被认为是一种挑衅，公众便会尽其所能对敢于蔑视其权威的人予以惩罚。这一切同应该采取的态度恰恰相反。

男子或女子身上体现的任一形式的勇气，同士兵所具有的勇气一样，应同样予以颂扬。年轻男子身上普遍具有的体魄方面的勇气，就证明了公众舆论可以激发勇气并加以培养。

勇气越大，忧虑就越少，疲劳也就更为减弱。人们身上出现的大多数的神经疲劳，无论是意识层次还是无意识层次的，大多是由恐惧所引起的。

疲劳极为常见的原因之一，是对兴奋的爱好追求。

一个人如果把闲暇时间用于睡眠，他便身体健康，但是他的工作却烦闷单调，他觉得在自由支配的时间里需要寻找快活娱乐。问题在于，最容易获得的、表面看来最吸引人的娱乐活动，多半是容易使人神经疲劳的。追求兴奋的欲望，过了某一极点后，就成了或是扭曲的气质或是某种本能不满的标志。

在从前的幸福婚姻中，大多数男人并没有兴奋的需要，但是在现代世界，婚姻常常得延迟这么长一段时间，到最后经济条件具备时，兴奋变成了一种习惯，它只能在短时间里得到某种抑制。如果舆论允许男子在21岁便结婚，而又不需承担婚姻所要求的沉重经济负担，那么许多人就决不会去要求同他们的工作一样疲劳的娱乐活动了。然而，提倡这么做被认为是不道德的，这或许从林赛法官的命运便可看出来。尽管他长期从事这一荣誉的职业，却因为他希望青年人不再遭受由于他们兄长的固执褊狭而招致的不幸，他因此而受到了诽谤斥责。不过这一问题现在我不打算再谈下去，因为这属于妒忌这一大题目，我们将在下一节集中讨论。

就单个个人而言，他不可能改变社会法律和制度，因此是很难对付那些专制的道德家们制造和长久维持的局面的。但是，我们有必要认识到，使人兴奋的娱乐并非通向幸福之路，尽管只要使人更满足的快乐是可望而不可及的，一个人会发现，除非通过兴奋的刺激，否则生活是难以忍受的。在这种情况下，一个稳健慎重的人唯一能够做到的是约束自己，不允许自己去寻找那种有损健康、影响工作的过分而又使人疲劳的快乐。

对付年轻人烦恼的根本疗法是改变公众的道德观念。同时，年轻人也应该认识到，他最后总要走上结婚这条道路的，如果他的生活方式使得幸福婚姻成为不可能的话，那是不明智的，而神经的紧张和娱乐活动能力的缺乏，很容易造成这类生活方式。

神经疲劳的最严重的特征之一是，它在人和外部世界之间设立了一道屏障。它使人得到的印象模糊不清、无声无息。一个人不再去注意周围的人，除非被某些小骗术和怪癖习气所激怒。对他来说，菜肴乏味，日月无光，往往只对少数几件事物表示强烈关注，而对其他一切都漠然置之。这种状况使得人不可能得到休息，疲劳则不断增加，到后来需经医疗才能解除。这一切，说到底，是对我们在前一节讨论过的、与大地失去联系的一种惩罚。

但是在今天城市人口大量聚集的情况下，怎样保持与大地的联系，确非一件容易的事情。不过，这里我们又发现自己处于重大的社会问题的边缘上，但这类问题我不准备在这里展开讨论。

五、人与妒忌

除了忧虑之外，使人不幸福的主要的潜在原因之一，或许就是妒忌了。我觉得，妒忌是人类最普遍、最根深蒂固的感情之一。我们可以明显地看到，儿童还不满1岁就有了这种心理，因此每一个教育工作者必须极为慎重地对待这一问题。

对一个幼儿冷落，而对另一个幼儿表示出一点点的偏爱，这即刻就会被前一个幼儿观察到，并引起憎恨。一个家庭里如果有几个孩子，那就必须对每个孩子都绝对公正，不偏不倚，而且始终贯一。但是儿童在表露自己的妒忌和猜忌情感方面，比成年人稍稍公开一些。这种情绪实际上在成人和儿童中一样普遍。就以我家的女佣为例吧，我记得我们曾有一个女佣，因为结婚怀了孕，我们便让她别去提重物了，这么一来，立刻便有所反应：哪一个女佣都不愿去提重物，结果需要去提重物时，都得我们自己动手。

妒忌是民主的基础。赫拉克利特曾经声称，希腊城市以弗所的公民们都该被吊死，因为他们说过："我们当中谁都不许出人头地"。可以肯定，希腊城邦国家的民主运动，几乎完全是由这种热情所激起的。现代民主的兴起也是这样。确实有那么一种理想主义理论，认为民主制度是最好的政府形式。我个人也认为这种理论是正确的。但是在实际的政治活动中，理想主义的理论并不足以产生巨大的变革，而当巨大变革发生时，那些为之辩护的理论一直是热情的伪装形式。那种给予民主理论推动力的热情，无疑就是妒忌的热情。

试读一下18世纪曾参加法国资产阶级革命、在雅各宾政变期间被捕并被处决的罗兰夫人的回忆录吧，她常常以忠于人民的高贵妇人的形象出现。你会发现，使她成为强烈的民主分子的，是这么一种切身的体验：有一次她去访问一座贵族别墅时，却被带到了仆人的屋里。

在一般的体面妇女中，妒忌起着相当大的作用。如果你乘坐地铁，一位衣着入时的女人正巧沿着车厢走过，这时你看看旁边那些女人的神色吧。你会看见，每一个女人，或许除了那几个穿着更为时髦的以外，都会带着恶意的眼光看她，会绞尽脑汁去贬损她。对传播流言蜚语的爱好就是这种普遍的恶意的表现：只要是关于别的女人的坏话，即便没有丝毫根据，也会马上被人相信。

一种高尚的伦理道德也起了同样的作用：那些有可能作恶来违反此道德的人受到妒忌，并且对他的罪恶进行惩罚被认为是有道德的，这一特别的美德本身就是一种酬劳和奖励。

然而，同样的情况在男人身上也有所见，不同之处在于，女人把其他一切女人都看作自己的竞争对手，而男人一般只对与自己同行业的人有这种情感。你有否曾经冒失地在一位艺术家面前称赞另一位艺术家？你有没有在一位政治家面前称赞同一党派的另一位政治家？你有没有向一位埃及学家夸奖另一位埃及学家？如果你这么说过，那么十有八九，你会引起那种猜忌的心理的爆发。

在17世纪德国自然科学家、数学家、哲学家莱布尼茨和17世纪荷兰数学家、天文学家、物理学家惠更斯的通信中，有好几封信对传闻牛顿患精神病一事表示悲叹。他们互相这么写道："无与伦比的天才牛顿先生竟然因为理智的丧失而变得糊涂起来，岂不有点可悲？"这两位颇有名望的学者，在一封接一封的来往信件中，显然是带着幸灾乐祸的情绪掉下几滴眼泪的。事实上，他们假意悲叹的事情并没有发生，只不过是牛顿的几个古怪的行为引起了这样一些谣言和猜测。

在普通的人性特点中，妒忌是最为可叹可悲的。不仅妒忌者希望别人遭受不幸，只要不受惩罚并付之于行动，而且他自己也因为妒忌而受到不幸。他不是从自己拥有的一切里汲取快乐，而是从他人拥有的东西中汲取痛苦。只要他能够，就设法去剥夺他人的优点长处，这在他看来是如此值得去干，犹如自己得到了这些优点长处。如果任这种热情肆意泛滥，那么它对任何美德，甚至对最有用的特殊技巧的发挥都是致命伤害。

为什么一个医生该坐着汽车去看病人，而一个工人只能走着去上班？为什么科学研究者可以坐在温暖的房间里度过时光，而别人却要受着大自然的日晒雨淋？为什么一个掌握具有重大价值的非凡才能的人，就可以免去他日常繁杂的家务劳动？对这类问题，妒忌并没有提供答案。

不过，幸好人性中有一种有价值的热情，即羡慕的情绪。无论谁要增进人的幸福，就必须增进羡慕情绪，减少妒忌情绪。

有什么方法可以治好妒忌呢？对圣人来说，可以用无私精神来治疗，尽管在圣人身上，对其他圣人表示出妒忌也不是不可能的。我怀疑1世纪初基督教隐修士圣西门·斯提莱特创立了一种奇特的苦修方式，在特拉尼撒筑一高柱，居其顶端思念上帝历时约30年，后人称其为"柱头修士"，他要是知道另有一个圣人在一条更窄的柱头上站立时间更为长久时，他是否会觉得很愉快。不过，我们不去说圣人吧，对于普通人来说，治疗妒忌的唯一方法即在于幸福，但困难也正在于：妒忌本身就是幸福的一大障碍。

我认为人在童年时代遭遇的不幸大大刺激了妒忌心的形成，一个孩子发现自己的兄弟姐妹受到宠爱，便形成了妒忌的习惯，待他走上社会，他就去寻找那些把自己作为牺牲对象的不公正现象，只要这类现象一发生，他就立即察觉到，如果没有，他也会想象出它们的存在来。这种人必然是不幸福的，而且为朋友们所讨嫌，因为他们不可能一直记住去避免做出那种被假想的怠慢行为来。他开始时认为没有人喜欢自己，到后来他以自己的行为使自己所相信的东西变成真的了。

儿童时代的另一个不幸是，孩子虽有父母却得不到父母情感，这也会产生同样的结果。

自己家里虽然没有受到过分宠爱的兄弟姐妹，但小孩会发现别人家的孩子比自己受到父母更多的爱。这会引起他仇恨别的孩子，仇恨自己的父母。长大以后，他便会认为自己成了《圣经》中亚伯拉罕的庶子被遗弃的以实玛利。

有几种幸福是人人天生应得的权利，要是剥夺了这些幸福，人几乎必然变得乖戾易怒。

但是妒忌者可能会这么说："告诉我幸福是治愈妒忌的疗法又有

何用？只要我继续有妒忌心，我就不会找到幸福，而你们还告诉我，在我找到幸福之前，我是不会抛弃妒忌意识的。"但是实际生活并不是这样符合逻辑的。只要认识到自己身上妒忌情绪产生的原因，就是在治疗的道路上前进了一大步。

根据比较来思考的习惯，是一个致命的缺点。

当任何快乐的事情发生时，都应该尽情去享受，而不要停下来去这么想：同别人可能会遇到的事情比较起来，自己的事儿并不怎么叫人快乐。"是呀"，妒忌者说道，"今天天气很好，春天来到了，鸟儿在歌唱，鲜花在开放，但是我知道，西西里的春天要更美丽一千倍，赫利孔山丛林里的鸟儿唱得更动听，沙伦的玫瑰比我家花园里的玫瑰更鲜艳。"当他这么去想时，太阳失去了光芒，鸟儿的歌唱变成了无意义的鸣叫，鲜花似乎都不值得一看。

他对生活中其他方面的快乐，也都采取同样的态度。"是的"，他会对自己说，"我心中的姑娘是可爱的，我爱她，她也爱我，可是希巴女王一定绝艳美丽得多！哎，要是我有所罗门那样的机会该多好啊！"所有这类比较都是毫无意义的、愚蠢的！无论是把希巴女王还是隔壁邻居当作我们不满的原因，两者都是无益的。

对贤人而言，并不因为别人拥有我所没有的，我自己拥有的东西就不值得享受了。实际上，妒忌既是道德上的又是理智上的一种缺陷，它永远看不见事物本身，只见事物之间的关系。比方说，我挣的工资已经足够我花了，我本应感到满足，不过我听说另外有个人，我知道他一点都不比我高明到哪里，而挣的工资却是我的两倍，如果我是个妒忌心很重的人，刹那间我对自己拥有的东西的满足感便消失了，我开始为一种不公正感所左右。

治疗这一切的有效办法是心理修养，培养不去想无益的事情的习惯。说到底，又有什么比幸福更值得妒忌？要是我能治好自己的妒忌心，我就会得到幸福，就会为人所妒忌了。那个工资是我两倍的人，必定会受到这种思想的折磨，想到另外有人挣的工资是他的两倍，如此等等。要是你渴望荣耀，你可能会妒忌拿破仑。但是拿破仑妒忌凯撒，凯撒妒忌亚历山大大帝，而亚历山大，我敢说，则妒忌实际并无其人的海格立斯。

因此，仅仅通过成功并不能摆脱妒忌心，因为在历史上或传说中总会有人比你取得更大的成就。你可以通过享受自己得到的快乐，通过去做自己要完成的事，通过避免和自己想象中的、可能是相当不真实的、所谓比自己更幸运的人去作比较，以此来摆脱和消除妒忌心。

不必要的谦虚和妒忌大有关系。谦虚被认为是一种美德，但是就我看来，我很怀疑，谦虚更为极端的形式是否值得这样去看。羞怯的人需要别人的一再安抚和保证，而且常常不敢接受他们本来满有能力去完成的任务。羞怯的人认为自己比不上那些与自己经常相处交往的人。因此，他们尤其容易产生妒忌心，并由妒忌心导致不幸和敌意。就我来说，我认为，抚养一个孩子，让他认识到自己是个好孩子很重要。

我不相信哪一只孔雀会去妒忌另一只孔雀的羽尾，因为每一只孔雀都认为自己的羽尾是世上最美丽的。在每只孔雀认为自己比其他伙伴更美丽时，就没有这种压抑的必要了。每一只孔雀都想在这一竞争中赢得第一名，而且因为每只雄孔雀都尊重自己的雌孔雀，都认为自己取得了这样的成绩。

妒忌当然是与竞争紧紧联在一起的。我们对自己认为不可企及的福运是不会去妒忌的。在社会等级森严的时代，最下等的阶级不会去妒忌上层阶级，因为穷富之间的界限被认为是由上帝规定的。乞丐不会去妒忌百万富翁，尽管他们会妒忌那些运道稍微好些的乞丐。

现代世界中社会地位的不稳定，以及民主和社会主义平等学说等，大大扩展了妒忌的范围。从现在来看，这是一种邪恶，但是为了达到一种更为公平的社会制度，这种邪恶暂且必须忍受。当对不平等进行理性的思考时，除非它们是基于成绩优点之上，否则便被视为不公平。一旦它们被视为不公平，除了把这种不公平消除，对由此而引起的妒忌是没有其他解决办法的。我们的时代因此是一个妒忌心起着奇特作用的时代。穷人妒忌富人，穷国妒忌富国，女人妒忌男人，守贞操的女人妒忌虽然不守贞操、却未因此而受到惩罚的女人。

一方面，妒忌确是导致不同阶级、民族、国家、不同性别之间公正关系的主要推动力；另一方面，同样确实的是，这样一种作为妒忌结果的公正很可能是一种最坏的公正，这种公正与其说是增加了不幸者的快乐，不如说是减少了幸运者的欢乐。在个人生活中起着破坏作用的热情，在公共生活中起着同样的作用。因此，别以为从妒忌这样的邪恶中会产生出好的结果来。那些出于理想主义的原因，希望我们的社会制度发生巨大变革、社会正义得以伸张的人，应该去寻求其他的力量而不是以妒忌心来促进这些变革的发生。

所有的坏事情都是互相关联的，其中任何一个都可能成为另一个的原因，疲劳尤其是常常引起妒忌心的一个原因。当一个人对自己要去做的事感到力不胜任时，他便产生一种普遍的不满情绪，这种情绪便极可能以对那些工作较为轻松的人产生妒忌的形式出现。

因此，减少妒忌心的方法之一是减少人的疲劳。但最主要的是，要去寻得一个能使自己的本能得到满足的生活。纯粹是职业性的妒忌，多有性方面的原因。一个在婚姻或子女抚养方面颇为幸福的人，是不怎么会因为别人更有钱、事业上更成功而去妒忌的，只要他自己有足够的钱，能够以自己认为合适的方式抚养孩子就行了。

人的幸福究其实质而言是很简单的，简单到连那些老于世故的人都不能承认自己究竟缺少些什么。我们前面讨论到的，对每一个衣着入时的女人产生妒忌心的女人，可以肯定她们在本能生活中并不幸福。在西方各国，尤其在妇女中，本能生活幸福的人是很少的。在这一方面，文明似乎走上了歧途。要减少妒忌心理，必须找出能弥补这种状况的办法来，要是找不到这样的办法，那么我们的文明就会处于由仇恨走向毁灭的危险之中。

从前，人们只妒忌自己的邻居，因为他们对其他的人几乎一无所知。现在通过教育和新闻传播等间接手段，他们对人类社会各等级的人也有了相当的了解，尽管其中的那些人，他们可能一个都不认识。通过电影，他们了解了富人是怎么生活的；通过报纸，他们知道了别的民族或国家的种种弱点；通过宣传，他们了解到与自己肤色不同的种族人们的凶残行为，黄种人仇恨白人，白人憎恨黑人，等等。你或许会说，这一切仇恨都是由宣传煽动起来的，但是这种解释只说到问题的表面。

为什么宣传在激起人们的仇恨时比激发人们的友好感情更易成功？原因很清楚，现代文明造就的人的心灵更趋向于仇恨而不是友谊。它之所以趋向于仇恨，是因为它感到不满，因为它深深地、或许甚至是无意识中感到自己失去了人生的意义，感到是别人而不是我们自己，得到了大自然给予人的愉快欢乐。现代人的生活中享受到的快乐，总起来肯定要比原始社会时多得多，但是对可能得到的快乐的追求意识也就更为强烈。

无论你何时带孩子到动物园去，都会发现类人猿的眼睛里，在它们没有表演体操动作或是嗑坚果时，会显出一种奇特的紧张、悲哀。我们几乎可以想象，它们感到自己本来应该成为人的，但是没能发现如何成为人的秘密。在进化的道路上它们迷失了方向，它们的堂弟妹赶了上去，它们自己却落到了后边。

与这种紧张、烦恼同样的情绪，似乎进入了文明人的灵魂。他知道还有比自己更优越的事物，而且几乎就在自己的掌握中，但是他不知道到哪里去寻找，或是怎样去发现它。绝望之中，他向自己的同伴发起怒来，但是同伴和他一样感到失落和不幸。我们已经达到进化史上的又一个阶段，但这还不是最后的阶段。我们必须迅速穿越过去，否则，大多数人就会在路上死去，其他人则会在怀疑和恐惧中迷失方向。

因此尽管妒忌是邪恶的，其作用也是可怕的，但它并不完全是个魔鬼。它一方面是英雄式的痛苦的表现，是在茫茫黑夜中跋涉者的痛苦，他们或许是在走向更好的安憩之处，或许只是走向死亡和毁灭。在这绝望之中要找到一条正确道路，文明人必须像开阔自己的视野一样，开阔自己的心胸。他必须学会超越自我，并且，通过这样做来获得宇宙的自由。

六、犯罪意识

说到犯罪感,我们在第一节里已进行了一些讨论,不过现在我们需要作更进一步的充分探讨,因为它是成年人生活不幸的最重要的因素之一。

传统的宗教的犯罪心理说,现代心理学家是不可能接受的。

在每个人受到诱惑去做出罪恶的行为时,良心便会显露出来,而在他犯下这一罪过后,他就可能经历这样两种痛苦的情感:一种叫做后悔,那是没有用处的;另一种叫做忏悔,它可以消除人的罪过。

在信奉新教的国家里,许多失去了信仰的人,在相当一段时间里依然接受那些多少有些变化的正统的犯罪观。今天,部分由于心理分析的发明,情况则正相反,不仅非正统的人拒绝接受旧的犯罪观,甚至许多依然认为自己是正统的人也采取同样的态度。良心不再是神秘的了,而过去,正因为它神秘,还可以被认为是上帝的声音。在世界各地,良心所禁止的行为是各不相同的。一般说来,它和各地的习俗是一致的。

那么,当一个人的良心刺激他时,实际究竟发生什么情况呢?

事实上,"良心"这个词,包含好几层不同的意思,最简单的就是担心被发现的恐惧。你如果问问别人,这个人有时做的事如果被发现的话就会受到惩罚,那你就会发现:在马上有可能被人发现时,他就忏悔自己的罪过。我并不是说这种做法也适用于惯窃犯,惯窃犯把蹲监狱视做必不可少的职业冒险。但是这对受人尊敬的初犯却是适用的,比如,一位银行经理,在一阵紧张刺激下侵吞了公款,或是一位牧师,在热情的冲动下做出了某一不规行为。这种人在他们的罪行很少有可能被人发现时,是会把它忘却的,但是这些罪行被发现,或者极有可能被人发现时,他们便会希望自己更守道德,这种想法会使他们清楚地感到自己罪恶的严重性。

与这种想法密切相连的是担心变成害群之马被驱逐出去的恐惧。一个人玩牌时做了手脚,或是未能偿还赌债,在这一切被发现时,他本身已无理由来对大家的裁决表示反对。在这一点上,他不像宗教改革者、无政府主义者、革命家等,他们的坚定信念是,不管他们目前的命运如何,未来是属于他们的,现在他们受折磨,将来一定会得到荣誉、报偿。这些人尽管受到人们的普遍敌视,但是并不觉得自己有罪。但是,一个完全接受社会道德准则的人,在其行为与此相悖,因而失去其社会地位时,会遭受极大的不幸。面对这一灾难的恐惧,或灾难降临时的痛苦感受,会很容易使他认为自己的行为是有罪的。

但是,犯罪感的最主要形式埋伏在更深处。其根源在于无意识层次,而且不因为对他人的反对意见的恐惧而显露于有意识层次。在有意识层次,某些行为没有明显的反省原因而被标为罪恶。当一个人做出这些行动时,他感觉不安,却不知道。他希望自己成为这样一种人:能够摆脱自己所相信的那种罪恶。他只对那些他相信心灵上纯洁的人表示道德上的敬仰。他或多或少带着悔恨认识到自己不可能成为一个圣人。真的,他的关于神圣的信念在日常生活中几乎是难以做到的。因此,他的生活中总是伴随着一种犯罪感,觉得这世界最美好的一切是与他无缘的,对他来说,最辉煌的时刻不过是去做伤感的忏悔的时候。

实际上这一切事例的根源在于他6岁前从母亲或保姆那里受到的道德教育。在这以前他已经懂得了:骂人是邪恶的;除了使用那种女人腔的语言,不应该讲别的话;只有坏人才喝酒;吸烟和最高尚的美德是不相容的;他知道了一个人应该永远不撒谎;他知道了任何一种对性的兴趣是令人憎恶的。他知道这一切都是他母亲的看法,相信这一切都是造物主的旨意。

对他来说,生活中最大的愉快是受到母亲的抚爱,或者如果她淡漠疏忽的话,那就是保姆的抚爱,而且这只有在他没有做出罪恶去违犯道德准则时才能享受到。因此,他学会了把模模糊糊觉得可怕的事情同他母亲或保姆反对的行为连在一起。渐渐长大以后,他忘记了这一道德准则是来自哪里，原来对不服从这一准则的惩罚又是什么，但是他并没有抛弃这一道德准则，也没有停止这样的想法，如果他违犯了这一准则，那他就会遇到可怕的事情。

婴儿期的道德伦理教育大多缺乏理性基础，因此就难以运用到普通人的普通行为上去。例如，一个讲"粗话"的人，从理性的观点看，就不比一个不讲粗话的人更坏些。然而实际上，任何一个想象去当圣人的人都会认为禁绝骂人习惯是极重要的。但是从理智的角度看，却是很愚蠢的。

同样的情况还有饮酒和吸烟。谈到饮酒，在南方一些国家并不存在这种观念，因为谁都知道我们的上帝和他的门徒是喝酒的。至于说到吸烟，人们更容易采取一种反对的立场，因为大圣人在世时，香烟还不知为何物。但是，这一点上也不可能去进行理性的争辩。说圣人们都不会去吸烟，是基于这样一种看法，即归根结底，圣人是不会为了快活享乐而去做某件事的。

在一般道德中的这一禁欲主义因素几乎潜入了人的无意识之中，但它以各种方式起作用，使得我们的道德准则缺乏理性。在理性的伦理道德中，只要同时不给自己或别人带来痛苦，给予任何人，即使是给自己带来快乐都是值得称赞的。如果我们摒弃了禁欲主义，那么理想的、有道德的人，应是这样一种人：他会去享受各种美好的事物，只要它们不带来消极的后果。

我们再来看说谎。我不否认世界上人们撒的谎是太多了，如果大家讲真话，那对我们都会更有好处。但是我确实否认，而且我想每一个有理性的人都会这么认为，说谎在任何情况下都是不正常的这一看法。有一次我在乡间散步时，一只已经精疲力竭的狐狸依然挣扎着向前奔去。几分钟以后，我见到了猎手，他们问我有没有看见那只狐狸，我说看见过。他们又问我，它朝哪个方向逃走了，我指了另一条路。我想要是我说了实话，我也不会成为一个更好的人。

但是在性方面，早期的道德教育带来了危害。要是一个孩子由严厉的父母亲或保姆施以传统的教育，那么等他到6岁时，就已牢固地树立了犯罪和性器官的联系观念，这一切在他以后一生中是很难完全摆脱的。当然，这一情绪又受到奥狄帕司情结（恋母情结）的强化，

六、犯罪意识

因为儿童期最爱戴的女人是这样一个人,他是不可能与她发生任何自由的性关系的。

其结果是,许多成年男子便认为女人因为性而堕落,他们不能尊重自己的妻子,除非她们对性交表示厌恶。但是一个男人要是他的妻子对性生活态度冷淡,他就会受本能驱使,到别处去寻求本能的满足。然而,即使他一时得到了本能的满足,这一满足也会受到犯罪感的腐蚀,因此,他不可能从同一个女人的任何关系中(无论是婚姻关系或婚外关系)得到幸福。

在女人方面,如果她同样受过所谓"贞节"的严厉教育,也会发生同样的情况。她在与丈夫的性关系中,本能地采取退缩态度,害怕从这当中得到任何快乐。不过,今天较之50年前,女人方面这种情况要少多了。我应指出,目前在受过教育的人中,男人的性生活比起女人来,更多地受到犯罪感的扭曲和毒害。

现在人们对年幼儿童的传统的性教育带来的危害,开始有了较为广泛的认识。正确的方法很简单:在一个孩子未到青春期之前,不要向他或她进行任何性道德教育,而且注意避免灌输这样的思想,即在自然的身体机能方面有什么令人憎恶的地方。随着时间的到来,在给予这方面伦理教育时,要注意符合理性,在谈及的每一点上都应有充分明确的理由。不过本书中我不打算谈教育问题。

在本节里我想主要探讨一下对于引起非理性的犯罪感的不明智教育,成年人怎样才能尽可能减少它的消极影响。

同前几节我们讨论过的一样,这里的问题是,如何使无意识层次接受统治我们的有意识思维的理性信仰。人不应该让自己随着情绪摆布,此时信此物,彼时信彼物,没有定见。

在人的有意识意志由于疲劳、疾病、饮酒或其他一些原因而受到削弱时,犯罪感变得尤为突出。这时人的感觉可以看作是更高的自我的显示。"魔鬼生了病,魔鬼也会成为圣人"。但是以为在这些虚弱的时刻比起人在强健的时刻来,人有更深刻的洞察力,那是荒谬的。人在虚弱的时刻,是很难抵制婴儿时受到的教育暗示的,但是也没有理由表明,在成年人身体的官能得到充分发挥时,这类暗示就一定比那些信仰更占上风。相反,在一个人精力充沛的时候,运用自己的全部理智而获得的那些信仰，应该成为他任何时候都予以接受的准绳。

克服婴儿期无意识层次的那类暗示是可能的，甚至可以通过运用正确的技巧来改变无意识的内容。无论何时，在你开始对某一行为感到后悔时，你就应该检查一下产生后悔感的原因，使自己明白这一切的荒唐所在。让你自己的有意识信仰鲜明突出，让它们在你的无意识里留下深刻的印象，使其足以对付你在孩提时代母亲或保姆留给你的那些印象。

不要为理性时刻与非理性时刻之间的交替感到满足。认真审视非理性意识，决不拜倒在它的脚下，勿让它左右你自己。无论何时，在认识到它将愚昧的思想或情感注入你的意识层次时，那就把这一切连根拔起，审查并拒绝它。不要让自己一直当个摇摆不定的生物，一半由理智、一半由婴儿期的愚昧所制约。

不要因为对那些控制着你儿童期发展的那些人的记忆印象采取不敬态度而感到害怕。他们在那时对你来说可能显得强大、聪明，这只是因为你还软弱、愚昧，现在你已经摆脱了这两者，该是你来检查他们表面的力量和智慧，考虑他们是否依然值得你尊敬的时候了，而这种尊敬本来是由于习惯的力量你才向他们表示出来的。

你应该严肃地问自己，传统上给予年轻人的那种道德教育，是否会使这世界变得更美好。请思考一下，那些地道的迷信思想有多少进入传统的、有道德的人的性格中，再想一想，所有那些假想的道德危险由那些极为愚昧的禁令所防范时，一个成人面临的真正的道德危险实际上却没有引起注意。

一般人受到引诱的有害的行为究竟是什么？经商中那些未受到惩罚的诈欺诳骗行为、对雇员的粗暴态度、对妻子儿女的残暴行为、对竞争对手的刻毒用心，以及政治冲突中的残忍行为，通过这些罪恶行径，一个人在他周围的生活圈子里播下了痛苦，在毁灭人类文明的路上向前跨了一步。但是这一切并没有使他在患病时，感觉到自己成了一个失去神祇庇护的被驱逐的恶人。这一切并没有使他在恶梦中看见自己的母亲那申斥责备的眼光。

为什么他的潜意识中的道德观点和理智相距如此遥远呢？这是因为那些抚育他的童年的人所信仰的伦理观念是愚昧的；因为这不是来

自个人对社会承担的义务责任的研究；因为这是由那些无理性的清规戒律拼凑而成的；还因为其中包含着这样一些病态因素，它们正来自于困扰着垂死的罗马帝国的那些精神疾病。

我们名义上的道德观念是由牧师和精神上受奴役的女人形成的。现在该是让在正常的生活中发挥着正常作用的人们，开始学会抵制这一病态的荒谬信念了。

但是这样的反抗要取得成功，要使个人获得幸福，使一个人一直遵循着一种准则生活，而不是在两者之间摇摆不定，那他就需要更深刻地思考和体会他的理智告诉他的一切。大多数人在他们表面上摆脱了儿童时代的迷信观念后，便以为一切都完事了。他们没有认识到，这些迷信思想依然在潜行。

在我们认识到一个理性的信念时，需要对它进行认真思考，观察它的后果，寻找出自己头脑里可能存在的与这一新的信念不一致的任何其他信仰，当犯罪感变得强烈起来时，这是时常会发生的，不要去把它当作一种启示和向更为高级的事物的呼唤，而是看作一种疾病，一个弱点，当然除去一种例外，即它是由理性的伦理观所谴责的行为激起。

但是即使在人违反了自己的理性准则时，我也怀疑犯罪感是否就是一种使人走向更美好生活的最佳方法。在犯罪感中有那么一种卑下的、缺乏自我尊重的成分。一个人是不会因为失去自尊而走上正确道路的。理性的人会把自己的不良行为同别人的不良行为一样对待，看作是在一定条件下发生的行为，可以通过两种方法来加以避免：一是充分认识到这一行为的不可取；一是在可能的条件下，规避这类行为的环境条件。

事实上，犯罪感还不能导致人走向完美的生活，恰恰相反，它使人不幸福，使人自觉卑下。正因为不幸福，他便可能向他人提出过分的要求，这样做又阻碍他去享受人际关系中的那种快乐、幸福。自觉卑下，他便会对那些比自己强的人产生忌恨。他会发现很难去敬重别人，却很容易产生妒忌心。他会变成一个到处不受欢迎的人，会感到自己越来越孤独。大方豁达的态度不仅给他人带来幸福，而且也是自身幸福的一个主要源泉，因为这样做使自己为人们所接受、欢迎。

但是对一个受犯罪感折磨的人来说，是极少可能去采取这一态度的。它是人的自信和自我依靠的结果，它需要一种人的心理的整合，我这么说是指人的本性的各个层次，如有意识、潜意识和无意识层次等共同起协调作用，而不是相互处于无休止的争斗中。要取得这样一种和谐，在多数情况下可以通过明智的教育来做到，但在教育本身不明智时，要做到这一点就更困难了。这种方法是心理分析学家去做的，但是我相信，在大多数情况下，病人自己就可以做到这一点，除非在更严重的情况下，需由专家来协助治疗。

当一个人的人格分裂的时候，没有什么比它更加削弱人的幸福和效率了。为使一个人的人格各部分之间产生协调而花费时间是值得的。我并不是说，一个人就需要每天抽出一个小时来进行自我检查。我认为这决不是最佳办法，因为这样做会强化人的自我贯注，而这正是需要治疗的疾患，因为和谐的人格是外向型的。

我的建议是，一个人应该明确肯定自己理性上应该相信什么，决不让相反的、非理性的信仰不受到质问而进入自己的头脑、甚至左右自己，哪怕时间再短也不允许。这是在人受到引诱回返到婴儿期状态时，同自己展开推理的问题，只要这种推理强而有力，其过程是非常短暂的，因此花费的时间是很少的。

有许多人对理性观念抱厌恶态度，在这种情况下，一切就会显得毫不相干、没有什么意义了。有这么一种看法，认为如果允许理性自由表现，它将会压制、去除一切深刻的情绪。据我看来，这种观点是由于对理性在生活中的作用完全错误的认识而引起的。激发情绪的产生并不是理性的任务，尽管它的部分作用可能是去发现某些方法，它们足以防止那些给人的幸福造成障碍的情绪产生。

找出最大限度减少仇恨和妒忌心的方法，无疑是理性心理学的任务之一。但是如果认为在削弱这些热情的同时，也削弱了理性并未加以否定的这些热情的力量，那是一个错误。在热烈的爱情、父母情爱、友谊、仁爱、对科学或艺术的献身精神等方面，理性是决不会去加以削弱抑制的。理性的人在自己具有这些情感时，他会很高兴于此，而决不会去削弱这些情感的力量。在这类热情中，完全没有什么非理性的成分，而许多非理性的人所具有的热情则是最微弱的。

没有人需要担心因为自己变得富于理性而使自己的生活变得单调枯燥。相反，由于理性主要是由内在的和谐组成的，具备了理性的人，在对世界的观察，在运用自己的力量取得外部目标方面，比起那些一直受到内心冲突折磨的人要自由得多。

没有什么比把自己禁锢起来更令人呆板迟钝了，也没有什么比把自己的注意和能量转向外部世界更使人振奋高兴了。

我们传统的道德观念不恰当地以自我为中心，而犯罪意识就是这种不明智地把注意贯注到自我身上去的一种做法。对那些还从来没有越过由这一错误的道德观引起的悲观情绪的人来说，理性似乎是不需要的。但是对那些曾经患有此种疾病的人来说，理性是必要条件。或许这种疾病是心理发展过程中的一个必要阶段。

我认为，一个依靠理性而超越了这一阶段的人，比起那些从来没有经历过这一疾病或是经过治疗的人，达到了更高的层次。我们这一时代里对理性的普遍憎恨多半是由于这一事实，即没有把理性的运用看作是一种最基本的方法。

一个自我分裂的人寻求兴奋和玩乐，他需要强烈的热情，并不是出于健全的理性，而是因为这么做使他在短时间里忘却了自己，暂时中止了痛苦的思维。对他来说，任何热情都是一种麻醉，既然他找不到根本的幸福，那么，任何对痛苦的摆脱在他看来只有通过麻醉才有可能实现。但是，这是一种根深蒂固的毛病症状。只要没有这种疾患，那么最大的幸福便来自人体官能的最充分发挥。

在心灵处于最活跃的时刻，在极少有事物被遗忘时，人才能经历最强烈的欢乐。这一点确实是幸福最好的试金石，无论哪一种麻醉形式的幸福都是虚假骗人的、难以令人满足的，真正使人满足的幸福是由人体官能的充分发挥，以及对我们生活的充分认识而获得的。

七、虐待倾向

　　虐待狂更为极端的形式，被认为是一种精神病。有的人假想别人企图把自己杀死或监禁起来，或是欲施于其他形式的严重伤害。希望保护自己免受假想迫害者的伤害，这种愿望常常使得他们做出暴力行为，因而不得不对这种人的自由加以限制。同其他形式的精神病一样，这不过是一种意向的夸张，在一般正常的人当中也并不少见。我不打算讨论那些极端的症状，这是精神病医生的任务。
　　我想在这里说的是一些比较轻微的症状。因为它们常常是人们不幸的原因，而且由于它们还没有发展到产生明确的精神病症状。因此仍可以由患者自己来治疗，只要他能够正确诊断自己的问题，认识到其根源在于其自身，而不在于假想中的他人的敌视和冷酷。
　　我们都很熟悉这样一种人，男女都有，根据其自己的述说，他永远是别人忘恩负义、冷酷阴险、背信弃义的牺牲者，这一种人常常极为善于言辞，从他相识不久的人那里汲取同情。常常有这种情况，就他讲的每一件事情单独来看，似乎没有什么不可相信的。他抱怨的那些恶运有时确会发生，但最后引起听者怀疑的是，他遇到的坏人和恶棍是如此之多，这成了他的倒霉恶运。
　　根据概率理论，生活在一定社会中的各种人，在其生命途程中受到的恶运应该是大体相等的。要是一个人根据他自己说的，在他生活的环境周围到处都受到不公正对待，那么很可能原因就在于他自己，或者他老是想象那些他实际并未遭受的伤害，或是他无意识中的行为激起了别人难以遏制的愤怒。有经验的人因此便会怀疑这种人。根据他们的述说，常常是受到周围人的虐待，很可能是由于他们往往自己缺乏同情心，使这些不幸的人认为人人都在反对他们。

实际上，这个问题是很难解决的，因为同情心的表示和缺乏都会加剧这一问题。

有虐待狂倾向的人，当他发现一个恶运故事被人相信时，便会添油加醋，到后来简直使人难以置信；当他发现别人不相信他的话时，他便把这个作为人们对他冷酷无情的又一个证明。

这种疾患只能通过理解来治疗，治疗要有效，必须把这种理解传达给病者。我写本节的目的是提出一些一般的反省方法，运用这些方法，个人可以诊断自己身上的虐待狂因素，在发现之后予以消除。这是争取幸福的一个重要方面，因为要是我们以为人人都在虐待自己，那是不可能感到幸福的。

非理性的最普遍的形式之一是，几乎人人都有对待恶意的流言蜚语的态度。很少有人会对自己相识的人，有时甚至是朋友，不在背后讲些闲话的，然而当人们听到任何对自己不满的话语时，便会义愤填膺，怒气冲冲。似乎他们从来没有想到过，正像他们在背后议论别人一样，人家也在背后议论他们自己。这还算是一种比较轻微的形式，如再加以夸大发展，便导致虐待狂。

我们希望人人都像我们对待自己一样，对我们抱着温暖的爱和深深的尊重。我们没有想到，我们不能期望别人对我们的评价，比我们对他人的评价更高些。而我们之所以没能想到这一点，是因为我们总觉得自己的优点很了不起，而别人的优点呢，如果确实存在的话，也只有非常宽厚的人才能看得到。当你听到有人在背后说你闲话，你会记得自己有99次克制住没说出对他的最公正、最恰当的批评，而忘记了在第100次时，在毫无戒备的情况下，你自以为是地吐出了对他的真实想法。

你以为这就是对自己长时间克制的报偿吗？然而从他的角度看，你的行为同你眼中他的行为完全一样。你那么多次没有讲他什么，他并不知道，他只知道第100次那回你讲出口的话。要是我们都具有这种神奇的魔力，能够一眼看透别人在想什么，我想第一个影响便是几乎一切友谊都将终结。不过，第二个影响倒可能是积极的，因为一个没有朋友的世界是使人难以忍受的，我们应该学会相互去爱，而不需要用一层幻想的面纱把自己蒙蔽起来，说我们原本就没有把对方看得尽善尽美。

我们知道自己的朋友是有缺点的，他们是同我们一样可以被人接受的。然而，在我们发现他们竟以同样的态度对待我们时，却觉得难以容忍。我们期望他们这么认为，我们同其他人不一样，我们是没有缺点的。在我们被迫承认自己有缺点时，就往往把这一点看得过于严重。没有人是完美无缺的，也不要因为自己不是十全十美而不必要地感到烦恼。

虐待狂的根源始终在于对自己优点的过分夸大。对任何一个无偏见的人来说，我应该是当代最伟大的剧作家。然而，出于某些原因，我写的戏却很少上演，就是演出了，也并不成功。

这种奇怪的现象该怎么解释？显然，是那些经理、演员和评论家们出于某种原因联合起来反对我。这一理由，对我来说当然很可信，我拒绝向那些戏剧界的巨头们磕头；我没有奉承那些评论家们：我的剧本里反映的是确实的真理，这对于那些攻击真理的人来说是不能容忍的。于是我非凡卓越的才能得不到承认——凋萎了。

还有那位发明家，他从来也没能请别人来检验他的发明成果，制造商不愿考虑任何革新文明，照旧按老办法生产。那么知识界呢？实在奇怪，他们不是把人家的手稿弄丢了，便是原封不动地退还，对那些提出请求的人，不知何故，他们就是没有反应。

这种现象该怎么解释？显然有那么一种关系密切的小团体，他们只想在这个圈子里分享发明的成果，而不属于他们这一圈子的那个人，他的意见当然不会被听取。

还有那么一种人，他根据事实产生一种真正的悲哀，但是他仅根据自己的体验作出概括，并得出结论：认为自己的不幸说明了世间一切问题。他发现了，比方说，秘密警察的某些丑闻，为了政府的利益而被封锁起来。他几乎找不到任何宣传机构公布这一发现，而那些看上去品德高尚的人却对改正这类错事不屑一顾。这些丑事使他满腔愤怒。事情就算像他说的那样吧，但是，他受到的阻碍、挫折使他产生了这样的印象：一切有权势的人都极力掩盖这些罪行，是因为他们的权力靠此而建立起来的。

诸如此类的问题尤其难以解决，因为他的看法里有一部分是真实的，那些他个人接触到的事情，较之于更多的他没有直接经历的事情来，很自然地给了他更深的印象。这给了他一种不真实的分寸感，使得他对可能是例外的而非典型的事实，给予不恰当的过分关注。

虐待狂的另一种较为普遍的牺牲者是某一类慈善家，他老是违背人们的意愿去为他们做好事，在他们没有表示出感激时，便觉得可怕，不可理解。我们行善的动机很少像我们自己想象的那么纯洁。对权力的热爱是阴险的，它有许多伪装形式，而且常常是我们从自己做的、自以为对别人有益的事情中得到的快乐的源泉。

再打个比方，那些提议制定禁烟法的人们期望那些原先是烟鬼的人委派代表来感谢他们帮助自己解脱了这一恶习，但他们很可能会感到失望。于是会这么想，他们为公共利益贡献了自己的一切，那些最应该为他们的善行表示感激的人，反倒似乎对这一点的认识最为欠缺。

人们以前在家庭主妇身上也常常能发现同样的情形，她们对那些女仆的道德负护卫的责任。但是现在仆佣问题变得如此尖锐，这样一种对女仆的仁爱关心便较为少见了。

在上层政治界里，也发生这类情况。政治家们渐渐把一切权力集中于自己手里，为了自己能够去完成那些崇高的目标，使得他放弃安逸享受，登上公共生活舞台，到后来却发现人民竟忘恩负义，转而反对起他来了，这使他感到困惑不解。

他从来没想到他的工作除了为公众服务的动机以外，还有别的什么动机，或是管理公共事务中得到的快乐会这么激励他的活动热心。在大会讲台和党的报刊上常见的言辞，在他看来似乎就代表了真理，他误把党人的雄辩言论当作真诚的动机分析。在憎恨与失望之中，在这个世界从他身边退却后，他也从这世界退隐而去，为自己曾经想去担起的为公众利益服务这一吃力不讨好的任务感到遗憾。

从这些例子里可以提出了四条普遍的准则，如果这些准则的真实性得到充分认识，它们将是预防虐待狂的有效手段——

第一条：要记住你的动机并不是始终如你想的那样绝对无私；

第二条：切勿过高估计自己的优点；

第三条：不要指望别人会同你一样对自己那么感兴趣；

第四条：不要假想大多数人存心盯着你，专门想来迫害你。

下面我就这四条依次稍加说明：

对那些慈善家和行政官员来说，对自己的动机持怀疑态度是尤其必要的。这种人对世界或其某一部分应如何发展都自有一套设想，他们觉得要实现这一设想，将对人类或某一地区的人类赐予恩惠。然而，他们没有充分认识到，受到他们行动影响的那些个人也有同样的权力保留他们对世界发展的观点。一个担任官职的人虽然很自信他的设想是正确的，任何别的相反的看法都是错误的，但是他的主观判断并不能证明他客观上是正确的。

此外，他的信念很可能常常不过是一种烟幕，遮掩了他在考虑实际以他为中心的变革时所得到的快乐。除了对权力的爱以外，还有一种动机，就是满足虚荣心。那些代表品行高尚的理想主义者为那些选民的冷言冷语大感震惊，他们认为他不过是追求在其名字后面写上委员这一荣耀而已。在竞争结束，有时间静下来思考时，他会发现或许这些喜欢讥讽人的选民是对的。

理想主义使简单的动机披上奇怪的伪装，因此某些讥诮讽刺的艺术并没有对我们那些热心公益的人造成什么妨碍。传统的道德观所灌输的利他主义是人性很难去做到的，那些以此美德为荣的人常常想象自己已经实现了这一难以企及的理想。那些高尚人物的极大多数行为是有自尊动机的，这并不值得使人遗憾。因为，如果不是这样的话，人类就不可能生存下去。

一个人全部时间都用在如何使别人吃饱饭，而忘记了自己的饮食，那是要死亡的。当然，他的摄取食物可能仅仅为了使自己获得足够力量再次投入到反对邪恶的斗争中去。但是，令人怀疑的是，怀着这种动机吃下去的食物能否得到充分消化，因为唾液的分泌由此而得不到足够的刺激。所以一个人在吃饭时，最好是出于对食物的喜欢爱好，而不是把花在吃饭上的时间只是当作受到为公众利益服务欲望的激励而已。

在饮食方面适用的，也同样适用于其他方面。任何需要完成的事情，只有在某种热情的激励下才能做得好，而没有某种自尊的动机是很难产生热情的。从这种观点出发，我觉得在自尊动机里，应该包括同生物上与个人有联系的那些人相关的动机，诸如保护妻儿免受敌人攻击的行动。这种程度的利他主义是正常人性的一部分。但是，传统道德所灌输的利他主义却不属于此，而且实际上极少可能达到。

因此，那些希望对自己的完美道德品行有高度评价的人应该使自己认识到，他们自以为已经达到的那种程度的无私，实际上极少可能真正达到。因此，这种对圣洁无私的努力追求同某种形式的自我欺骗结合起来以后，很容易导致虐待狂的形成。

四条准则中的第二条，即不要过高估计自己的优点。从道德方面来说，我们前面的讨论已就此做了分析说明。但是除了道德品质以外，其他方面的优点也同样不应估计过高。

那个剧本创作从未成功的剧作家，应该冷静下来考虑这一假设，即这些剧本都写得不好，他不应该认为这结论靠不住而拒绝承认。如果他认为这是符合事实的，那就应该像归纳哲学家那样，坦然地接受它。的确，历史上有过这种情况，即某人的功绩优点未得到承认。但是比较起世人公认的缺点来，前一种现象要远远少得多。如果某人是时代尚未承认的天才，那么，他不顾世人承认与否，坚持在自己的道路上走下去是很正确的。相反，如果他只是一个没有才能的、为虚荣心所驱使的人，他最好不要再坚持下去。如果一个人为创造未被承认的杰作而苦恼不安时，那是无法判断他究竟属于前者还是后者的。

如果你属于前一类，那么你的坚持颇具英雄色彩；如果属于后者，就不免荒唐可笑了。另外有一种测试办法，在你认为自己是个天才，而你的朋友则对此表示怀疑时，不妨试一下，虽然它可能不完全有效，但确有相当的价值。

方法是这样的：你是出于为表达某种思想和情感的强烈行动而创作，还是仅仅为赢得人们的欢呼鼓掌的欲望所激励？在真正的艺术家身上，希望得到人们喝彩欢呼的强烈愿望一般也存在，但那是占第二位的，艺术家首先希望的是去创作出某一件艺术作品，希望这件作品能受到欢迎，但是即使这种欢迎没有出现，也并不会改变他的艺术风格。另一方面，那种把渴望得到欢迎作为首要动机的人，内心并没有表现出某种特别的艺术表现的强烈愿望，因此对他来说，去从事另一完全不同的工作也无所谓。

无论你在生活中从事什么工作，如果你发现别人对你的能力的评价没有像自己评价的那么高，请不要太自信一定是他们错了。要是你这么认为，你很快会陷入这一联想中，以为有一种阴谋在阻止对自己成就的承认，这种想法往往成为生活不幸的源泉。认识到自己的优点并不像自己希望的那么了不起，一时间可能会使人更感痛苦，但是这种痛苦是有尽头的，过了这一点，幸福的生活就又成为可能了。

我们的第三条准则是，不要对别人期望过高。以前，患病的母亲常常希望自己的女儿中至少有一个会彻底牺牲她自己来陪伴护理她，甚至不顾女儿即将结婚。这一期望于人的利他主义是违背理性的，因为利他主义者的损失比利己主义者所得的要大得多。在和别人，即使是与自己最亲近的人的一切交往中，也应认识到他们是从自己的角度看待生活的，触及的是他们的自我，而不是从你的角度、从触及你的自我角度来看待生活。不应该期望任何人为了另一个人的生活而改变他的生活。

有时可能有这种情况，我们有强烈的感情，甚至认为做出巨大的牺牲也是值得的。但是如果这种牺牲不值得，那就不应去做，因为没有人会为此而受到责备。人们对别人的行为的抱怨，不过是对这个人自我的过分膨胀和贪得无厌做出的合理反应而已。

我们提到的第四条准则是，要认识到，比起你自己来，人家考虑你的时间总要少一些。神经错乱的虐待狂的牺牲者想象，各种各样的人，日日夜夜、无时无刻不在企图去捉弄那些神经不健全的人，但事实上，他们都是有自己的职业和爱好的。同样，神经较为健全的虐待狂的牺牲者则以为一切行动都同自己有关，这种情况实际上并不存在。当然，这种想法满足了他的虚荣心。如果他确实是伟人，这或许是真的。

有好多年，英国政府的行动主要是为了遏制拿破仑。但是一个小人物以为人们一直在关注他，那他就变得有点精神错乱了。比方说，你在一次宴会上做演讲，报纸上登出了其他几位演说者的照片，可是并没有你的照片，这该怎么解释？显然并不是其他演说者显得比你更重要，一定是报纸的编辑得到了指令，有意将你略去。为什么他们竟然发出这种指令？显然他们惧怕你，是因为你的地位更显赫。如此这般一想，你的照片漏登这件事倒不是一种轻视怠慢，而成了隐隐恭维。

但是这类自我欺骗是不可能导致真正的幸福的。在你的心底里，你会明白，实际情况正好相反，而为了尽可能掩盖这一切，你还会作出越来越多的离奇假设来。到后来，企图相信这一切的紧张情绪变得极其强烈，而且由于这些假设里包括这种信念，即你成了被普遍敌视的对象。它们只会起到防卫自尊心的作用，因为它们使你产生非常痛苦的情感，使你感到与这个世界格格不入。

以自我欺骗为基础的满足是不牢固的，无论事实多么令人不快，最好还是坚决地、勇敢地正视它，逐渐适应它，在这基础上再着手建立自己的生活。

八、舆论与恐惧

总的来说，很少有人会是幸福的。现代社会的特点之一是：全体居民分成道德观和信仰极不相同的群体。这种情况始于宗教改革运动。或许有人会说，从再早一些的文艺复兴时代就开始了，自此以后，分化更为显著。基督教新教徒和天主教徒，不仅在神学，而且在许多更为具体的事情上都产生了分歧。贵族所允许从事的各种活动，却是资产阶级不能容忍的。还有那些自由主义者和自由思想家，他们不承认宗教仪式的礼拜。

今天，在整个欧洲大陆，不仅在政治方面，而且在社会生活各方面，明显地分化为社会主义者和其他各种派别。

在欧洲国家，分化更是多种多样。在有的群体里，艺术得到尊重；在别的群体里，只要是现代的，都被视为邪恶。在有的群体里，对英帝国的忠诚是最高尚的道德；在别的群体里则被看作不道德，或是一种愚蠢。保守型的人认为通奸是极其邪恶的罪行，但是现在有许多人则觉得这虽然不值得赞扬，但却是可以原谅的。在天主教里，离婚是绝对被禁止的，但在大多数非天主教派里，则把离婚看作是婚姻生活的一种必要的缓解手段。

由于上述这一切观念上的差异，一个具有一定兴趣和信念的人会发现，生活于某一群体中时，自己实际上成了一个被驱逐者；在另一个群体中，则又作为一个完全正常的人而被接受。许许多多的不幸，尤其是青年人的不幸，即由此而产生。

一个青年男子或女子接触到某些新思想，但是却发现这些思想在他或她生活的环境中受到诅咒。于是这个青年很容易产生这种想法：把自己所熟悉的唯一环境当作整个世界的代表。他们难以相信，在另一个地方，在另一个群体中，他们因为害怕被认为是大逆不道而不敢申言的观点会被当作普通常识而接受。正是由于对世界的无知，人们经受了许许多多不必要的痛苦，有时只是在青年时期，而且也使人面对敌对环境，为了保持精神上的独立这一不必要的任务，消耗浪费了巨大的能量，在这种情况下，根据他们的逻辑推理，99%的人会产生胆怯心理，不敢去接受这些思想。

19世纪英国女作家、《简爱》的作者勃朗特姊妹，在她们的书出版以前，从未遇到过任何同她们意气相合的人。但是这并没有影响艾米莉。她很勇敢，具有高尚的气质，这影响了夏绿蒂，尽管她很有才华，但她的世界观大体上依然属于家庭教师这一类。

布莱克同艾米莉·勃朗特一样，生活在精神极为孤独的环境中，但也同她一样，他的勇气足以抵挡其消极影响，因为他从不怀疑自己的正确和评论家们的错误。

他对舆论的态度从下面几行诗中可以看出来：
我曾经知道的唯一那个人
他几乎没有使我呕吐
是富塞利：他既是土耳其人又是犹太人
因此，亲爱的基督朋友们，你们又如何？

但是没有多少人在他们的内心生活中拥有如此巨大的力量。几乎对所有人来说，同情的环境为幸福所必需。当然，对多数人来说，他们所处的环境是具有同情心的。这种环境把流行的偏见灌输到青年头脑中，使他们本能上同周围到处都接触到的信仰、习惯合拍适应。但是对为数不少的人，其中几乎包括了所有具有聪明才智、艺术才华的人来说，这种默认态度是难以接受的。

比方说，一个人生长于某一乡村小镇，在年纪很轻时就发现自己为一种敌对态度所包围，它对一切有益于心理健康发展的事物都加以敌视。如果他想读一些严肃正经的书，其他孩子就瞧不起他，老师则说这种书是蛊惑人心的；如果他对艺术发生兴趣，他的同辈人会觉得他没有男子汉气质，年长一些的则认为他不正经。不管他向往的职业如何体面，只要他生活的那个圈子里是很少见的，别人就会说他想出人头地，还会说，他父亲干的那一行对他来说才真正合适。要是他稍稍显出一点苗头，企图批评父母的宗教信仰或是政治倾向，他就很可能碰上大麻烦。

由于以上种种原因，对大多数具有特殊才能的青年男女来说，青春期成了一个不幸的时期。对那些更为普通的同伴来说，则是一个高兴快活欢乐的时期，但是前者希望学习更为正经、严肃的东西，而这一切在他们所生长的特定的社会环境中，在他们的兄长或是同代人身上都无法寻到。

当这类年轻人上了大学，他们可能会找到志趣相投者，并度过几年幸福时光。如果他们很幸运，那么在大学毕业后，他们可能会找到这样的工作，这种工作能使他们找到志趣相投的朋友、侣伴：一个有才智的人，在伦敦、纽约一类的大城市中，一般总能找到一群志趣相投的人，在那里他不必故作虚伪来束缚自己。

不过如果他的工作迫使他居住在一个更狭小的环境里，尤其是要求他对普通的人们表示出尊敬恭顺。比方说，当一个这样的医生或律师，他或许会发现，在自己整个一生里，都不得不对自己天天见面的那些人隐匿自己真正的兴趣和信念。

在美国，由于土地辽阔，这种情况尤为普遍。在那些极为偏僻的地区，无论是东南西北，都有那么一些孤独的个人。他们从书本上知道，在别的地方，他们会不再感到孤独的，但是他们没有机会到那里去生活，只是难得有机会同人进行一次志趣相投的交谈。在这种情况下，对那些气质上比布莱克和艾米莉·勃朗特稍微弱些的人来说，真正的幸福是不可能的。

如果要使幸福成为可能，就必须找到某种方法使舆论的独断专横得以减轻或消除。只有这样，具有聪明才智的少数人才能够互相了解，并从各自的社交活动中得到乐趣。

在很多情况下，不必要的胆怯使得问题更为严重。有的人显然对舆论很害怕，有的人则对此漠然置之。对前者来说，舆论总是显得更为恐怖专横。一只狗在人们对它表示害怕而不是轻蔑时，它会叫得更凶狠，也更容易咬人。人类社会也同样有这一特点。要是你显示出害怕他们，你等于给了别人捕猎追获的机会，而要是你对他们不屑一顾，他们就会开始怀疑自己的力量，因而倾向于对你不加干涉。

当然，我不是在提倡极端的蔑视挑战的态度。要是你在英格兰大伦敦皇家自治市肯辛顿持有在俄罗斯很流行的观点，或是在俄罗斯保持在肯辛顿作为传统接受的观点，你得自己为这一后果负责。我考虑的，不是这些极端的形式，而是那些较为和缓和与传统习俗相对的过失行为，诸如穿着不合潮流，不参加某一教派，或是不去读某些智慧之书。

这类过失，如果是情绪轻松地、漫不经心地去做，不是带着挑衅，而是自发随意去做的话，即使在最为保守的社会中也会得到容忍的。渐渐地它就可能取得被默认的精神病患者这样一种地位，允许他去做的事情在别人身上就显得难以原谅了。这多半成了某种好心肠与友善态度的问题。

保守的人为人们与传统的决裂所激怒，多半是因为他们认为这种决裂是对他们自己的批判。如果一个不因循守旧的人，他能够以友好轻松的态度，向他们、向即使是最愚笨的人说清楚，他并不准备去批评他们，那么他们是会宽恕他的。

但是这种躲避非难指责的方法，对那些兴趣见解完全不可能得到大众同情的人来说，是没有作用的。他们的缺乏同情使得这种人很不安，并且采取一种好斗的态度，尽管表面上他们保持一致，尽量避免尖锐的冲突。因此，那些和自己所处的群体传统习惯不协调的人，往往显得很刺人、不安宁、缺乏广泛的幽默感。同样是这些人，让他们处于另一个别人并不因其观点不同而责怪的群体中，就会完全改变他们的个性：使他们从原来的严肃、羞怯和谦恭转变为愉快、轻松、充满自信；从固执、刚愎自用变得平易近人；从以自我为中心变为善于社交、性格外向。

因此，只要有可能，那些发现自己与环境不协调的年轻人，应该积极去选择这样一种职业，这种职业给他们寻找志同道合的伴友提供了机会，尽管这样做可能会损失一大笔收入。由于他们对世界的了解非常有限，他们常常不知道有这种可能性存在，他们会很容易想象，自己在这里已经习惯了的这种偏见全世界都有。在这方面，老一辈的人可以给年轻人不少指导，因为这需要相当的社会经历。

在目前心理分析很盛行的时代，人们往往习惯于这么假定，任何年轻人,如果与周围的环境不协调,原因一定在于他的某种心理失调。我以为这是完全错误的。举例来说,我们假设有个年轻人,他的父母认为进化论是邪恶的,在这种情况下,使他失去他们同情的唯一原因便是知识问题。当然,一个人与周围的环境失去和谐是不幸的,但这种不幸并不总是值得花一切代价去加以避免。当这一环境充满了愚蠢、偏见和残忍时,与它的不和谐倒是一大长处。在某种程度上,几乎在任何一个环境中都存在上述情况。

伽利略和普勒有过"危险的思想"(在日本是这么说的),我们时代最有聪明才智的人也是如此,以为将社会意识大大发展,让那些人对由他们的思想意识所激怒的社会敌视态度表示恐惧,这是不可取的。值得去做的是,寻找出一些方法来,使得这种敌视尽可能削弱,尽可能失去其影响。

在今天,这一问题主要见于青年人身上。要是一个人一旦处于合适的职业岗位和合适的环境中,他多半可以逃脱社会的迫害,但是在他尚年轻、他的长处还未经过考验时,他往往处于那些无知者的掌握中。他们以为自己能够对那些一无所知的事情作出判断,当他们知道这么一个年轻小伙子竟然比他们这些有广泛阅历的人懂得还要多时,不禁勃然大怒。许多最终逃出了这种无知独裁的人,经过艰苦的斗争和长期压抑后,他们感到痛苦失望,精神大受挫伤。

有这么一种颇为轻松的说法,似乎天才始终会成功的。根据这种观点,许多人以为对年轻人才能有的迫害不会造成多大危害。但是无论如何,绝没有理由接受这种观点,这无疑等于说谋杀终将暴露。显然,我们知道的谋杀案都已经被发现了,但又有谁知道,有多少谋杀案人们从来都没听说过呢?

同样的情况是,我们听到的那些天才都是在战胜逆境后才取得成功的,但是也有许许多多的天才是在青年时期凋萎消失的。

此外,这不仅是个天才问题,还是一个才能问题,这对社会也是同样需要的。而且这不仅仅是个出头冒尖的问题,又是一个既出头又冒尖但又不受失望、能量不遭削弱损伤的问题。基于以上种种理由,不应该对青年的发展横加阻拦。

理想的情况是,老年人应该尊重青年人的希望与追求,但要求青年人去尊重老年人的希望与追求，这是不足取的。理由很简单，因为在上述任一情况下，是青年一代，而不是老一辈的生活需要关注。当青年人企图去干涉长辈的生活，如反对丧失配偶的父母再婚，这同老一辈企图去干涉青年人的生活一样是错误的。无论是老人还是青年，到了不惑之年，都有权作出自己的选择。如有必要，还有犯错误的权利。

如果劝告年轻人在任何大事上都应屈从老一辈的压力，这是不对的。比方说，你是个青年，很想学习舞台表演，父母表示反对的理由是，做演员不光彩，或是社会地位低下，被人瞧不起。他们可能会施加种种压力迫使你就范：他们会说，如果你不听他们的劝告，就把你赶出去；他们说你过不了几年肯定会后悔的；他们会举例来说明，哪些年轻人因为匆忙草率作出自己的选择，结果落得个不幸的下场。他们认为舞台演出并不适合你的职业，这当然可能是对的，或许你没有表演才能或音色不好。如果是这样，那么你不久就会从演员身上发现这一点，你还有足够的时间另择职业。

父母的意见不应成为自己放弃努力的主要理由。如果不管他们怎么说，你依然坚持自己的追求，他们很快就会转变想法，而且这种转变比你或他们自己料想的来得还要快些。

另一方面，如果你听到那些内行的人不支持你这么做，那就是另外一回事了，因为这种内行的意见对初学者来说是值得听取的。

我觉得，一般说来，除了专家们的意见以外，人们对他人的意见是过于专注了，而且无论事大事小都这样。在不受饥饿、不犯法进监狱这类事上，我们当然应该尊重舆论意见，但是除此以外，在任何事上都对那种不必要的专横独断意见表示自愿屈从，这就很可能在种种方面影响人的幸福。

我们以消费为例，许多人花钱的方式同他们自己的喜好兴趣大相径庭，只是因为他们有这种想法，以为能否赢得邻居的尊敬，就看自己能否拥有一辆漂亮的小汽车、能否办得起盛大的宴会。其实，任何一个有钱买得起汽车的人，如果他宁愿徒步走路，或是去办个图书馆，比起前者，最终会受到人们更大的尊敬。

当然，我们不必有意去嘲弄舆论，这样将在一种更为混乱的情况下，被置于其控制中，但是对它采取真诚的不偏不倚的冷淡态度，就会成为幸福的力量和源泉。一个由这样的男女组成的社会，他们对传统习俗没有过分的屈从，这比起人人行动划一的社会来更加丰富多彩。当每一个人的个性都得到了发展，各种类型的特征都得到保留，这就使我们值得去会见各色新人，因为他们已不是我已经见过的人的翻版了。这曾经是贵族阶层的一个特权，他们的出身决定了他的地位，允许其作出各种怪僻反常的行为。

在现代世界，我们正在失去这种社会自由的基础，因此很有必要清醒地认识到这种一致性的危险。我并不是说人们有意去做出什么怪僻行为来，这同因循守旧一样是无意义的。我只是说，人应该顺其自然，只要他自发的兴趣爱好不是反社会的，就应让其自然流露出来。

在现代世界，由于交通工具的创造发明，人们不必再像过去那样，仅仅与自己的近邻来往了。那些拥有汽车的人可以把方圆20英里内的任何人看作自己的邻居。因此他们比过去有更多的机会来选择自己的朋友。

在一个人口聚居的地区，一个人如果在20平方英里内找不到志趣相投的朋友，那一定是很不幸的。在人口密集的中心，一个人应该熟悉自己的隔壁邻居的观念已经消失，但是在小城镇和农村地区依然存在。这已经成了一种愚昧的观念，因为在社会交往中已经没有必要依靠近邻了。

现在根据人的志趣爱好而不仅仅根据地理位置来择友的可能性越来越大。与志趣、见解相同者的交往，增进了人的幸福。可以预见，社会交往有可能进一步朝着这些方向发展，在这种情况下，现在还在困扰着人们的孤独会逐渐消去。无疑，这一定会增进他们的幸福，但是这对那些通过摆布他人来得到快乐的因循守旧者来说，这样做肯定会削弱其虐待狂的快乐。

不过，我想这种快乐我们没有必要去关心或者保护。

对舆论的恐惧，同其他形式的恐惧一样，是压抑性的，它阻碍人的发展。只要这种恐惧心理仍然很强烈，就很难取得任何伟大的成功，更不可能取得精神自由，而真正的幸福即源于这种自由，因为只有当我们的生活方式是出自于自己的冲动刺激，而不是出于碰巧成为我们邻居、亲戚等人一时的趣味爱好时,才有可能得到幸福。

对近邻的恐惧无疑比过去减少了,但是现在又有了一种新的恐惧,即对新闻报纸的恐惧。这同中世纪对行巫者的搜捕是一样令人可怕的。

当报纸找一个或许与人无害的人作替罪羊时,其结果是非常可怕的。幸运的是,绝大多数人通过默默无闻摆脱了这一命运,但是随着宣传手段的日益改进完善,这种社会迫害新形式的危险性也就越来越大。这对作为其牺牲品的个人来说,绝不是一桩靠蔑视就可以解决的事情。不管人们对新闻自由的原则怎么看,我认为应该制定出比现存的诽谤罪更为严厉的法律来,任何使无辜者生活难以忍受的事情都应予以禁止,即使他们偶然做了或说了某事,也不允许恶意地渲染、公开而使他们蒙受毁誉。

然而,根治这种邪恶的唯一办法是,公众方面应采取更为宽容的态度。加强容忍态度的最好办法在于,使这样一类人的数量大大增加,他们享受着真正的幸福,因此不会把对人类同伴的痛苦折磨作为自己的主要快乐。

九、幸福的获得

　　前文说的是不幸福的人，现在我们来看一下幸福的人，这是一件较为轻松的事情。从我与友人们的闲聊或其著作中，我同他们得出同样的结论：在现代社会中，幸福是不可能的。然而，我却发现，内省、到国外旅行以及和我的花匠聊天等，往往会将这一观点驱赶得无影无踪。在前面我已论述了我的那些文学界朋友的不幸福之处，在这里我想回顾一下，在我的生命途中，我所遇到的那些幸福的人们。

　　虽说有中间的层次，但幸福大体可分成两类。我说的这两类，也可以被称做现实的和幻想的，或肉体的和精神的，或情感的和理智的。当然，名称的选择要视被证明的论点而定。而眼下，我却不想证明什么论点，我只想进行描述。

　　也许区别这两类幸福的最简单的方法是：一类幸福是对所有人都敞开胸怀，而另一类幸福则对能读会写的人表示亲切。

　　当我还是个小孩时，我认识一个掘井的人。他好幸福！这个人身材高得出奇，肌肉发达，他既不会读又不会写。当他在 1885 年得到一张国会选票时，他才有生以来头一回知道存在着国会这么一个机构。他的幸福并不是源自知识，也不是基于对自然法则、物种完善、公共设施公有权、19 世纪 40 年代基督教新教派之一的安息日会认为的最后胜利，或知识分子认为人生享受所必不可少的所有信条，而是基于身躯的活力、足够的劳动和对石块这类并非难以逾越的障碍的征服。

　　我那位花匠的幸福则是同一类的，他长年和野兔作战，他说起那些小动物，就像伦敦警察厅提及的不安定分子一样：把它们描绘成行事诡秘、心怀叵测、凶恶残忍，只有同样伶俐狡猾的对手才能和它们做一较量。犹如那些聚集在神话传说中凡尔哈拉大厅里的英雄们，他们每天都在追杀着一头能暮死朝生的野猪，我的花匠也能逐杀其死敌，而并不担忧第二天那死敌会毫无影踪。那花匠虽说已七十好几了，可他整天不歇手脚。为了干活，他还得走上 16 里的山路，但欢乐之泉却是享用不尽的，那源头恰恰来自"那些兔崽子们"。

你会说，像我们这样知书达礼的人，享受不到这类单纯的欢乐，如果我们对兔子这般弱小的动物发起战争，我们能体验到什么欢乐呢？照我看来，这一说法实在肤浅。一只兔子要比黄热病杆菌大得多，然而，一个拥有知识的人却会从与后者的搏斗中获得乐趣。就情感内容而言，那些受过高等教育的人所得到的快乐，与我的花匠所体验到的是完全相同的，教育所造成的差异仅仅在于产生这种种快乐的活动形式不同而已。

成功的快乐需要一些困难相伴随，使成功最初看来是没有把握的，但最终大多成功了。这或许就是为何不过高评价自己的能力，便是幸福之源的一大原因。低估自身者常常为成功而感到意外，而高估自身者则往往对失败感到惊讶。前者的意外令其欢畅，后者的惊讶使之忧伤。因而明智的做法是既不无端地自负，也不自卑得连进取心都没有。

在受过高等教育的层次中，现今最幸福的人是科学家。其杰出者，感情纯洁，他们从工作中获得极大的满足，这样他们也能从饮食、甚至婚姻中获得快乐。艺术家们和文学家们将其婚姻生活中的愁眉苦脸看作是礼仪上的必要，而科学家则往往能尽享这古老的天伦之乐，其原因在于：他们智力的较高部分完全被其工作所占用，主人不许这部分智力涉足它们并不擅长的领域。

在现代世界上，科学是进步和力量的标志，因而其重要性既不为科学家，也不为普通人所怀疑，所以，在工作中，科学家是幸福的。由于较为纯洁的情感容易得到满足，科学家便不需要复杂的情感。复杂的情感犹如河水中的泡沫，平缓流动的河水遇上障碍便产生了泡沫。只要生机勃勃的水流没有受阻，那么它便不会掀起小小的浪花，粗心的人则会对其蕴藏的力量视而不见了。

科学家的生活具备了幸福的一切条件：他有一项能充分展示其能

力的活动,他所取得的成就,不仅对自己,而且对大众都是非同小可的。在这方面,他比艺术家要幸运得多。当大众不理解一幅画或一首诗时,他们便说这幅画或这首诗如何糟糕,或这首诗如何蹩脚;但是当他们不理解相对论时,他们便说自己受的教育有欠缺。

结果便是:爱因斯坦万人敬仰,而丹青能手却在阁楼中饥肠辘辘。爱因斯坦是幸福的,而画家们却是不幸福的。

以一贯的我行我素来抗衡大众的怀疑态度,在这种生活中,很少有人是真正幸福的,除非他们能把自己关在一个排外的小圈子里,忘却外面冰凉的世界。而科学家则不需要小圈子,因为除了同事,大家都器重他。相反,艺术家则处于要么选择被人瞧不起,要么选择在似卑鄙者的痛苦不堪的境遇之中。如果这位艺术家具有一流的才华,那么他必定会招致非此即彼的厄运:如果他施展了自己的才华,便会有前者的结局;如果他藏而不露,便会有后者的下场。当然事情并不总是这样的,也有过这样的时代,优秀的艺术家们,甚至在他们年纪轻轻时,便为人们所尊重。

16世纪意大利教皇朱利阿斯二世虽说可能亏待了米开朗基罗,但他从不认为米开朗基罗不会作画。现代百万富翁,他可以给江郎才尽的老年艺术家抛掷万贯钱财,但他绝不会认为,艺术家们所从事的活动,与他一样重要。也许这些情况与下述的事实有点关联,即一般而言,艺术家比科学家要不幸福些。

我以为必须承认的是,在西方国家,绝大多数富有才气的年轻人,往往是因为没有足够的、使其出众的才能得以充分展现的工作而感到不幸福。而在东方国家,情形便两样了。眼下,世界其他地方的青年大概总不如苏联的知识青年们那么幸福。苏联的青年们有一个崭新的世界要去建立,与之相应的,他们有热烈的信仰。老朽们或被处死了,或被饿死了,或被放逐了,或被清除了。这样,他们便不能迫使青年们要么作恶多端,要么无所事事,二者必居其一,就像在所有的西方国家里那样。

对有教养的西方人来说,年轻的苏联人的信仰或许是无情的,可对这信仰人们又能提出什么异议呢?他们的确在创建一个新世界,一个符合其意愿的新世界,这世界一旦建成,它几乎毫无疑问将使普通

九、幸福的获得

的苏联人比起革命前来要幸福得多。它或许不是有文化的西方知识分子所乐于居住的世界,但那些有文化的西方知识分子并不非得去那里生活。因而,从任一实际角度来判断,年轻苏联人的信仰是有道理的,除了基于理论的种种批评之外,对这一信仰进行的谴责,说它惨无人道,实在没有任何理由。

在印度、中国和日本,外部的政治因素侵扰了年轻的知识分子们的幸福,但不存在像西方国家那样的内部障碍。对青年人来说,存在着具有重大意义的活动,而且只要这些活动取得成功,那么青年人便感到幸福。他们觉得自己在国家的民族生活中具有举足轻重的作用,他们有着日夜追求的目标——虽说困难重重,但终究会实现。

而西方受过高等教育的年轻人表现出来的玩世不恭,是安逸和软弱相结合的产物。软弱使人感到一切忙碌都是不值得的,安逸则使这一痛苦的感受变得可以容忍。在整个东方,大学生能期望对大众舆论有更多的影响,但在现代西方,他们却不能做到这一点。不过,东方大学生发财赚大钱的机会比西方大学生要少得多。正因为既不软弱又不安逸,他才成为一个改革家或革命者,而不是一个玩世不恭者。改革家或革命者的幸福来源于大众事业,即使在将要被处死的关头,他或许比那些安逸的玩世不恭者享有更多的真正的幸福。

我记得有一个年轻的中国人,他来我校做客,并打算回去在反动势力的区域内建立一所同样的学校,他想,结果将会是他的脑袋落地,然而他却是那般恬静与幸福,我只能暗自羡慕之。

尽管如此,我又不想说唯有这些非凡的幸福才是可能的。事实上这些幸福只降临于少数人身上,因为这些人具有一般大众所缺乏的某种能力和广博的兴趣。并不是只有著名的科学家才能从工作中获得乐趣,也不是只有大政治家才能从鼓吹其事业中得到欢愉。工作的乐趣对每一个具备特殊技能的人都是敞开的,只要他能在运用其技能的过程中得到满足,而并不要求获得满堂的喝彩。

我曾经认识一位少年时双腿残废的男子,在后来的漫长岁月里,他却是那么的宁静、幸福。他之所以有这样的幸福,是因为他写了一部长达五卷、有关玫瑰花枯萎病的专著。在我眼里,他是这方面的一流专家。我无缘结识一大批贝壳学者,然而从认识他们的人那里,我知道研究贝壳给那些乐此不疲的人带来了快乐。

我认识一位世界上最优秀的排字工,他是所有那些伏身于字体创新者的楷模。但是那些有声望的人对他的真挚敬重所给予他的快乐,还不及他运用技巧时的真实的快乐——这一快乐与优秀的舞蹈家从跳舞之中获得的快乐大致相当。我也认识其他一些排字能手,他们能排数学字体、宗教手稿、楔形文字,或任何冷僻和困难的文稿,我并没有探究这些人的私生活是否幸福,但在工作时间里,他们那富于建设性的本能得到了充分的满足。

人们通常会说,在我们这个机器时代,技术性工作所提供给手艺人的欢乐天地比过去要小。我根本不相信这是真的。不错,现在的技术工人所做的工作,迥然不同于那些吸引着中世纪行会的活动。但在机器经济中,他仍然具有举足轻重、不可或缺的地位。还有那些制造科学仪器和精密机械的人,那些设计师、飞机机械师、司机,等等,他们都有一个几乎可让技能得以无限发展的行业。

根据我以往的观察,在相对落后的地区,工人和农民并不像汽车或火车司机一样幸福。在自己的土地上耕耘的农民,时而犁地,时而播种,时而收获,其劳动形式的确多种多样,但他得看老天爷的脸色,而且他深知这一依赖性。而制造现代机械的人则意识到力量,他感到人类是自然的主人,而不是它的奴隶。当那份工作对大多数仅仅看管机器的人来说是非常乏味的,他们机械地重复着某一操作,很少有变化。但是工作越乏味,它就越有可能让机器来操纵。机器生产的最终目的在于建成这样一种体制:机器做一切令人生厌的活儿,而人类从事变化多端和具有创造性的工作。

在这样的世界上,比起农业产生后的任一时代,工作将变得不再令人厌烦,不再令人感到压抑。在开始从事农业的时候,人类便决定屈从于单调、枯燥的生活,以减少挨饿的风险。当人们依靠狩猎能获得食物的时候,工作便是一种乐趣,人们不难从富人们仍以这些祖先们的职业为乐事的现象中找到例证。

然而一旦农业站稳了脚跟,人类便进入了平庸猥琐、痛苦悲惨和疯狂愚蠢的漫长时期,直到今天,他们才得以在机器的帮助下解放自身。感伤主义者当然可以大谈什么与泥土的亲密关系,哈代笔下世故

九、幸福的获得

农民的老辣的智慧，等等，但是每个乡下青年人的愿望之一，便是要逃脱忍受风雨旱涝的奴役和漆黑冬夜寂寞的境地，到城里找活干，工厂和电影院里的气氛却是实在的，有人情味的。友谊与合作是一般人幸福中的基本成分，人们能更充分地在工业、而不是农业劳动中得到它们。

对某一事业的信仰是大多数人的幸福源泉，这里不仅仅指受压迫国家中的革命者、社会主义者、民族主义者等，而且也包括其他层次的信仰。我所知道的一些人，他们相信英格兰人是十个失传部落的后裔，他们几乎总是幸福的，而那些相信英格兰人只是埃弗雷姆和《旧约全书》中的故事马纳塞部落的人，也同样是幸福的。

但是，我可不想让读者对此产生信仰，因为我不会去鼓吹任何基于对我来说是虚假信仰的幸福。出于同样的原因，我也不会怂恿读者去相信，人应该仅仅依靠癖好生活，不过要找一件并不是异想天开的事情也是容易的，而对此事真正感兴趣的人们，则在闲暇时有了一份美差，它足以排解人生如梦的感觉。

与伏身平凡事业相近的是沉溺于某一爱好。在活着的、最杰出的数学家中，有一位将其时间平均分给数学研究和邮票收集。照我看来，当这位数学家在前者毫无进展时，后者便给他带来了安慰。当然集邮不仅仅能排除因难以证明数学理论中的命题而产生的苦恼，而且邮票也不是能被收集的唯一物品。

试想，古老的瓷器、鼻烟盒、罗马硬币、箭簇以及石器所展现的境界，该让你多么的欣喜若狂、心驰神往！而我们当中的许多人却对这些纯朴的欢乐不屑一顾。我们在小时候体验过它们，但后来出于某种原因，我们却认为它们与成人格格不入，这实在是大错特错，任何对他人不造成危害的快乐都应得到珍视。

就我而言，我"收集"河流：我为顺伏尔加而下和溯扬子江而上感到欣喜万分，又为从没见过亚马逊河和南美洲北部的奥里诺科河而百叹遗憾。这些情感可谓单纯之极，然而我并不为它们感到羞怯惭愧。让我们再看一下棒球迷们的激昂欢乐吧，他们以热情而又贪婪的眼光看着手中的报纸。我认识一位美国一流的文学家，其作品给我留下的印象是，他十分忧郁。然而和他第一次会面就产生了不同印象。

我记得当时电台恰好在报道生死攸关的棒球赛的结局，这位文学家忘了我，忘了文学，忘了我们世俗生活的一切烦恼，他欣喜得狂叫起来，因为他所钟爱的球队获得了胜利。打这以后，我便能读着他的作品不为书中人物的不幸感到压抑。

不过，一时的狂热和业余的爱好，在多数情况下不是幸福之源，它们只不过提供了一种逃避现实、暂时忘却难以面对的痛苦的手段。比起其他的一切来，根本的幸福更有赖于对人和物的友善关怀。

对人的友善关怀为柔情的一种形式，但不是那种贪婪的、占有的和非得到回报的形式，后者往往是不幸福的祸根。能得到幸福的那一种形式，是喜好观察人们，并从其独特的个性中获得乐趣，他希望使那些与自己有接触的人能表现其兴趣，并得到乐趣，而不是想去左右别人，或得到别人的狂热敬慕。

如果一个人以这种态度对待他人，那么他便是幸福之源，同时他又是别人友爱的对象。他与别人的关系，无论密切还是疏远，都会满足他的兴趣和感情。他不会由于别人的忘恩负义而满脸不欢，因为他将很少得到这种回报，并且即使有，他也不会在意。

在另一个人身上，相同的特性会使那个人怒发冲冠、暴跳如雷，而在他身上，则成为乐趣的来源。别人苦苦奋斗所不能取得的成就，对他而言则是举手之劳，不费吹灰之力。他幸福，因而他将是个愉快的同伴，而这又给他的幸福增添了许多幸福。

但这一切必须是真切的，它决不能产生于自我牺牲的想法，这一想法源自责任感。在工作中，责任感是有效的，但在人际关系中，它却是糟糕的，人们希望彼此喜欢，而不想让别人忍耐、顺从地去忍受。

自然而然、不费工夫地喜欢很多人，也许是个人幸福最旺盛的源泉。

我在上一段也提到对物友善的关怀。这说法也许有点牵强，人们或许会说，对物是不可能感到友善的。尽管如此，在地质学家对石块或考古学家对废墟所具有的兴趣中，存在着与友爱相似的东西。对于敌对的而不是友善的事物，人们不可能感到兴趣。一个人因为厌恶蜘蛛，想住到它们较少光顾的地方，所以他也许会收集有关蜘蛛习性的资料。但这一兴趣决不会产生地质学家得自于石块的那种欢乐。对无生命的事物所表现出来的兴趣，虽然不如对待同胞的友爱态度在日常幸福的成分中那么有价值，可是它仍然具有重要性。

世界广阔无垠，而我们自身的力量却是有限的。如果我们所有的幸福都局限于自身的情形之内，那么不向生活索要更多的东西就是很困难的，而贪求的结果，一定会使你连应得的一份都落空。一个人若能凭借一些真正的兴趣，如16世纪的宗教曲伦特会议或是星辰史等，而忘却其烦恼的话，那么当他漫步回来进入一个无关个人的世界时，定会发现自己觅得了平衡与宁静，使他能用最好的方法去对付他的烦恼，而同时也得到了真正的幸福。

幸福的秘诀在于：使你的兴趣尽可能地广泛，使你对你所感兴趣的人和物做出的反应尽量倾向于友善，而不是敌视。

在这里我对幸福的种种可能性作了初步的探讨，下面将作进一步的论述，并对如何回避忧患的心理根源提出一些建议。

十、渴望的热情

在这里我想就我认为似乎是幸福者最普遍、最显著的标记——热情,花点笔墨。

理解热情含义的最好方法,也许是观察人们坐下来吃饭时的各种不同的行为。对有些人来说,吃饭是件惹人厌烦的事,哪怕是美味佳肴,他们都会觉得索然乏味。他们吃过山珍海味,或许餐餐如此,他们从不知道挨饿的滋味,而把吃饭仅仅看作是天天都要重复的刻板之事,由社会风俗所规定。

如同别的一切事情一样,吃饭令他们感到厌倦,然而抱怨是毫无用处的,因为没有别的事情比它少让他们厌倦些。接下来便是病人,他们吃饭是为了完成一项任务,因为医生告诉他们,为了恢复体力,进补一些营养物是必要的。还有美食家们,进餐前,他们满怀厚望,结果发现没有一道菜烧得是合格的。还有饕餮之徒,他们饿鬼般地扑向食物,狼吞虎咽,结果长得太胖,爱打呼噜。最后还有这样一些人,他们进餐前食欲极佳,对眼前的食物很满意,吃饱之后便让嘴巴休息。

面对人生宴席所奉献的珍馐,人们会有上述种种相似的态度,幸福的人对应于最后一种进餐者。热情与生活的关系,就好比是饥饿与食物的关系。厌烦吃饭者与拜伦式的不幸福的牺牲品相当;有任务观的病人对应于苦行者;饕餮之徒与骄奢淫逸者呼应;而美食家则对应于爱挑剔者,后者将生活的一半乐趣指责为缺乏美感。

奇怪的是,大概除了饕餮之徒外,所有这些类型的人都鄙视具有良好胃口的人,认为自己是优越的。因为饥饿而享用食物,或者因为生活绚丽多彩、乐趣无穷而去热爱生活,这对他们来说似乎是庸俗的。他们站在幻灭的顶峰,而对他们认为是头脑简单的人横竖瞧不起,我个人并不赞同这一观点。从着魔状态中解脱出来,不管其形式如何,对我来说都是有益无害的。不错,某种情形会使得这种解脱不可避免地发生,但是,一旦它发生了,就得尽早地克服,而不应视它为智慧的更高形式。

倘若某个人喜欢草莓,而另一个则不喜欢,那么后者优越在什么地方呢?这里不存在草莓是否好坏的抽象和非个人的证明,爱吃的人说它们味道好极了,不爱吃的人则说它们味同嚼蜡。然而,爱吃草莓的人比另一人多了一种快乐,就这点而言,前者的生活充满了更多的乐趣,他更完美地适应了这另一个人也得生活于其中的世界。

在这一小小的例子中是确凿的东西,在更为重大的事情中也同样是确凿的。爱欣赏足球赛的人,就在该方面胜过不爱欣赏足球赛的人,而喜好读书的人,则远胜于厌恶书本的人,因为,比起看足球赛来,阅读给予的快乐要频繁得多。

一个人的兴趣越广,他拥有的快乐机会就越多,而受命运摆布的可能性也就越小,因为如果他失去了某一种兴趣,他便可转而依赖另一种兴趣。生命短暂,人们不可能对事事都感兴趣,不过对尽可能多的事物感兴趣却是一桩好事。我们都容易染上内省者的弊病,世界向他吐现出千姿百态的景象,但他却别转脑袋,专注于内心的空虚,我们可不要以为,内省者的忧郁有什么了不起之处。

以前有两台制造香肠的机器,它们结构精美,专用来将猪肉制成鲜美无比的香肠。其中一台机器对猪肉保持着不衰的热情,并生产出无数的香肠;另一台则说:"猪肉和我有什么关系?我自己的工作比任何一块猪肉都要有趣和神奇得多。"它拒绝了猪肉的光临,开始研究自己的内部。而一旦天然食物被剥夺,它的内部便停止了运转,它越是研究,这内部对它来说似乎越发的空虚和愚蠢,所有这些进行过美妙转换的部件竟纹丝不动了。它真不明白,这部机器究竟能做些什么。

这第二台制肠机就像是失去热情的人,而第一台则好比保持着热情的人。

心灵是一架奇特的机器,它能以最令人惊讶的方式将给予它的材料结合起来,但是没有了来自外部世界的材料,它便是软弱无力的。而且心灵与制肠机不同的是,它必须自己为自己获取材料,因为事件只有通过我们对它们所发生的兴趣才能成为经验,倘若它们不能激发我们的兴趣,我们便不会去利用它们。因此,一个注意力向内的人觉得一切都不值得他去注意,一个注意力向外的人,在他偶然审视他的灵魂的瞬间,就会发现那些极其丰富、有趣的各类成分被解析和重新组成美妙或有教益的模式。

热情的形式数不胜数。人们也许记得英国小说家柯南·道尔爵士在小说中所塑造的夏洛克·福尔摩斯,一次他碰巧看到路上有顶帽子,他捡了起来,对它打量了一番后说,帽子的主人因为酗酒而毁了自己的前程,他的妻子也不像以前那样迷恋他了。如此普通的物品便能引起他极大的兴趣,对这样的人来说,生活将永远不可能是无聊的。在乡村野外的散步途中,有多少不同的东西能引起人们的注意。某个人或许会对禽鸟感兴趣,另一个则关心草木,还有人留心地质,更有人注意农事,等等。如果你感兴趣,那么其中任何一项都是有趣的,其他的也一样。

一个人,只要对其中的一种东西感兴趣,就比不感兴趣的人更好地适应了这个世界。

同样,对待同胞,不同的人其态度的差异何止天壤之别!在一次长途火车旅程中,一个人会对其同车的旅客视而不见,而另一个则会对他们进行归纳,分析他们的性格,并对他们的境况作出相当准确的猜测,甚至他也许会弄清其中几个人的最隐秘的历史。人们在弄清别人方面所表现出来的差异,也相同地反映在人们对别人的感觉之中。有些人总发现几乎每个人都让自己受不了,而有些人则会很迅速、很容易对那些与自己接触的人产生友好的感情,除非有某些明确的原因才会有别的感情。再以旅行为例:有些人行踪遍及好多国家,他们总是去最好的旅馆,吃的食物与他们在家时吃的完全一样,约见那些他们在家里见到的相同的富翁们,谈的话题也与他们在自家餐桌上谈的雷同,这些人回家后只为结束了昂贵旅行的烦恼而感到如释重负。而另外一些人,不管他们去哪儿,他们发现那些特别的事物,并结识当地的典型人物,观察任何有历史或社会意义的东西,品尝当地的食物，学习当地的风俗和语言，回程时携带着丰富的新材料，给予自己无限的遐想。

在所有这些不同的情形中，一个对生活具有热情的人要胜过没有热情的人，对于前者，即便是不愉快的经历，它们也不是一无用处的。我为见过一群中国人和一处西西里村子而感到高兴，虽然我不能说当时的心情是极为愉快的。

爱冒险的人喜欢船只失事、兵变、地震、大火灾和所有诸如此类的不愉快经历，只要它们不危害其健康。以地震为例，他们对自己说："地震原来如此！"由于这桩新鲜事增加了他们对世界的认识，因而这使他们感到愉快。要说这些人不受命运的摆布可并不正确，因为如果他们失去了健康，很可能在同时他们也会失去热情的，但这也并不一定都是如此。我曾认识一些人，他们长年累月受尽折磨，但直到临死的最后一刻，他们仍保持着热情。

有些疾患能摧毁人的热情，有些则不然。我不知道生物化学家现在能否区分这两类疾患，也许当生物化学取得了更大的进展后，我们都会有机会服用确保我们对一切感兴趣的叶片。不过在此之前，我们不得不依赖对生活的常识性观察，来判断哪些因素使得一部分人对一切都感兴趣，而使另一部分人对一切都不感兴趣。

热情有时是一般化的，有时是专门化的，可能非常专门于某一方面的。鲍洛的读者也许还记得那位出现在19世纪英国作家、旅游家的《拉文格罗》中的人物，他失去了钟爱的妻子，曾一度感到生活万般无聊。但他是个茶叶商，为了忍受生活的不幸，他毫无外援地自学并阅读经他手中而过的茶叶箱上的中文说明，结果，这给他带来了新的生活乐趣，也开始饥不择食地研究一切与中国相关的东西。

我曾认识一些人，他们专心致志，竭力搜寻一切有关罗马帝国时期的一个密传宗教诺斯替教左道邪说的东西，又有一些人的主要乐趣是整理、校对16—17世纪英国唯物主义哲学家霍布斯的手稿和其著作的早期版本。

要事先知道一个人将会对什么感兴趣是绝不可能的，不过大多数人能对这件事或那件事怀有强烈的兴趣，一旦这种兴趣被激发，那么他们的生活就会从沉闷、单调中解放出来。然而，比起对生活的一般热情来，非常专门的兴趣，作为幸福的源泉令人感到不够满意，因为后者很难填补一个人所有的岁月，并且总存在这样一种危险：他或许在某一天全部知晓那已成为其爱好的某一特殊事物，而这又使他感到索然无味。

必须记得，在不同的进餐者中，包括了我这种并不打算赞美之徒。读者或许会这么想，我们前文所称赞的具有热情的人，与饕餮之徒并无界线分明的差异。现在，我们应该更明确地区分这两种类型。

众所周知，古代人视节制为一大美德。在浪漫主义和法国革命影响下，这一观点遭到大多数人的抛弃，而支配一切的激情则得到了赞美，即便这种激情是毁灭性的和反社会的，如拜伦式的英雄们所具有的。不过，古人无疑是对的。在完美的生活中，各种不同的活动之间必须有一种平衡，没有一种活动被推至极端，以至于其他活动都展开不了。饕餮之徒舍弃其他一切欢快，惟求口腹之乐，这样他们生活的总的幸福便减少了许多。

除了吃喝之外的其他许多激情都会犯相似的过度之病，约瑟芬皇后在服装方面倒也是个饕餮之徒。起初，拿破仑虽颇有微词，但总为她付账，最后，拿破仑告诉她必须学会节制，他以后只为她付数额合理的账单。当约瑟芬收到下一张账单时，她竟不知所措，但她很快想出了一条计策。她去找军机大臣，要求他从打仗的款子里取出一部分，以付清她的账单。因为那大臣清楚，皇后有权削革其职，所以他照办不误，结果法国失去了热那亚。

这故事真实也罢，夸张也罢，它同样适合我们的目的。因为它向人们表明，一个有条件嗜好服装的女人，她是会有一些惊人的作为的！嗜酒狂和追男狂便是同类中的最好例证。

这些事情的根源是相当清楚的，我们所有不同的爱好和愿望必须适合生活的总框架，如果它们要成为幸福的源泉，它们就得与健康相一致，与我们所爱者的情感相一致，与我们生活于其中的社会关心相一致。有些强烈的爱好几乎可使人无限度地沉溺于其中而不致逾越线，有些则不然。以一个爱下棋的人为例，如果他是个有独立经济来源的单身汉，那么他不必对这一强烈的爱好有什么限制。如果他有妻儿，又无自立的能力，那么他必得对此多加限制。即使嗜酒狂和饕餮之徒没有社会的束缚，若从注重自身的利益出发，他们也是不明智的，因为他们的嗜好与健康相冲突，片刻之欢留下的会是无尽的痛楚。

任何不同的强烈爱好，如果不让它们成为痛苦的根源，就必须让它们处于由某些特定的东西所构成的框架之内，这些特定之物是健康，对自身才能有总的把握，有支付必需品的足够收入，以及最根本的社会义务，如对待妻儿。一个人如果为下棋而牺牲上述种种特定之物，他在根本上便和嗜酒狂一样糟糕。我们对这样的棋迷没有严加谴责的唯一原因是，这样的人并不多见，且只有才能非凡的人才可能钟情如此高等的智力娱乐。希腊节制的准则实际上可运用于这些事情上，一个白天干活时便想到晚上的棋盘的棋迷是幸运的，但是一个为了整天弈棋而丢下工作的棋迷就丧失了节制的美德。

据记载，在托尔斯泰年轻的灵魂未得再生的时候，他因其沙场上的英勇表现而被授予陆军十字勋章。然而到颁发奖章的那一天，他却沉溺于一盘棋而竟决意不去出席授奖仪式。在这件事上，我们很难说托尔斯泰有什么过错，因为对他来说，他是否赢得了陆军勋章实在是无关紧要的。不过要是小人物这么做了，那或许就成了一件傻事。

作为对前面提出的准则的限定，那就应该承认，有些行为被看得如此高尚，以至于为它们牺牲所有的一切都是合情合理的。一个为国捐躯者，如果撇下妻儿，一文不名，他是不会受到指责的。人们也不会指责因期望某项重大科学发现或发明埋头于实验而使全家困苦不堪的人——条件是他最后获得了成功。不过，如果他从没有在他期望的发现或发明中得到成功的话，大家会说他是个怪人。这看上去有失公允，因为在这一事业中，没有人能事先知道其成功与失败。在基督纪元的最初千年内，一个追求圣徒一般生活而抛下其家庭的人备受人们的赞誉。虽然在今天，人们认为他该给家里准备点什么。

我想，在饕餮之徒和胃纳健全者之间总存在某种根深蒂固的心理差异。一个充分发展了毕生欲望的人，往往具有某种年长月久的苦恼，他时刻在寻求躲避无法摆脱的忧惧。这在嗜酒狂的情形中是显而易见的，人们喝酒是为了遗忘，如果他们的生活中不存在忧惧，那么他们不会以为烂醉如泥比神志清醒更令人惬意。正如一位传说中的中国人所言:"要么滴酒不沾,要么一醉方休。"这正是所有过度和单一的强烈爱好的典型。

在这样的爱好中,被追求的不是乐趣,而是忘却。然而以酒鬼方式获得的忘却,迥然不同于发挥合乎需要的才能所取得的忘却。鲍洛那位自学中文的朋友,也是为了忍受丧妻的悲痛而去寻求忘却,不过其忘却却得自于一项毫无害处的活动,不仅如此,这项活动还丰富了他的智慧和见识。除了这样的躲避方式之外,其他的一切都是不值得提倡的。

真正的热情是人类天性的一部分,除非它已让种种不幸给扼杀了。小孩子对他们所见所闻的一切都感到新鲜。对他们来说,世界充满了新奇。他们总忙于对知识的热烈追求,当然这种知识与学者们的相差甚远,前者来自孩子们对引起他们注意的事物的熟悉过程。只要身健体壮,小动物即使长大了,也会保持其热情。

一只待在陌生房间里的猫是不会躺下休息的,除非它嗅遍了每个墙角,而没有闻到一丁点儿耗子味。一个从未受到重大挫折的人,将保持对外部世界的天生兴趣,只要他保持这一兴趣,他就会发现生活是快乐的,除非其自由受到了不适当的限制。

在文明社会中,热情的丧失大多是因为自由受到了限制,而这类限制在生活中是不可少的。原始人感到饿了,他便去打野味,这自然是听命于直接的行动。一个每天早上按时上班的人,在根本上也受同样行动的驱使,即为了生存的需要。不过在后者的情形中,这一行动不是直接的,也不是即时即刻产生作用的,它是间接地通过抽象词语、信念和意愿发生作用的。当一个人去上班的时候,他并不感到饥饿,因为他刚刚吃了早点,他仅仅知道饥饿会再度降临,而工作就是解救未来饥饿的手段。

行动是毫无规律的,而文明社会中的习惯则是有规律的。在原始人中间,甚至集体的活动都是自发的和冲动的。当部落要去打仗时,钟鼓便振奋军威,激起斗志,群情高昂,激动着男女老少从事必要的活动。而现代事业则不能这么处理。

在生活中,文明人每时每刻都受累于那些对冲动的约束。如果一个人碰巧感到欣喜,他可不能在街上又唱又跳;如果他正感到悲哀,他又不能坐在台阶上流泪哭泣,怕妨碍行人交通。年轻时,他的自由在学校遭到限制,成年时,他的自由又在工作时间内受到束缚。所有这些都使得热情更难以维持,因为不断的约束会产生疲乏和厌倦。尽管如此,一旦对自发的行动不加约束,一个文明的社会便不复存在,因为自发的行动仅仅造成最简单的社会合作,而不能产生复杂的合作。

为了逾越这些抑止热情的障碍,一个人需要健壮的体魄和旺盛的精力,或者,如果他幸运的话,他有一项他感兴趣的工作。

从统计数字来看,在以往的一百年中,所有文明国家的健康状况都得到了改善,但人的体力却较难衡量。不过我怀疑,现在健康者的体力是否与先前的一样强劲。在很大程度上,这是一个社会问题,因而,我不打算在这里就此追本溯源。然而这一问题也有个人的和心理的一面,我们已作了探讨。

有些人不顾文明生活的种种障碍而维持其热情,而其他许多人,只有当他们从耗费了大量精力的内心冲突中解脱出来时,他们才能做到这一点。比起必要的工作来,热情要求更多的精力,这反过来又要求心理机器的平稳运转。

在女子方面,虽说现今比以往要好些,但在很大程度上,女子的热情由于受不正确的体面观的影响而大大减退了。女子对男子颇感兴趣,或在大庭广众活泼有余,都会被认为是不受欢迎的。女子学着不对男子产生兴趣,而且她们往往对一切不感兴趣,或许除了行为端正以外。

传授这一对生活采取消极和回避的态度,无疑是在灌输某种对热情有害无益的东西,无疑是在鼓励某种对自身的专注——这是极讲体面的女子的特征,那些没有受过教育的尤为如此。她们对普通人感兴趣的体育漠不关心;对政治不闻不问;对男子,她们持一本正经的冷淡态度;对女人,她们暗中抱敌视态度。她们深信,其他女人绝没有她们那么体面和规矩。她们炫耀说,她们独善其身。换言之,她们对同胞的冷漠在她们眼里倒成了一种美德。当然,人们不能为此而指责她们,因为她们也仅仅是在接受道德说教。然而,作为压抑制度的值得怜悯的牺牲品,她们却没能认识到那种制度的罪恶。

对这样的女子来说，胸襟狭窄是美德，慷慨大方倒成了罪恶。在她们自己的社交圈内，她们尽可能地扼杀欢乐；在政治方面，她们迷恋压制性的法规。幸好这类人渐渐地少了起来，但是她们较那些生活于思想解放的圈子里的人士所料想的仍要多得多。如果有人怀疑这一说法，我则建议他去几幢供出租的房屋那里找个住处，并在找房的过程中，留心一下那些女房东。于是他便会发现，那些女人具有一种女性美德意识，这一意识从根本上包含了对生活热情的摧残。他还会发现，由此造成的结果便是其心胸萎缩和扭曲。

合理的男子美德和合理的女子美德之间不存在差别，或至少没有传统所说的那种差别。热情是幸福与健康的秘诀，对男人来说是这样，对女人也同样如此。

十一、人间情爱

缺乏热情的主要原因之一是感觉自己没有得到别人的爱，相反，被爱的感觉比其他的一切都更大地促进了热情的高涨。出于种种原因，一个人或许会有没被爱的感觉，他认为自己是个可怕的人，绝不会有人爱上他。还在小的时候，他便习惯于得到比其他孩子少的爱。或者，他根本就是个没有人爱的人。在后一种情形中，原因很可能在于早年的不幸而导致自信的丧失。

一个感到不为人爱的人会因此抱有不同的态度。为了赢得情爱，他也许会不遗余力，做出异常亲善的举动，然而，这么做，他很可能是白费力气。因为这亲善的动机很容易让其受益者识破，而人类的性欲偏偏容易将情爱给予那些对此要求最低的人。于是，那种竭力想以乐善好施的行为来换取情爱的人，最终会因人们的忘恩负义而生幻灭之感。他从未想到他试图换取的情爱，其价值远甚于他奉献的物质恩惠，他只是认为两者是持平的，这一感觉便是其行为的基础。

另一种人，当他意识到不被爱时，也许会对世界报复，他要么挑起战争和变革，要么像英国著名讽刺作家斯威夫特一样，运用尖刻的笔杆。这是一种对厄运的英勇反击，它需要坚强的性格，足以使他能与整个世界作对，极少有人具备如此登峰造极的本领。

绝大多数人如果感到没有被人爱，只能陷入胆怯的失望之中，仅仅在偶然的一丝羡慕和怨恨之中喘上一口气。于是这些人的生活总是极端的自私自利，情爱的缺失使他们有一种不安全感，而对这一感觉本能地加以回避，造成了他们听凭习惯来左右其生活。那些使自己受役于单调生活的人，大多是因为惧怕冷酷的外界，以为永远走着老路便可不致撞上那个可怕的外界。

比起具有不安全感的人们来，那些带着安全感面对生活的人要幸福些，只要其安全感没有将他们引向灾难。在大多数情况下，安全感本身能有助于一个人逃脱危险，而另一种人或许会屈从于它。如果你要走过一块狭窄的木板，而底下是万丈深渊，要是你内心惧怕，倒会比你不怕时更容易失足。生活之路也是如此，一个无所畏惧的人当然也会碰上突发的灾难，但经过了一番披荆斩棘之后，他很可能是好端端的，未伤一根毫毛，而另一种人则会在草莽之中暗自悲伤。

　　不言而喻，这颇有好处的自信具有无数的形式，有人对高山踌躇满志，有人对大海充满信心，也有人好在蓝天上顾盼自雄。然而对生活的一般自信，更多地来自人们需要多少爱就接受多少爱的习惯，我想在这里论述的就是这一作为热情之源的心理习惯。

　　是接受的情爱，而非给予的情爱，才产生了这一安全感——虽说它主要源自相互的情爱。严格地说，不仅情爱，而且敬仰也有这样的效果。那些职业便是力保大众对他们敬仰的人，如演员、牧师、演说家和政治家们，越来越依赖于别人的喝彩。当他们从大众的称赞中接受了他们应得的那份，他们的生活便充满了热情，否则，他们便会感到不快，而离群索居、自顾自起来。大众的盛情善意对于他们，犹如少数人的醇厚情爱对于别人。

　　父母喜欢孩子，而孩子则将他们的爱当作自然法则来接受，虽然这爱对他的幸福具有重大的意义，但他并不看重这一情感。他想着大千世界，想着他遇上的种种冒险，想着他长大后将碰上的奇遇。不过，在所有这些对外界关注的背后，存在这样的感觉：灾难临头，父母就会以其爱来保护他。

　　不管出于什么原因，一个缺乏父母之爱的孩子，很可能是胆小的，不爱冒险，总是感到惧怕，顾影自怜，他不再以欢快的心情去探究外部世界。这样的孩子，可能在令人惊讶的小小年纪里便对生与死、人类的命运沉思默想。他变得内向了，起初郁郁寡欢，最后便从一种哲学或神学中寻求虚假的安慰。

　　世界是个乱哄哄的场所，有欢愉之事，也有不快之事，它们的出现纯属偶然。而试图从中总结出可理解的系统或模式，从根本上来说，是惧怕的产物，其实就是一种精神病之一的广场恐怖或对开阔场

十一、人间情爱

地的害怕。在四周是墙的书斋里，胆怯的学生会感到很安全。如果他能使自己相信外部世界也是同样安全，那么当他非得走上大街时，他便几乎会有同样的安全感。这种人，倘若他以往得到更多的情爱，他便不会像现在这么惧怕世界了，也不会非得去创造一个只存在于他信念中的理想世界。

不过并不是所有的情爱都具有促进冒险精神的作用，给予的情爱本身也必须是坚强的，而不是胆怯的，希望对方优越，多于希望对方安全，虽然绝不是彻底不顾安全。一个胆小的母亲或保姆，她总是告诫孩子们要警惕灾祸，她总认为每条狗都会咬人，而每头母牛则似凶悍的公牛。这么做会在孩子们身上造成与她自己一样的胆怯心理，会使孩子们感到，除非她近在身旁，否则他们永远是不安全的。

对一个占有欲过度的母亲来说，孩子的这一感觉也许使她感到高兴，她希望孩子对她有依赖性，而不希望看到孩子有待人接物的能力。在那种情况下，她的孩子在以后的漫长年月里会越来越糟，远超过他没有得到半点爱的结局。

早期形成的心理习惯，往往会持续到生命的终结。

有不少人，当他们恋爱时，他们便在寻找一处远离尘嚣的安乐窝。在那小小的天国里，他们自信能让别人爱慕、称赞，事实上他们并不可爱，也没有什么可赞誉的。对许多男子来说，家是回避真实的藏身之地，正是在家里，他们不再有各种惧怕和胆怯心理，而尽享天伦之乐。他们想从妻子那儿找到原先在不明智的母亲身上可以得到的东西，但是当他们的妻子把他们看成是大孩子时，他们又会莫名惊诧。

要给最完美的情爱下定义可不是件容易的事，因为显而易见的是，构成这种情爱的必定还有某种保护性的成分，要是我们所爱的人受到了伤害，我们是不会无动于衷的。然而我以为，对不幸的担忧，在情爱中所占的比重应该越少越好。为他人的担忧仅胜于为我们自身的担忧，而且这种担忧常常倒是替占有欲做了掩护。

通过激发别人的担忧，人们期望能获得对他们更为彻底的统治。这当然也是为什么男子一直喜欢胆怯的女子的原由之一。因为男子在保护她们的同时也就进而占有了她们。要表示多少分量的殷勤关切才致使受惠者蒙害,取决于受惠者的性格:勇敢而又爱冒险的人,能承受大量的温情而不会受害,至于一个胆怯的人则应该让他少受些为好。

接受的情爱有双重功能,至今我们只谈及了安全这一面,但在成人生活中,它具有更为基本的生物效用,即父母身份。对任何男子或女子而言,不能激发性爱是极为不幸的厄运,因为这无疑剥夺了他或她生活的天大乐趣。或早或晚,这一剥夺必然会挫伤热情,造成性格上的内倾。

然而很常见的是,孩提时遭遇的不幸造成性格上的缺陷,而这些缺陷又成了日后求爱失败的原因。在男子、而不是在女子方面,这点更真切,因为总的来说,女子往往爱慕男子的性格,而男子则常常追求女子的相貌。就这点而言,得承认男子汉们自己表明了他们不及女子,因为大体说来,男子在女子身上所发现的那些可爱的品质,远不如女子在男子身上所发现的可爱的品质那样值得去追求。不过,获得完美的性格要比获得漂亮的相貌容易些。无论如何,女子更懂得并更乐意遵循为获得后者所必需的步骤,而男子对于追求前者的步骤却不像女子那么了解。

我们在上文中论述了以人为对象的情爱,现在我想说一个人所给予的情爱。这一情爱同样有哪两种?

如果在阳光明媚的一天,你坐船沿着风景如画的堤岸航行,你会赞美堤岸,从中得到欢乐,这一欢乐完全来自向外眺望,与你自己的任何渴求无关。而在另一方面,如果你的船出了事,你朝岸边游去,那么你得自于堤岸的是另一种情爱,它代表了与恶浪抗衡的安全,其美丽或丑陋已无关紧要了。较完美的情爱恰似一个人在船安稳时的感觉,而一般的情爱则相当于船沉没后的凫水者的感觉。这不同情爱中的第一种,只有当一个人感到安全时,或至少对其周围的危险视而不见时,它才成为可能。相反,后一种情爱则产生于不安全感。

由不安全感引起的感情比其他的更主观和自私,因为被爱者的价值在于其提供的援助,而非其内在的品质。事实上,几乎一切真实的情爱都包含了上述两者的混合物,而且只要情爱的确消除了不安全感,它便会使人再度对世界感兴趣,而在危险和惧怕的时候,这一兴趣却被掩盖了。不过在承认这种情爱在生活中的地位的同时，这种情爱远不如另一种情爱，因为它有赖于惧怕，而惧怕是个恶魔，同时也因为它更加自私。在完美的爱的沐浴下，一个人会期望崭新的欢乐，而不是逃避陈旧的不幸。

完美的情爱给予彼此以生命，每个人愉快地接受情爱，又自然而然地给予情爱，由于这一彼此幸福的存在，每个人感到这世界乐趣无穷。

然而，在另一种情爱中，一个人吮吸他人的生命，他接受别人给予的，但他几乎毫无回报。有些生命力极强的人物就属于这一吸血的类型，他们从一个又一个牺牲品上榨取生命，他们壮实起来，颇为得意，而那些他们赖以生存的人则日渐苍白、灰暗、意气消沉。这类人利用别人作为达到其目的的手段，而从不认为他们是目的的本身。在某一瞬间，他们认为自己是爱那些人的，但从根本上来说，他们对那些人没有丝毫的兴趣，而只关心能鼓动其活动的刺激物，那些活动，也许是毫无人格的。

显然，这是由他们本性中的某种缺陷造成的，不过要对此作出诊断或医治可绝不是一件容易的事。这通常是与极度的野心相随的一种特征，我以为这特征根源于这么一种观点，它对什么才会使人幸福具有极为片面的认识。而彼此真正关注的情爱是真正幸福的最重要的因素之一，这一情爱不仅仅是促使彼此幸福的手段，而且实在是共同幸福的一种结合。

一个人，不管他在事业上有多大的成就，如果其自我被封闭在铁墙之内，无法扩展上述的情爱，那么他便失去了生活的最大欢乐。将情爱排斥于其范围之外的野心，通常是某种愤怒或对人类仇恨的结果，产生的原因不外乎是青年时代的不幸，或成年生活中的不公正的遭遇，或其他任何导致迫害狂的因素。

过分强盛的自我好比一座监狱，如果一个人想充分享受生活，他就得设法逃脱才好。能有真正的情爱是逃脱自我牢笼的标记之一。单单接受爱是不够的，接受的爱应释放将要给予的爱，只有当两者平等地存在时，情爱才能实现其最佳的效能。

不利于相互情爱发展的各种心理或社会障碍是头号魔鬼，世人受尽了，并仍在忍受它的折磨。人们迟迟不表示钦佩，唯恐用错了地方。他们不急于奉献情爱，因为他们怕自己将来会遭到他们所示爱的人或苛求的社会的非难、提防的告诫，同时借着道德和世俗智慧的名目风行世上。结果是只要与情爱有关，慷慨大度和冒险精神便横遭阻拦，所有这些都容易造成胆怯和对人类的愤怒，因为很多人活了一辈子，还不知道什么才是真正根本的需要，而且十有八九丧失了以欢乐和宽广的胸怀对待世界所不可或缺的条件。

在性关系中，几乎没有什么被称作是真正的爱，相反，甚至常常存在着敌意。彼此都想隐匿自己的秘密，彼此都想维持根本的孤独，彼此都想保持距离，这样就没有任何结果。在这类体验中，基本价值荡然无存。我不是说应小心地避免性关系，因为在达到这一目的的必要步骤中，可能有机会产生一种更有价值、更深刻的情爱。

但我的确认为，唯有那些毫无保留的、双方的人格相糅于新的集体人格之中的性关系，才具备真正的价值。在各种提防之中，爱情方面的提防或许是真正幸福的最大致命伤。

十二、时代与劳务

工作应算在幸福的因素内,还是算在不幸福的因素内,或许仍是疑问。的确有许多工作是极其使人厌倦的,过度的工作又总是一件痛苦的事。然而依我看来,只要工作量不过分,那么即便最枯燥的工作,对于大多数人来说也比闲着无事要好受些。工作有各种等级,从单为解闷的直到最深刻的欢乐,视工作的性质和工作者的能力而定。绝大多数人非得做的绝大多数工作,本身乏味无聊,但即使这类工作也有一定的益处。

首先,一个人无需决定做什么,工作便可以让他消磨一天的好多时间。有许多人,当他们可以随心所欲地安排其闲暇时,他们竟然想不出什么够快活的事值得一做。不管他们决定做什么,他们总感到一定有别的更快活的事情,这使他们苦恼不堪。能明慧地充实空闲时间是文明的最后产物,而目前很少有人能达到这一程度。

其次,进行选择的本身也是很费劲的。除了有特别创见的人之外,一般人总喜欢由别人告诉他一天中的每个小时该做些什么,只要这些命令不是太让人感到不快而受不了。像是免于苦役而付出的代价,大多有空闲的富人感到一种难以言状的烦闷。有时他们可以在非洲猎射猛兽,或环游世界,以减轻这一感觉,但这类惊人之举是有限的,特别是在青春年华流逝之后。于是比较聪明的富翁便埋头工作,就像他是穷人一样,而有钱的女人,大多忙于难以计数的琐碎小事,她们对其惊天动地的重要性信以为真。

工作之所以为人们所需,首先是作为解除烦闷的手段,因为一个人在乏味但是必要的工作中所感到的烦闷,与他无所事事不知如何打发昼夜时所感到的烦闷相比,实在算不了什么。与工作的这一种益处相关的另一种益处是,它使假期变得分外香甜。只要一个人没有因过度的工作而大伤元气,那么在其自由的时间内,他准会比一个整天闲游的人有着旺盛得多的兴致。

大多数有报酬的工作和部分无报酬的工作所具有的第二个益处是,它给予人们获取成功和展露雄心的机会。在大多数工作中,成功是靠收入来衡量的,而且只要我们这个社会继续存在下去,那么这是无法避免的。惟遇到最优秀的工作,这种衡量方法才会失去用处。人们想增加自己收入的愿望,其实就是想获得成功的愿望,想以较多的收入来获得额外安适的愿望。

不管工作是多么索然寡味,只要它是建立名声的手段,那么它就变得可以忍受了。目的的持续是长久幸福的最根本的成分之一,对大多数人来说,这主要是在工作中得以实现的。在这方面,那些终生忙于家务的女人,比男人或在外工作的女人要不幸得多。家庭妇女没有工资收入,缺乏改善自身的手段,其丈夫认为她命该如此,他并不看重她的家庭工作,而是赏识她的别的优点。

当然,如果有足够的金钱和时间把房间和花园搞得漂漂亮亮的,让左邻右舍羡慕不已,这样的女人不属此例。但这种女人相当少,而且对大多数人来说,家庭工作所给予的欣慰,远不如其他工作给予男人和职业女子的欢乐。

多数工作能给予人们消磨时间和施展抱负的快乐,这一快乐能使工作乏味的人比没有工作的人一般要幸福得多。然而,如果是一件有趣的工作,那么它便能给予人们一种更为高级的快乐,而不仅仅是解闷。

多少有些趣味的工作可作一个从上到下的排列。我将从趣味平平的工作开始讲起,到那些值得一个伟人倾注其全部心血的工作为止。

有两大因素使工作变得有趣:一是技巧的运用,二是建设性。

凡是具有某项特殊技能的人,总乐于显露身手,直到它失去新鲜感,或不再有任何进展。这种行为的动机始于孩子的幼年,一个能竖蜻蜓的男孩,是不愿意好端端地站着的。许多工作所给予的乐趣,与技巧游戏所产生的乐趣相同。律师或政治家的工作,如同打桥牌一样,准包含了愈加美妙的乐趣。当然,这不但包括技巧的运用,而且还有与高明对手的斗智。

不过，即便没有这种竞争的成分，单是这些绝技的施展也足以令人大快。一个能在飞机上表演特技的人感到莫大的快乐，以至于甘冒生命之险。

一个干练的外科医生能从精确的手术中得到满足。相同的乐趣能得自于许多较不显眼的工作，不过强度略低一些。我甚至听到水管工也喜欢他们的工作，虽然我不曾有幸结识一名水管工人。

一切技术性的工作都是令人愉快的，只要需求的技术或者变化不剧烈，或者能加以不断地完善。倘若不具备这些条件，那么当一个人的技巧完善无缺时，它便不再有趣了。一个3英里的长跑运动员，一旦过了破其纪录的年龄，就再也不会感到这赛跑有什么乐趣了。幸好在相当多的工作内，新的情况需要新的技术，于是一个人便能不断地、不同程度地对此加以完善，直至中年。在某些技术性的工作中，如像政治之类的，工作者的最佳年龄似乎在60～70岁之间，因为在这类职业中，至关重要的是具备广博的阅历。因此，成功的政治家们在70岁时常比同龄人更幸福些。他们在这方面的唯一竞争者是那些大企业家们。

然而最佳的工作还具有另一种成分，作为幸福的一处源头，它比起技巧的运用来远为重要，这便是建设性的成分。虽说不上大多数，但在某些工作中，当事情完成的时候，会留下某种类似纪念碑的东西。

我们能以下述标准来区分建设和破坏的差别。作为建设之前的破坏自然是必要的步骤，在这种情况下，它是整个建设的一部分。但并不少见的是，一个人往往从事意在破坏的活动，根本没想到随之而来的建设。他常常对自己隐瞒了这一真相，而认为他之所以破旧是为了立新，然而如果这是一种借口，那么人们也不难拆穿它，你只消问问他接下来将建造什么。在这一话题上，他必定是含糊其词、有气无力的，而对于先前的破坏，他却说得头头是道，神采飞扬。

我不否认，在破坏性工作中，如同在建设性工作中，存在着快乐。这是一种更为狂暴的快乐，或许在刹那间更为强烈，然而它却不能给予人们深深的满足，因为在那种结局中，几乎没有什么令人快慰的。你杀死你的敌人，他死了之后，你就无事可干了，因胜利而感到的快意便很快地消退了。相反，建设性工作完成时，人们会久久地凝望着它，欣喜不已，而且这工作并不完美无缺，以至无事可干。

最令人满意的计划，能使人取得一个接着一个的成功，而不会走到死胡同的尽头，就此而言，不是破坏，而是建设才是幸福的更茂盛的源泉。更确切地说，人们在建设中得到的满足，远大于爱好破坏的人在破坏中得到的满足，因为一旦你内心充满了仇恨，你就不能像别人一样在建设中轻而易举地获得快乐。

同时，几乎没有别的事情能像做一件重要的建设性工作那样，更易于治好仇恨的恶习。

一项伟大的建设性事业所给予的乐趣是人生所能奉献的最大的快慰之一，虽然不幸得很，这种卓绝超群的欢乐仅为不同凡俗的人所享受。因出色地完成了一项重要的工作而获得的幸福，是不可能被剥夺的，除非这项工作最终被证明是低劣的。这类快乐具有不同的形式。一个人依靠灌溉规划而使荒地长出一片春绿，他的快乐便是最明确的一种。创建一个组织或许是项重要无比的工作。在混乱中建立秩序的工作也不例外，有少数政治家为此奉献了毕生的精力，在当代，列宁便是超群绝伦的榜样。

最显而易见的例子是艺术家和科学家。莎士比亚《十四行诗》第18首中对诗作如此评价："只要人们还活着，眼睛还能看，这诗便不会死去。"这种想法无疑使他在不幸中感到宽慰。在其14行诗里，他强调，对朋友的思念使他和生活重归于好。但我不得不怀疑，比起那位朋友本身，这些他写给朋友的14行诗在达到这一目的方面更富有成效。大艺术家和大科学家做的工作本身就令人愉快，当他们从事这一工作时便准能获得敬重，它给予他们最基本的权力，即控制人们思想和感情的权力。他们也有最充足的理由认为自己好。人们会以为，这种种幸运的因素结合起来一定足以使任何人都幸福。然而事实并非如此。

以米开朗基罗为例，他是极为不幸福的人，而且声称如果不是非得还清那些穷亲戚们的债务，他可绝不会愿意费什么精神去创作艺术品。虽说并不总是如此，但创造伟大艺术品的力量往往与气质上的忧伤相连，若非为了其工作的欢乐，这种极大的忧伤足以驱使艺术家走上自杀的道路。因而我们不能断言最了不起的工作就一定会使人幸福，我们只可以说它能减少一个人的不快乐。科学家可不像艺术家，其气质上的忧伤远远少得多，因而总的说来，从事伟大的科学工作的人是幸福的，其幸福主要来自工作。

当今知识分子不幸福的原因之一在于，没有能自由地各显神通的机会，而只得受雇于由庸人、外行把持的富有公司，被迫制作那些荒诞无聊的毒物。如果你去问英国或美国的记者，他们是否信仰他们为之奔忙的报纸政策，我相信，你会发现只有少数人是这样的，其余的人都为生计所迫，而将其技能出卖给他们认为有害无益的种种工作。

这类工作决不会给予人以真正的快乐，而且当一个人出于无奈而勉强做这种工作的时候，他会让自己变得玩世不恭，以至于他不能从其他任何事情中获得满足。但我又不能贬责从事这种工作的人，因为忍饥挨饿实在不好受，不过我还是以为，只要有可能从事一项能满足一个人建设性冲动的工作而无冻馁之虞，那么他最好还是从其自身幸福的角度去作选择，抛弃那种报酬高，但本身又不值得他去做的工作。

没有了自尊，便绝不可能有真正的幸福。而将自己的工作引以为耻的人，简直没有了自尊。

在现实生活中，建设性工作的快乐是少数人所特有的享受，然而这，少数人可能为数并不少。任何人，只要他是自己工作的主人，他便能感到这一点，其他一切认为自己工作有益且需要相当技巧的人均有同感。培养令人满意的孩子，是一件能予人以极大欢乐的工作。凡是取得这一成就的女人能感到，由于她辛勤操劳的结果，世界才包含了某些有价值的东西，要不是她的劳动，这世界就不会有那种东西的。

人类在将其各自的生活视为一个整体的倾向上差别甚大。对有些人来说，这一看法是很自然的，并且能相当快乐地这么做是幸福的关键。在另一些人眼里，生活便是一串并不相关的事件，缺乏统一性，其运动也没有方向。我认为前者比后者更易获得幸福，因为前者会渐渐地造成他们能从中得到满足和自尊的环境，而后者会让命运之风吹到东，刮到西，行驶不到任何一个港口。

　　视人生为一个整体的习惯，不仅是智慧的，而且也是真正道德的重要部分，是教育应极力倡导的内容之一。始终如一的目标不足以使生活幸福，但它几乎是幸福生活的不可或缺的条件。而始终如一的目标，主要体现在工作之中。

十三、个人的兴趣

在这里，我不准备考察那些生活赖以建立的巨大兴趣，而想探讨那些充实闲暇时间，并给予人在完成严肃的事务之后以娱乐的兴趣。

在一般人的生活中，妻儿、工作和经济状况是他殚精竭虑的主要内容。即便他有种种婚外恋，这些桃色事件本身大概不会使他牵肠挂肚，而它们对他家庭生活的影响则会让他焦虑不安。此处，我不认为与工作紧密相关的兴趣是闲情逸致。

以科学家为例，他必须紧随自己的研究领域的发展。对这类研究，若遇到与其职业密切相关的东西，他的感情便是热烈和鲜明的，不过，要是他浏览本行以外的另一门科学研究，其心情就大不相同了：不用专家的眼光，也不那么挑剔了，而且更无偏见了。即使他得用心追随作者的思想，他的阅读依然是一种放松，因为这与他的职责毫不相干。如果这本书使他感兴趣，那么这样的兴趣也属于闲情逸致，因为这一兴趣是不能移至与他自己题目相关的书本上去的。我在这里想要探讨的，便是这类处于人们生活主要活动之外的兴趣。

忧伤、疲劳、神经紧张的原因之一，在于对和自己生活没有利害关系的东西不能产生兴趣。结果便是清醒的头脑总是在思考某些问题，它们或许都包含了焦虑和担忧的成分。除了在睡眠中，清醒的头脑永远不能歇下来，而让下意识中的思想慢慢地孕育其智慧，结果是容易兴奋，缺乏洞察力，烦躁和易怒，以及丧失平衡感。所有这些既是疲劳的原因，也是疲劳的结果。

当一个人感到越来越疲乏，他对外界的兴趣便渐渐丧失，而当它们渐渐消失时，他便失去了它们原先给予的宽慰，结果他变得愈加疲乏。这一恶性的循环十分容易造成人的精神崩溃。对外界的兴趣令人有愉悦感，是因为它们不需要任何行动。决断事情和实践意愿，都是十分令人疲倦的，特别是在仓促而又无意识帮助的时候。凡是那些在做出重大的决定之前得先"睡一觉"的人，真是对极了。不过，下意识的精神活动不仅仅发生在睡眠之中，而且也发生在清醒的头脑用在别处的时候。凡在工作之后便能将其忘却，并在第二天来到之前不再想起它的人，比那种在工作前后老是为它操心的人，能更出色地做好工作。

而且如果一个人除了工作之外尚有多种兴趣，那么在应该忘记工作的时候忘记它，这并不是一件难事，但没有其他兴趣爱好的人，做起来就不那么容易了。然而重要的是，这些兴趣绝不可以再度运用那些已让整天的工作弄得精疲力竭的官能。

它们不该包含意志和当机立断的本领，它们也不该像赌博那样涉及任何经济因素，而且它们一般也不可使人过度兴奋，造成感情疲倦，使意识和下意识都不得安宁，许许多多的娱乐都具备这些条件。看比赛、上戏院、打高尔夫球，如此看来都是无可非议的。对于一个嗜书如命的人来说，读些与其职业活动无关的书籍也是一件好事。不管有多大的烦恼事，它不该使你在醒着的全部时间内绞尽脑汁。

在这方面，男子和女子间存在着一大差异。总的来说，男子比女子更容易忘记他们的工作。对于操持家务的女子，这当然是很自然的，因为她们不能变动工作地点，而男子离开工作场所后便可以获得一种新的情绪。不过在家庭以外工作的女子，在这方面和男子的差别，几乎同在家工作的女子一样。她们感到很难对没有实用意义的事情发生兴趣，她们的目标控制着她们的思想和活动，她们难得迷恋完全不费心神的闲情逸致。

我并不否认有例外，但此处我说的却是一般的情况。例如，在一所女子学校里，若无男子在场，那些女教员们的晚间话题总离不开本行，而在男子学校里，男教员们就两样了。对女子来说，这一特点表明女子比男子更真心诚意，然而我不认为这种真诚在日后的漫长岁月里会提高其工作的质量。相反，它会造成视野狭窄，往往导致狂热和盲信。

一切闲情逸致，除了具有松弛意义外，尚有多种功效。

首先，它有助于人们保持均衡协调的意识。我们十分容易沉溺于自己的事业，自己的小圈子，自己的一种工作，以至于我们忘记了在全部人类活动中这仅仅是沧海一粟，世界上有多少事情并不因我们的所作所为受到丝毫的影响。应有一幅与必要的活动相一致的真实宇宙图。人生在世，俯仰之间，而在这生命的瞬间，一个人需要对这个奇特的星球及其在宇宙中的地位，了解一切他应该知道的事情。疏失求知的机会，就好比是上戏院而不听戏。世界之大，无所不容，悲哀与欢乐交集，英雄和小人同台，千姿百态，令人诧为奇事。那些对这等景象不能产生兴趣的人，也就放弃了人生所给予的一种特权。

再者，这种均衡协调的意识是极有价值的，而且有时也能予人某种安慰。对于我们所生活的世界的一隅，对于我们生死之间的一刹那，我们都容易变得过分激动，过分紧张，过分重视。这种对我们自身重要性的激动和过高的评价，毫无可取之处。那的确能使我们工作更勤奋，但却不能使我们工作更出色。以善为结果的少量工作，远胜于以恶为终局的大量工作，虽然主张狂热生活的信徒有着截然不同的看法。

凡是异常关切自己工作的人，始终具有堕入狂热和盲信的危险，这一危险主要存在于下述情形中：人们为了一两件要事而忘了其余的一切，并且以为在追求这一两件事情的时候，对于其他事情的附带性损害是无关紧要的。对于这种狂热盲信的脾气，最好的预防莫如对人的生命及其在宇宙中的地位具有宽广的概念。在上述情形中，这似乎是个很大的概念，但除此特殊作用以外，它本身就具有重大的价值。

现代高等教育的缺陷之一，是变得太偏重于某些技能的训练，而没有教会人们用客观的眼光去了解世界，以便极大地扩展人类的思维和灵魂。假如你迷上了政治斗争，你就会为了自己党派的胜利而拼命卖力，这当然也不坏。然而在斗争的途中可能会出现某种机会，它使你觉得运用了某些在世界上增加仇恨、暴力和猜疑的方法，就能取得胜利。例如，你会发现取得胜利的最佳途径是去凌辱别的国家。

如果你的灵魂视野局限于现在，或者你已接受效率至上的学说，你就会采用这些令人怀疑的手段。依靠这些手段，在目前的计划中，你将获得胜利，而未来的后果可能是惨败。反之，你头脑里总陈列着人类以往的历史，人类对野蛮缓慢而又不完全的摆脱，以及人类的全部生命和星球年龄相比之下的短促，等等。

如果这些想法成了你的习惯意识，那么你将会认识到，你所从事的暂时的斗争，其重要性决不至于值得我们去冒这样的危险：重新退回到黑暗中去。不仅如此，而且如果你在眼前的目标上失败，你便能承受得了，因为你感到失败只不过是暂时的，这样你就不愿搬用那些可耻的武器。

在你目前的活动之上，你应当具有某些遥远的、慢慢会变得清晰的目标。在这些目标中，你不是孤单的个人，而是引导人类走向文明生活的大队人马中的一员。倘若你具备了这一观点，那么某种远大的幸福便永远伴随着你，不管你个人的命运如何。生命将变成与各时代伟人共享的圣餐，而个人的死亡仅是件不足挂齿的小插曲。

倘若我有权按照我的意愿去规划高等教育的话，我将试图废除陈旧的正统宗教，建立一种难以称作宗教的东西，因为它仅仅注重已确知的事实。我将试图让青年人清楚地了解过去，清楚地认识到人类的未来极可能比其过去远为长久，深深地意识到我们所居住的星球之渺小，意识到这星球上的生活实在不过是一桩短暂的小事。

在陈述这些强调个人之渺小的事实的同时，我将提出另一组事实，使青年人从内心感到个人能够达到的那种伟大，认识到在这深邃广袤的星空中，我们尚不知道还有什么同等价值的东西。荷兰唯物主义哲学家斯宾诺莎在很久前就已论述了人类的束缚和人类的自由，然而他的形式和语言使其思想难以为一般人所领悟，但我想转述的要旨和他所说的并无不同之处。

一个人一旦领悟了造成灵魂伟大的东西之后，如果依旧猥琐悭吝，依旧追求私利，依旧为渺小的不幸所烦恼，依旧惧怕命运的安排，那他绝不会是幸福的。凡能具备伟大灵魂的人，会敞开其心胸，让宇宙间每一处的风自由吹入。

在人类的局限之内，他将尽可能真切地认识自己、生命和世界。在意识到人类生命的短暂急促和微不足道的同时，他意识到已知的宇宙所具有的一切价值都凝聚在个人心中。而且他将看到，凡是心灵反映着世界的人就和世界一样伟大。在摆脱了任由命运左右着的恐惧之后,他将体验到一种深沉的快乐,而且在经历了外部生活的一切变化和盛衰之后,他在心灵深处依然是个幸福的人。

且不谈这些范围广大的思考,让我们回到更切近的题目上来,即闲情逸致的价值,那么还有一种观点是它们对幸福极有益处。即使在最幸福的生活中,有时也会节外生枝。

类似的观点可用于某些无可救药的悲伤,如至爱者的死亡,等等。在这种情况下,沉溺于极度悲哀中对任何人都没有好处。悲痛是免不了的,当在意料之中,但我们应尽可能地加以限制。有些人好从厄运中榨取最后一滴不幸以满足其感伤情绪。

当然我并不否认一个人可能让悲伤压垮,痛不欲生,每个人都应不遗余力地逃避这种命运,应寻求任何消遣,不管如何琐碎,只要它本身没有害处或使人堕落。那些我所认为是有害或使人堕落的消遣,包括酗酒和服用毒品,它们以毁灭思想为目的。适当的方法不是去毁灭思想,而是将它引入新的渠道,或至少是一条远离眼下不幸的渠道。然而,如果一个人的生活向来关注极少数的兴趣,那么他就很难转移其思想。

厄运降临而能承受,明智的方法莫过于在快乐的时候便培养了相当广泛的兴趣,使心灵能找到一处宁静的地方,这地方将唤起别的联想和情绪,而不是那些使现在难以忍受的痛苦的联想和情绪。

一个具有充分活力和热情的人,在每次打击之后便能对人生和世界再度发生兴趣,因此他战胜了一切不幸,对于他,人生与世界绝不会变得如此狭小,以至于一次打击就是一场毁灭。被一次或数次的失败击倒,这不是感觉敏锐,而应被视作活力的缺乏。我们一切的情爱都听凭死神的主宰,它可以随时夺走我们所爱的人的生命。所以我们的生活绝不可以具有狭隘的强烈情感和兴趣,因为它使我们全部的人生意义和目的完全听凭意外事故的支配。

基于上述种种理由,一个明智地追求幸福的人,除了其生活赖以建立的主要兴趣之外,会尽力培养一些闲趣。

十四、拼搏与取舍

中庸之道是一种乏味的学说，我记得当我还年轻时曾对此拒不接受，并对此轻蔑和愤慨，因为那时候我崇拜英雄式的极端。不过，真理并非总是有趣的，有许多东西得到人们的信仰，是因为它们有趣，虽然事实上很少有别的依据能为此佐证。中庸之道便是恰当的例子。它或许是一种乏味的学说，但在许多方面却是真理。必须保持中庸之道的一个方面，与维持努力和舍弃之间的平衡有关两种主张都有极端的拥护者，持舍弃说的是圣徒和神秘主义者；持努力说的是效率专家和强壮的基督徒。这两个对立的学派各有部分真理，但不是全部的。在这里，我将力图找出一种平衡，还是先从努力这方面入手吧。

除极个别情况外，幸福不像成熟的果子那样，仅仅靠着机遇便会掉进你的嘴里。因为这世界充满了这么多可避免和不可避免的厄运，这么多疾病和心理症结，这么多斗争、贫穷和仇恨，所以想成为幸福者，就必须找到一些方法来对付众多的不幸。在极少数情况下，那可以不费吹灰之力。

一个性情和善的男子，继承了一大笔财产，身体健康，嗜好简单，他便可以悠哉游哉，舒适惬意，全然不知人们乱哄哄在忙些什么。一个生来好逸恶劳的美人，如果她碰巧嫁了一个富有的丈夫而无需她操劳，而且如果婚后她不怕衣带渐紧，那么她一样可以享受懒福，只要她在养儿育女方面也有福气。但这种情形实在不多见。大多数人是不富裕的，很多人的生性也并不随和，很多人有着不安的情绪，使他们不能忍受宁静而有节律的令人厌恶的生活。而健康的福气又不是每个人都能拿得稳的，婚姻更不是幸福的必然源泉。

幸福必须是一种追求，而不是天神的恩赐，在追求中，内部和外部的努力都具有很大的作用。内部努力可能包含了必要的舍弃。因此，我们目前只谈论外部的努力。

当一个人得为生计工作时，努力的需要是显而易见的，不需强调。印度的托钵僧的确不必努力便可生存，他只要捧出他的盂钵来接受信徒的施舍，然而在西方国家，当局并不赞同这种求生之道。而且，西方的气候也不像热而干燥的地方那么令人愉快。无论如何，在冬天，几乎没有人懒到宁可去外面游荡，而不愿意在有暖气的房间里工作。因此，在西方，单是舍弃并不是一条通向幸福的道路。

在西方国家，仅仅温饱的生活不足以带来幸福，因为他们还需要有成功的感觉。在某些职业中，如科学研究，那些并无丰厚收入的人可能获得这一感觉，但在大多数职业中，收入则变做了成功的尺度。在这方面，我们触及了这一题目，即在大多数情况下，舍弃是合乎需要的，因为在这竞争的世界上，只有少数人才可能取得耀眼的成功。

依照不同的情形，努力在婚姻中既可以是必要的，又可以是不必要的。如果某一性别的人处于少数，像英国的男子和澳大利亚的女子，那么这一性别的人一般无需努力，便可以像他们希望的那样与别人缔结良缘。然而，如果某一性别的人处于多数，那么情形正相反。

凡是研究妇女杂志上广告的人，就不难发现这一显而易见的事实：在女子占多数的地方，倘若她们想要结婚，那么她们就得花费较多的力气和心思。在男子为多数的地方，他们往往采用更利索的方法，如使用手枪。这很自然，因为大多数男子最经常是处于文明的边缘。如果有一场瘟疫只让男子逃脱而使他们在英国成为多数，我真不知道他们会怎么办，他们也许又得恢复往日殷勤而又豪侠的风度。

为成功地培育孩子而作出的努力和花费的精力，大概没人会否认。

那些信奉舍弃和被误称为"精神至上"的生命观的国家，其婴儿死亡率就很高。不依靠世俗的职业，就不可能获得这些东西：药物、卫生、无菌操作、适当的食物等。它们需要有对付物质环境的力量与智慧。凡把物质视做幻象的人，对灰尘也有同样的看法，而结果却导致了孩子的死亡。

从更一般的意义上说，只要一个人的天生欲望不曾泯灭，那么他将以某种权力作为正常和合法的目标。而这种被期待的权力内容依一个人的主导热情而定：有的人想要控制别人行为的权力；有的人想要控制别人情感的权力；有的人想要控制别人思想的权力；有的人希望改变物质环境；有的人想通过掌握知识来获得权力的感觉。每一件大众工作都包含了对某种权力的欲望，除非它仅仅以营私舞弊来发财为目的。

一个因目睹了人类的悲惨而纯粹为他人感到悲痛的人，会渴望能减轻人类的痛苦。对权力完全冷漠的人，只能是那些对同胞毫无感情的人。因此对权力的某种形式的欲望，作为某些人的部分配备可给予承认，原因在于这些人能创建一个良好的社会。而且只要不曾遭到破坏，权力欲的每一种形式都包含了相关的努力形式。

这在西方人的思想中，或许是老调重弹了。然而西方国家的不少人士在与所谓的"东方智慧"眉来眼去，暗地里偷情，这当儿东方却在抛弃它。对上述那些人来说，我们所说的一切都成问题，倘若果真是这样，那么老调是值得重弹的了。

不过在追求幸福的过程中，舍弃也具有它的作用，而且其重要性不亚于奋斗。虽说聪明的人不愿意在可以战胜的厄运面前偃旗息鼓，但他也不愿意在不可避免的灾难上徒费时间和情感，而且即使这些灾难本身是可以克服的，但只要克服它们会消耗过多的时间和精力，以致妨碍他追求更为重大的目标，那么他也宁愿屈服。许多人为了一点不遂心的小事便会烦躁不安或者大发雷霆，这样便虚掷了许多有用的精力。即便在追求真正重要的目标中，也不应该让感情陷得太深，以致对可能出现的失败的想法将长久地威胁心灵的宁静。基督教训导人们顺从上帝的意志，既使那些不接受这一说教的人，在其活动中也应贯穿着某种信仰。

在实际工作中，效率与我们倾注于这件工作的感情并不相称。说实在的，感情有时倒是效率的绊脚石。适宜的态度是，尽心尽力，而将结局留给命运。舍弃有两种：一种源于绝望；一种源于不可征服的希望。前者是不好的，后者是好的。一个遭受了彻底失败而对重大成就失去了希望的人，可能学会绝望的舍弃，如果他真的学会了，他便会抛弃所有的重要活动。他可能用宗教词句或苦思冥想才是人类真正目标这一邪说，来掩饰他的绝望。然而不管他使用何种伪装来隐匿他内心的失败，归根结底他是无用的和不幸福的。

而将舍弃建立在不可征服的希望之上的人，则做得完全不一样。不可征服的希望一定是非常庞大而非个人的。不管我个人的活动是什么，我可能败于死亡或某些疾患；我可能被对手击败；我可能发觉自己走上了一条愚蠢的、不可能成功的道路。在成百上千种情形下，纯属个人希望的破灭将是无法避免的，然而如果个人的目标只是人类的伟大希望的一部分时，那么个人希望的破灭就不会是彻底的失败。

一个期待有伟大发现的科学家可能会失败，或因头部被击而不得不放弃工作，但如果他由衷地渴望科学的进步，而不仅仅是他个人的贡献，那么他便不会像一个纯粹为了自己的研究者那样感到绝望。那些为极迫切的改革而奔波的人，可能会发觉他的一切奋斗都被战争挤到了一边，并且可能被迫认识到他为之工作的事业不可能在他生前有所成就。然而他不必为此而绝望，只要他关切着人类的前途，而不仅仅惦记着自己能否参与。

上面所说的舍弃都是最难的。另外还有一些舍弃，做起来比较容易。当然在这种情况下，只是次要的目标受到了阻碍，而人生的大目标依旧展示了成功的前景。例如，一个从事重要工作的人，倘若因婚姻的不美满而心神不定，那么他就是不能在该舍弃处舍弃。倘若他的工作真是让他神魂颠倒的，那么他就应该将这类偶遇的麻烦当作潮湿的天气一样，谁要是对这等麻烦小题大做，那真是愚不可及。

有些人就是不能忍受这些小麻烦，要知道它们可以占据生活的大部分。当这些人误了火车时便七窍生烟，饭煮坏了便横眉竖眼，火炉漏烟时便陷入绝望，洗衣铺没有及时送还他们的衣物时，便发誓要对整个工业体系进行报复。这种人在小的麻烦上所空耗的精力足以兴国，也足以亡国。明智的人则不会注意到女仆没有拂去的灰尘，厨子没有煮好的土豆，扫帚没有扫去的污垢。我并不是说他没有采取办法加以补救，只要他有时间，我只是说他不动感情地对待它们。

焦虑、烦躁、恼怒，都派不上用场。那些强烈地感到这些情绪的人，或许会说他们无法克服这类情绪，而我也不知道，除了我们在前文说及的那一根本的舍弃之外，还有什么可以克服它们的。集中精力于实现伟大的、非个人的希望，不仅能使一个人承受个人工作的失败，或婚姻生活的不幸，而且也使他在误了火车或将雨伞掉在污泥中时做到不焦不躁。如果他生性暴躁，那么除此之外，我拿不准还有什么疗法。

一个摆脱烦恼奴役的人，将发觉生活远比他一直生气的时候愉快。熟人们的怪癖，原先委实让他感到厌恶，现在只觉得有趣。当某人第347次讲述火地岛上那位主教的轶事时，他以留神次数的记录自娱，而不想以自己对故事一无所获去转移对方的话题。在他赶早班火车的匆忙间，鞋带断了，他适可而止地咕哝了一下，之后他想到在辽远的宇宙史中这件毫末之事毕竟没有什么了不得的重要性。他求婚时却让一个令人厌烦的邻居的来访所打断，这时他想到所有的人都可能遇上这一不幸。

依靠奇特的比喻和怪异的类似，人们可以无限地从小小的不幸中找到安慰。就我想来，每个人都有自己的一幅图画，一旦有什么东西像是要来糟蹋这幅画时，主人便会恼怒起来。最佳疗法是不要只有一幅，而要有整个画廊，遇到什么情形便挑选什么图画。倘若肖像中有一些是可笑的，那再妙不过了。

将自己看成是悲剧中高尚的英雄，是不明智的。然而这并不意味一个人应该永远把自己当作喜剧中的小丑，那更令人作呕生厌。审时度势地选择合宜的角色需要一点机智乖巧。当然，如果你能忘却自身而不扮演任何角色，那实在令人钦佩和羡慕。不过，倘若扮演角色已成了第二天性，那么你应想到你是在演出全部的节目，所以要避免单调。

许多积极而又活跃的人认为一丁点儿舍弃、一丝幽默，便会破坏他们工作的精力，摧毁他们获得成功的决心。照我看来，他们想错了。凡值得做的工作，就是那些不以工作的重要性或一蹴而就来蒙骗自己的人也可以胜任。而那些只有靠了自欺才能工作的人，最好在开始前先学习如何接受真理，过后再继续其事业，因为靠骗人的鬼话来支撑的需要，或早或迟会使他们的工作变得不是有益，而是有害。与其做有害之事，不如什么也不干。

世上有益的工作，一半是用来对付有害的工作。把少许时间用于学会鉴别事实，这不是浪费，因为日后所做的工作便不大可能是有害的。而那些需要自我的一贯膨胀来刺激其精力的人，他们做的工作就不一样了。

某种舍弃包含了当事人直面自己真相的意愿，这种舍弃，虽然最初令人痛苦，但最终却给予你一种保护使你免遭自欺者常有的失望和幻灭。没有什么比天天都竭力去相信某些事情，而它们却天天变得更不可信那样，更令人疲倦，而久后更令人恼怒。舍弃这种努力，是获得牢靠而又持久幸福的必要条件。

十五、幸福的生活

显然,幸福部分靠外界环境,部分靠自己。在本节里,我们探讨靠自己的那部分,而且我们发现,在与自己相关的范围里,幸福的窍门是十分简单明了的。

很多人以为,如果没有一种多少带有宗教成分的信仰,那么幸福是不可能的。也有许多人以为,他们不幸福,是因为他们的忧伤有着错综复杂和高度理智的根源。我可不相信这些是幸福或者不幸福的真正根源,我想它们仅仅是现象而已。一个不快乐的人通常会采用不快乐的信仰,而一个快乐的人会采用快乐的信仰,两者都将其幸福或不幸福归之于各自的信仰,而真正的因果关系却截然相反。

对绝大多数人来说,某些东西是不可或缺的,但这些东西也很简单:衣食住行、健康、爱情、成功的工作和来自同伴的尊敬。对某些人来说,为人父母也是很必需的。在缺少这些努力能够获得它们,而他依旧感到不幸福时,那他必有某种心理上的失调。如果这种失调非常严重,他就应该去精神病医生那儿治疗,但在一般情况下,只要他把事情安排恰当,那么病人自己也可以医好这种失调。

只要外界环境不是绝对多灾多难,一个人应该能够获得幸福,只要他的热情和兴趣向外而不是向内发展。因此在教育和适应世界方面,我们都应极力避免自私自利的情欲,尽量获得那些能阻遏我们的思想永远专注我们自身的情爱和兴趣。

大多数人在监狱里是不会感到幸福的,这是他们的天性,而将我们锁闭在自身内的情欲则构成了一所最糟糕的监狱。在这类情欲中,最常见的有:恐惧、妒忌、犯罪感、自怜和自我欣赏。在这些情感中,我们的欲望都集中在我们自己身上,对外界没有真正的兴趣,总是担心它在某方面会伤害我们或不能满足我们。

人们极不愿意承认事实，急切地想躲进暖和的谎言的长袍里，主要原因不外乎是恐惧。然而荆棘撕破了长袍，寒冷的风从裂缝里长驱直入，这时已习惯于温暖舒适的人，比一个饱经风霜、结实硬朗的人，要遭受更多的苦楚。况且，那些自欺者往往心里也知道他们在骗自己，他们整天畏怯疑惧，生怕某件不利的事情迫使他们沮丧地面对现实。

自私自利的情欲最大缺陷之一，在于很少使生活丰富多彩。一个只爱自己的人，当然不能因其情爱的乱杂而受到指责，但到最后他必然会感到烦闷不堪，因为他热爱的对象永远没有变化。一个因犯罪感而痛苦的人，是受着一种特殊的自恋之苦。在这茫茫宇宙中，他感到最重要的莫过于自己的品性高洁。传统宗教的最严重的谬误，在于鼓励了这一特殊的自我专注。

一个幸福的人，以客观的态度安身立命，他具有坦荡宽宏的情爱和丰富广泛的兴趣，凭借着这些情爱和兴趣，又凭借着它们使他成为许多别人的兴趣和情爱的对象，他获得了幸福。能成为情爱的领受者，这自然是幸福的，然而索要情爱的人并非就是得到情爱的人。广义地说，得到情爱的人是给予情爱的人。不过，倘若像为了利息而放贷那样，一个人在层层盘算之后才给予他人情爱，这是无用的，因为有算计的情爱不是真诚的，领受者也不会感到它是真诚的。

那么一个被囚禁于自身内的不幸福者又能做些什么呢？只要他总牵挂自己不幸福的原因，他就依然是自私自利的，且无法跳出这一恶性的圈子。如果他要跳出来，他就得借助真实的兴趣，而不是指望那些被当作药物一般接受的做作的兴趣。

虽然这么做的确有困难，但他毕竟还能做不少。如果他能正确地断定其问题之所在，那么他首先可以使自己的意识明白，他没有理由感到罪孽深重，然后依照我们讨论的方法，把合理的信念植于无意识之中，同时做些多少是中立的活动。如果他成功地清除了犯罪感，那么真正客观的兴趣大概会自然而然地产生。要是他的问题源于自怜，那么他首先可以让自己明白，在他周围并没有什么天大的不幸，然后再用上述的方法去解决这一问题。要是他的问题源于恐惧，那么让他做一些有助于培养勇气的练习。

自古以来，沙场上的英勇大胆一直被认为是一种美德，而且男孩和男青年的训练，大部分是用于培养那种视打仗如儿戏的性格。然而道德的勇气和智慧的胆略却不曾引起同样的重视，不过它们也有自己的培养方法。

每天你至少承认一个令你痛苦的真理。你得学会去如此感受，即便你在品德上、才智上远不如你的朋友们，人生依旧值得体验。这种练习，几年后最终能使你面对事实而不畏葸退缩，并因此将你从大范围的恐惧中解放出来。

在极大的程度上，幸福的生活犹如善良的生活。职业道德家们太偏重自我克制，因此他们把重点放在了错误的地方。有意识的自我克制，使一个人变得专注于自己，并清楚地知道他所做的牺牲，结果在当前的目的上，它往往失败，在最后的目标上，它几乎总是落空。人们所需要的不是自我克制，而是那种向外的兴趣，后者能产生自发的、不经雕饰的行为，而相同的行为，在一个专注于追求自身德行的人那儿，唯有依靠有意识的自我克制才能做到。

行为的效果可有天渊之别，这取决于行为者当时的心理状态。如果你看见一个孩子行将淹死，如果你凭着援救的直接冲动去救他，那么待你从水中冒出来时，你的道德并没有受到半点损害。在另一种情况下，如果你对自己说："去援救一个无助的人是德行的一部分，而我想做一个有德行的人，所以我必须救这个孩子。"那么事后的你比起先前的你，将变得更为败坏。在这个极端的例子里能够适用的东西，同样适用于许多其他较不明显的事情。

在我和传统的道德家们所提倡的人生态度之间，存在着另一更加微妙的差别。例如，传统的道德家会说爱情应该是无私的。在某种意义上，他是对的，也就是说，爱的自私不超过某种程度，但它无疑应具有某种程度的自私，即一个人能从成功的爱情中得到幸福。倘若一名男子向一名女子求婚，理由是他衷心地希望她幸福，同时认为她能给予他自我克制的理想机会，那么照我看来，那女子能否完全满意是成问题的。

我们应该期望我们所爱的人幸福，但不应该将它作为我们自身幸福的一种替换。事实上，一旦我们对他人或身外之物产生了真正的兴趣时，那么自我克制学说所包含的自我和他人的全部对立便即刻化为乌有。由于具备了这种兴趣，一个人感到自己生命之流的一部分，而不像撞球那样，是一个坚硬独立的实体，这种撞球，除了撞击外，不可能与别的撞球发生任何关系。

所有的不幸福都基于某种分裂或缺乏一致：意识和无意识之间缺少协作和配合，因而造成了自我的分裂。自我和社会的联结要靠客观兴趣和情爱的力量，由于没有这种力量，又造成了自我和社会缺乏一致。一个幸福的人决不会遭受这两种分离的痛苦，他的人格既不分裂来对抗自己，也不分裂来抵御世界。

这样的人，觉得自己是宇宙的公民，尽情地享受着世界所给予的五光十色和舒畅快乐，不会因为想到死亡而苦恼万分、心神不定，因为，他感到自己不会真的与后者分离。唯有在这种与生命之流如此深刻的、本能的结合中，人们才能找到无与伦比的欢乐。

十六、高尚的信仰

　　人是自然的一部分，而不是同自然对立的。人的思想和身体的行动也遵循那些说明星球和原子运动的同样规律，物质世界比起人类来是巨大的。在天上和地下，在巨大和微小之间，科学似乎发展到了山穷水尽的地步。一般都认为宇宙在空间的延伸是有限的，认为光行几亿年可围绕它遨游一圈。一般也认为物质是由电子和质子组成的，而电子和质子又有一定的大小，它们在世界上的数量也是有限的，它们的变化也许不像一贯的看法那样是连续的，而是由于永远不小于最小冲量的冲动作用而跳跃地发生的，这些变化的规律显然可以被人概括为少数普遍适用的原则，用这些原则就能说明世界的过去与未来，只要我们知道世界历史的任何短暂的片段。

　　物理学就这样日趋像大功告成而令人兴味索然的阶段。有了支配电子和质子运动的规律，剩下的便只有地理了——那是说明在世界史某些阶段中，特殊事例分布情况的大集锦。需要用来确定世界历史的地理事例的总数可能是有限的。从理论上讲，这些事例可能记载在一本大书中以保存于萨默塞特故宫另附计算机，只要转动手柄就可让调查者查到记载以外的其他时代的史实。很难想象还有什么比这更乏味、更与未完成的发现所给人的那种强烈喜悦截然不同的事了。这倒有点像攀登崇山峻岭，结果上到高山之巅却一无所获，只发现一所卖姜啤酒的餐馆坐落在云雾缭绕之中，但用无线电装备着一样。

　　在这个本身并不令人神往的物质世界中，人也是一部分。人体，像其他物质一样，也是由电子和质子构成的，而且据我们所知，这些电子和质子也像不构成动物或植物一部分的电子和质子一样，服从同样的规律。有些人硬说不能把生理学降低到物理学的地位，但是他们的论点没有多大说服力，因此，认为他们是错误的这一看法似乎还是稳妥的。我们所谓的"思想"，似乎要依赖大脑的思路组织，正像旅行要依靠铁道和公路一样。思维所需的能量似乎有它的化学起因，例如，缺碘会使聪明人变成白痴。心理现象好像与物质结构有密切联系。倘若如此，我们也不能认为单个电子或质子就会"思考"；而这倒像我们指望一个单独的个人进行一场足球比赛一样。我们也不能认为个人的思维在肉体死亡以后还能继续存在，因为肉体的死亡破坏了大脑组织，也驱散了利用大脑思路的能量。

基督教信仰的中心信条——上帝和永生，在科学中是找不到根据的。我们也不能说这两种教条是宗教的要素，因为佛教中就没有它们。但我们西方人已经认为它们是神学中不能削减的最低限度了。毫无疑问，人们还会继续怀抱这些信念，因为这样做是令人愉快的，正如想我们自己很道德而我们的敌人很邪恶是令人愉快的一样。不过，依我看来，这两者都毫无根据。我并不自命能证明没有上帝，同样我也无力证明撒旦纯属虚构。也许存在基督教的上帝；同样也可能存在着奥林匹斯山、古埃及或巴比伦的诸神。但这些假说都是半斤八两，哪个的可能性也不比另一个大，它们不属于可能的知识范围之内，因此，我们没有理由去考虑它们。我不想在这个问题上再说什么，因为我在别处已经涉及这个问题。

个人永生这一问题的可靠性，多少有点不同。在这里，赞成和反对这两方面的证据都可能存在。人是科学关切的日常世界的一部分，而决定他们生存的条件是可以被发现的，一滴水不是永生的，它可以分解成氧和氢。因为，假如一滴水坚持说它在分解之后依然保持着水的特性，我们就会怀疑。同样，我们知道大脑不是永生的，也知道生物体死亡时它组织中的能量是解体了的，因而也无法进行整体行动。所有的证据表明，我们所认为的精神生活同大脑的结构及人体组织的能量有着密切的联系。因此，认为肉体生命一旦停止，精神生活也同时停止的看法是合理的。上述论点只是一种可能，但这一论点是同作为大多数科学结论基础的那些论点同样不可动摇的。

肉体死去后精神依然存在，毕竟同灵魂永生是两码事，它可能仅仅意味着心灵死亡的延缓，而人们要求信仰的是灵魂永生。信仰永生的人将会反对诸如我引证过的生理学论点,理由是灵魂与肉体根本不能类比,灵魂完全不同于它通过人体器官表现的经验现象。我相信这是形而上学的迷信。精神和物质一样并非最终的实体,只是为了某种目的而采用的比较方便的说法。电子和质子,像灵魂一样,都是逻辑的假设。事实上,历史是一系列事件,而不是单纯的永恒实体。至于灵魂,显然产生于生长发育的种种事实。凡是考虑到受孕、妊娠和发育成婴儿这一过程的人,都不会认真地相信灵魂是不可分割的东西,并且在这整个过程中是完美无缺的。显而易见,灵魂是像肉体一样成长,由精子和卵细胞共同产生的,所以不可能是不可分割的。这不是唯物主义的观点,不过是承认一切有趣的事情都是组织的问题而不是原始物质的问题。

形而上学者曾提出无数的论点证明灵魂一定是永生的,有一种简单的检验法可以完全推翻这些论点。他们都同样地证明灵魂必定弥漫整个空间,但是就像我们并不急于求胖而只求长寿一样,有关的形而上学者从来也没有注意到这样应用他们的理论。这是一个例证,说明欲望蒙蔽人的力量有多大,它甚至可使非常精明的人看不见在别的情况下可以一目了然的谬误。如果我们并不害怕死亡,我相信永生的思想便绝不会产生。

恐惧是宗教教条的基础,也是人类生活中其他许多事情的基础。对人类的恐惧,不管是对个人或是对集体,在许多方面支配着我们的社会生活,而导致宗教产生的却是人对自然的恐惧。精神与物质的对立,根据我们看到的,多少是属于虚幻的,而另一种对立则更重要,随着科学的发展,越来越多的事物被置于人类的控制之下。但是,又确实还有些事物不在人类的控制之下。在这中间就有一些有关我们这个世界的巨大事实,一种由天文学处理的事实。我们有能力按自己的愿望塑造的事物,仅限于地球表面或接近表面的事物。即使在地球的表面上,我们的力量也是极其有限的,首先,我们就无力阻止死亡,尽管我们常常能延迟死亡。

自然的哲学不能过分地局限在地球上,对它来讲,地球仅仅是银河系中一个较小星群里的一个小小的星球。为了得到某种结果,以迎合这个微不足道的星球上渺小的寄生者的口味而不惜歪曲自然的哲学，这是十分可笑的。作为哲学的生机论，还有进化论，在这方面显得缺乏比例感和逻辑关系。它们认为我们个人深感兴趣的生活事实，具有宇宙意义，其含义不仅限于地球的表面。乐观主义和悲观主义，作为宇宙哲学，同样表现出朴素的人文主义。浩瀚的世界，依照我们的了解，既不好也不坏，与使我们幸福或不幸并无关系，所有这一类哲学都是由妄自尊大造成的，最好要用一点天文学来加以矫正。

而在价值的哲学中，情况却恰恰相反。自然只是我们所能想象的事物的一部分。任何事物，不管是实在的还是想象的，都能由我们评价，没有什么外界的标准可以否定我们的评价。我们自己就是价值的最终也是不可辩驳的决定者，而在价值世界中，自然仅仅是一部分。因此，在价值的世界中，我们比自然更伟大。在价值的世界中，自然本身是中性的，不好也不坏，既不应受赞扬，也不该遭指责。是我们创造了价值，是我们的欲望授予了价值，在这个王国里我们是国王，如果我们向自然卑躬屈膝，我们就降低了自己国王的身份。应该由我们来决定高尚的生活，而不是由自然来决定。

不同的人，在不同的时代曾对高尚的生活有许多不同的概念。这种分歧在某种程度上可以通过辩论来克服，这就是当人们为达到某一目标而在手段上发生分歧的时候，有人认为监狱是阻止犯罪的良好方法，有人却坚信教育的效果更好。像这类分歧，只要有充分的证据就可以解决。有些分歧却无法用这种方法来解决。托尔斯泰谴责一切战争，有人却坚信士兵为正义而战的生活是十分崇高的。这里就可能包含着关于目的的真正分歧。赞美士兵的人通常总认为惩罚罪犯本身就是件好事；托尔斯泰却不这么看，他认为这类问题靠争论是解决不了的。因此，我不能证明我自己关于高尚生活的观点正确无误，我只能阐明自己的观点，并希望尽可能多的人同意我的观点。我的观点是：高尚的生活，是受爱激励并由知识导引的生活。

知识和爱都是能无限延伸的。因而，不管生活得多么高尚，总还能想象出更高尚的生活来。没有知识的爱与没有爱的知识，都不可能产生高尚的生活。在中世纪，当瘟疫在一个国家出现的时候，圣徒们就劝百姓集合在教堂里祈求上帝来拯救，结果是传染病在哀求的拥挤人群中非常迅速地传播。这是爱缺乏知识的例证。上次战争为我们提供了知识没有爱的例证。这两种情况的结果都是大规模的死亡。

虽然爱与知识都是必不可少的，但是在某种意义上，爱是更基本的，因为它会引导智慧的人寻求知识，以便找到如何为自己所爱的人造福的方法。要是人们丧失了智慧，就会满足于相信别人所说的一切，不管他们如何纯真仁慈，可能还会造成危害。

爱是一个含有多种情感的词，我有意选用这个词是想把这些情感一并包括在内，我现在论及的是作为情感的爱，因为依我看，"讲原则的爱"是不纯真的：一方面，纯粹是冥想中的愉快；另一方面，纯粹是仁慈。说到无生物，则只有愉快的意思。我们不可能对风景画或奏鸣曲产生仁慈，这种类型的享受想必就是艺术的源泉，爱在非常年幼的孩子身上，一般表现得比成人更为强烈，因为成人往往用功利主义的眼光看待事物。爱在我们对待人类的感情中起很大的作用，单纯把人作为美学冥想的对象来考虑时，有些人富于魅力，有些人却截然相反。

爱的另一极端是纯粹的仁慈。有些人牺牲自己的生命去帮助麻疯病人，在这种情况下他们感到的爱不具有美的愉快因素。父母的爱照例伴随着对孩子容貌的愉快，但是在完全不存在这种愉快时，爱却依然十分强烈。如果把母亲对病孩的关心称为"仁慈"，就有点滑稽了，因为我们习惯于用"仁慈"这个词描写一种十有八九是欺骗性的苍白的感情。然而，却又很难另外找到适当的词来表达这种为他人谋福利的愿望。事实上，这种愿望在父母感情中要多么强烈就有多么强烈。在其他情况下，这种愿望就差得很远了。一切利他主义的感情确实像是父母之爱的外溢，或者有时是父母之爱的升华。因为缺乏更为适当的词，我以后就称这种感情为"仁慈"。但是我要说清楚，我说的是一种感情，而不是一条原则，而且并不包含任何平时常和这个词联在一起的那种优越感。"同情"这个词只部分地表达了我的含义，而遗漏了我所要包含的能动的因素。

最充实的爱是愉快与良好的愿望这两种因素不可分割的结合。父母喜爱美丽而有成就的子女，就把这两种因素结合起来了。最美好的性爱也是这样。但是在性爱中，只有爱情万无一失地独占时才有仁慈的地位，否则妒嫉就会摧毁它，也许事实上加强了冥想的愉快。没有良好的愿望，愉快也许是残酷的，没有愉快，良好的愿望容易冷酷而近于傲慢。希望被人爱的人，总希望成为包含这两种因素的爱的对象，除非是像婴儿与重病患者那样极端虚弱的人。在这种情况下，仁慈倒可能是他们唯一所要求的。与此相反，极为有力的人物更需要的是赞赏而不是仁慈。这就是当权者和倾国美人的心理状态。我们只是根据自己感觉要求别人有不同程度的良好愿望，这至少像是环境的生物逻辑，但对生活来说却是不十分真实的。为了逃避孤独的感觉以便被人"了解"，我们才希望得到钟爱。这是同情的问题，而不单纯是仁慈的问题。能用钟爱使我们满足的人，不但要对我们有良好的愿望，还要知道我们的幸福寓于何处，但是这属于高尚生活的另一因素，就是知识。

在完美的世界中，每个人都会是别人最充实的爱的对象，这种爱是由愉快、仁慈以及相互了解不可分割地交织起来的。但这并不是说，在现实世界中，我们碰到一切人都应该设法对他们具有这些感情，对许多人我们是不会感到愉快的，因为他们令人厌恶。假如我们硬要违背自己的天性，从他们身上找到美好的东西，那就只会削弱我们对自然认为美的东西的敏感。再说，在人类之外还有跳蚤、臭虫和虱子。我们只有经历过艰难困苦的日子以后，方能在注视这些生物时感到愉快。有些圣徒确实把它们称作"上帝的珍珠"，但是他们感到愉快的是有机会炫耀他们自己的神圣罢了。

仁慈是更容易广泛延伸的，但即使是仁慈也有它的限度：如果有人想娶一位女子为妻，当他发现别人也想娶她的时候，我们不会认为他最好应该打消娶她的念头，我们应当认为这是公正的竞争场所。但是，他对于竞争者的感情是不可能完全仁慈的，我认为一切有关这个世界上高尚生活的描述，都应当以动物的活力与本能为某种基础，没有这个基础，生活就变得单调平淡，索然无味。文明应当是在上面增加一些内容，而不应该取代它。禁欲主义的圣徒和超然独处的贤哲在这方面算不上完整的人。有少数几个这种人物会使社会丰富多彩，但是完全由这种人组成的世界就会在单调乏味中死亡。

这些理由导致人们在一定程度上强调愉快的因素，作为最完美的爱的一个组成部分。在这个现实世界中，愉快不可避免地具有选择性，使我们无法对整个人类具有同样的感情。当愉快与仁慈发生冲突的时候，一般都是用妥协来解决而不是以愉快或仁慈完全屈服而告终。本能有它的权利，如果我们触犯本能超出某一限度，它就会微妙地进行报复。因此，在以高尚生活为目标的时候，我们必须记住人类可能做到的限度。可是，说到这儿，我们又回到知识的必要性这个问题上了。

当我把知识说成是高尚生活一部分的时候，我想到的不是道德知识，而是科学知识和有关特殊事实的知识。严格地讲，我认为并不存在道德知识这样一种东西。如果我们想达到某种目的，知识会告诉我们手段是什么，这种知识可以笼统地算做道德知识。但是我相信，除了参照它可能造成的结果以外，我们就无法判断哪种行为是正确的，哪种行为是错误的。有了要达到的目的，再去探索达到目的的手段，这就是科学的问题了。我们检验一切道德法则，必须考察它们是否有助于实现我们想达到的目的。因为一切行动都渊源于想望，显然，道德的观念如果不能影响想望，就不可能有任何重要的意义，道德观念通过想望得到赞许和害怕受到反对而起作用。这些就是强大的社会力量，我们如果想要实现任何社会计划，自然要竭力把这些力量争取到自己这边来。当我说到行为是否道德要由行为可能产生的结果来判断时，我的意思是说我希望看到有人赞同可能实现我们想望的社会计划的行动，反对与此相反的行动。目前情形还不是这样，因为存在着的某些传统法规完全不考虑后果而决定赞同或反对。但这是我们在下面将要涉及的论题。

在简单的事例中很明显可以看得出来，理论道德是多此一举的。举例来说，假如你的孩子病了，爱使你产生治疗孩子的欲望，而科学告诉你如何治疗。不存在要证实你的孩子最好应受治疗这种道德理论的中间阶段。你的行动直接产生于达到某一目的的欲望和采用什么手段的知识。一切行动，不论是好的或是坏的，都是这样的。目的不同，知识也有比较充分或比较不充分之分。但是我们想象不出有什么方法可以使人违背自己的欲望行事。可能做到的是用赏罚制度转变人的欲望，社会的赞许与反对在这里并不是无能为力的。因此，立法的道德家要解决的问题，就是如何制定赏罚制度以确保当事者的最大利益。如果立法的当权者有邪恶的欲望，那么他们的欲望违反某些社会阶层中人的欲望。在人的欲望以外，并不存在道德的标准。

由此可见，使道德区别于科学的只是欲望而不是任何特种的知识。道德所需要的知识同其他方面的知识完全一样，不同的只是它要求达到一定的目的，认为正确的行为有利于达到这些目的。当然，如果正确行为的定义要为广大群众所接受，那么目的就必须是大部分人所想望的。如果我把正确行为说成是增加我自己收益的行为，读者是不会同意的。任何道德论点的全部效力都在于它的科学部分，也就是在于能证明达到广大群众想望的目的的手段。但是，我把道德论点和道德教育区分开来，后者在于强化某种欲望而削弱其他欲望。

现在我们可以更确切地解释并讨论关于高尚生活定义的主旨。当我说高尚的生活包含知识引导下的爱的时候，激励着我的欲望就是希望我尽可能过这种生活，同时也看到别人过这种生活的欲望。这种说法的逻辑涵义就是，在一个人们以这种方式生活的社会里，将会比在一个较少爱或较少知识的社会里，能够满足更多的欲望。我并不是说这样一种生活就是"有道德的"，也不是说与此相反的生活就是"罪恶的"，因为在我看来，这些概念都是缺乏科学依据的。

道德的实际需要是从欲望的冲突中产生的，不管它们是不同的人之间，还是同一个人在不同时期，甚至在同一时期的欲望。一个人既有喝酒的欲望，又想胜任第二天的工作。他如果采取一种使自己的欲望在几方面都稍微满足一下的方针，我们会认为是不道德的。生活放纵或行为卤莽的人，即便损己而不害人，我们对他也不会有什么好感。18世纪英国伦理学家、法学家、资产阶级功利主义的主要代表边沁，认为全部道德可以从"开明的自私自利"中获得，并且认为始终为自己的最大满足而行动的人，从长远来看是始终行动正确的人。我不能接受这种观点。历史上曾有暴君看到滥施酷刑而倍觉欢乐，当他们谨慎地饶恕牺牲者一命以便日后更残酷地加以折磨的时候，我是不能为他们唱赞歌的。不过，在其他条件都相等的情况下，谨慎还是高尚生活的一部分。连鲁宾逊有时也要实践勤勉、自我控制和先见之明。这些当然算是道德范畴的品质，因为它们不以损人为代价就增进了自身的绝对满足。这样的道德在少年儿童的教育中起着很大的作用，因为他们几乎是不会考虑将来的。如果在以后的生活中他们能更多地实践这种道德，那么世界就很快变成乐园了，因为这就足以制止战争。但是，谨慎虽然重要，却不是道德中最有趣味的内容。它也不是道德中引起智力问题的因素，因为它只需要诉诸对本人利益的关心，此外什么也不计较。

如果高尚生活是由爱激励和受知识导引的，那么，任何社会的道德法典不是最终的和自我完备的，而是必须接受检验以考虑是否受智慧与仁慈的支配，这一点就很显然了。道德法典并不总是完美无缺的。阿兹特克人因为怕太阳的光辉变得暗淡衰微时，才把吃人肉当作自己痛苦的职责。他们在自己的科学上犯了错误。如果他们对于献祭的受害者还有丝毫之爱的话，也许早就察觉到这种科学上的错误了。有的部落怕姑娘照射了太阳光会受孕，就从10岁起把她们在黑暗中幽闭到17岁。但是，可以肯定我们现代的道德法典与这些野蛮的做法毫无相似之处吗？可以肯定我们禁止的都是确实有害，或者至少是可恶到正人君子都不愿为它们辩护的东西吗？我就不那么肯定。

很显然，具有科学人生观的人，不会满足于说："某种行动是有罪的，如斯而已矣。"他会问这种行动是否有害，或者恰恰相反，相信它有罪倒是真正有害。他还会发现，我们当代的道德，特别是与性有关的，包含着许多纯粹由迷信滋生的东西。他也会发现这种迷信，像阿兹特克人的迷信一样，包含着不必要的残忍，要是人们受仁爱之心的驱使去对待邻里，本来是可以把它一扫而光的。然而，在传统道德的卫道士中，难得有几颗温暖的心，这从教会的贵人对于军国主义表现出来的热情中就可以看到。

因为罪人是受到攻击的合法对象，因而不必宽容！

让我们从怀胎到死亡看一个普通人的一生，同时留意迷信的道德在什么地方使他遭受到不应遭受的苦难。先从怀胎开始，因为迷信的影响，是特别值得注意的。如果父母不是正式结婚，孩子就烙上了绝不应当受到的污名。如果父母中有一方患有性病，孩子可能就受到遗传，如果孩子已经很多，家庭收入无法抚养，就会出现贫困、营养不足、居住拥挤，还很可能出现乱伦。而极大多数道德家却赞成父母最好不知道用避孕的方法阻止这种苦难，因为有人认为，不以生儿育女为目的的性交是不道德的。相反，只要以生育为目的，哪怕从人类角度讲子女肯定将过悲惨的生活，也是道德的。被人突然宰杀吃掉，这就是阿兹特克族人牺牲者的命运，这比起那些生在悲惨环境中而又受性病感染的孩子来说，他的痛苦程度便望尘莫及了。这就是主教和政客用道德的名义蓄意造成的大苦难。他们要是对孩子们还有丝毫的爱或怜悯，就绝不会坚持这套恶魔一样残忍的道德法典。

一般儿童在出生时及婴儿初期，由于经济的原因，受的痛苦更甚于迷信的原因。富有的妇女生了孩子，有医术高超的医生、服务周到的护士、讲究的饮食、最好的休息和适当的锻炼。劳动妇女享受不到这种种优裕的条件，因此她们的孩子常常夭折。民政当局也采取了一点照顾母亲的措施，但是做得十分勉强。就在削减哺乳母亲的牛奶供应以节省开支的时候，民政当局却在车辆稀少的豪华住宅区耗费巨资修造马路。他们必须知道，就在作出这种决定的时候，他们正在把相当多的劳动阶级的子女判处死刑，因为这些子女犯了贫穷罪。但是，执政党是由广大的宗教界人士支持的，他们以教皇为首，曾经担保要用全世界的迷信力量支持社会的不公正。

在教育的所有阶段中，迷信的影响都是灾难性的，不少孩子都有思考的习惯，而教育的目的之一正是要消灭他们的这种习惯。每当他们提出了不便回答的问题时，他们受到的不是"嘘，嘘"之声，就是惩罚。集体感情经常被用来逐渐灌输某种信念，尤其是民族主义的信念。资本家、军国主义者和传教士在教育上携手合作，因为他们的权力完全依赖于感情主义的流行和批判性判断的趋于绝迹上。在人性的帮助下，教育成功地促进和加剧了普通人的这些倾向。

迷信带给教育的另一恶果是缺乏有关性知识的教育。主要的生理事实应当在青春期以前，当学生们并不激动的时候，简明而自然地教给他们，应当在他们青春期间进行非迷信的性道德教育。应当教导男女青年，只有双方同意的性交，才是正当的。这恰恰同教会的说教相反，教会认为一经结婚之后，只要男方还想生孩子，性交就是正当的，不管妻子多么不愿意。应当教导男女青年相互尊重对方的自由，应当让他们感觉到，谁也没有欺凌别人的权利。妒忌和占有欲能够扼杀爱情。应当教导他们懂得，把小生命带到世界上来是件极其严肃的事情，只有孩子的健康、良好的环境和父母的照料都有了可靠保障的时候，才能这样做。但是也应当教给他们节制生育的方法，以便保证他们想有孩子的时候才会生育。最后，还应当教他们懂得性病的危害以及防治性病的方法。在这些方面实施性教育，可能增加的人类幸福将是不可估量的。

应当承认，只要不生孩子，性关系便纯属私事，与政府或邻里都没有关系。某些不会引起生孩子的性方式在目前还要受到刑法的处罚，这完全是迷信。因为这是直接有关双方的事，对他人毫无影响。在已有孩子的情况下，认为尽量阻止他们离婚就一定符合他们的利益，这种看法也是错误的。酗酒成性、刻毒残忍、神经错乱，都是必须离婚的理由，无论是为了子女的缘故，还是为了妻子或丈夫的缘故。

道德准则不应当是使人类本能的幸福无法实现的准则。可是在男女人数很不平衡的社会里，这是严格贯彻一夫一妻制的结果。当然，在这种环境下，人们是会违反道德准则的。

然而，当到了只有大大削减社会幸福才能服从准则的时候，到了违反准则胜似奉行准则的时候，肯定也就是到了改革准则的时候了。如果不加改革，许多行为并不违反公共利益的人，就要面临忍受毁谤或者保持伪善这两种不应有的抉择。教会不在乎伪善，伪善是向教会的权力谄媚的献礼。但在别的地方，伪善已被认为是不应轻率施加的邪恶了。

甚至比神学迷信危害更大的是对民族主义的迷信，是只对自己的政府而不对其他政府忠诚的迷信。但是我不准备在这里讨论这一点，我只想指出，局限于本国的同胞是违背我们认为构成高尚生活的爱的原则的。当然，它也是违背开明的自我利益精神的，因为排他的民族主义即使对于胜利的民族也不会有什么好处。

我们社会受到神学的"罪恶"概念所酿成的苦难的另一个方面，就是对罪犯的处理方法。把罪犯看成是"邪恶"的，"理应"受罚的观点，是理性的道德不能支持的。有些人做社会不允许做的事，对他们尽可能加以阻止，无疑是正确的。我们不妨用凶杀作为其中最明显的例证。显而易见，一个社会如果要团结一致，让我们享受社会的欢乐与好处，我们就不能允许人们一有相互残杀的冲动就这么行动。但这个问题应该用纯科学的精神来处理。我们只要问一问：阻止凶杀的最好办法是什么？如果有两种同样有效的方法，我们应当采取对凶手伤害最小的方法，对凶手的伤害是完全令人遗憾的，就像外科手术的痛苦一样。这两种痛苦可能都是必要的，但不是值得高兴的事。所谓"义愤"的复仇感，不过是残忍的一种形式，绝不能用报复性惩罚的观点来证明罪犯的痛苦是有理由的。如果亲切和蔼的教育能够收到同样的效果，就宁愿采用教育的方法。当然，阻止犯罪和惩罚罪犯是两个不同的问题，使罪犯受苦的目的想起来大概是为了起威慑作用。假如监狱办得非常人道主义，使罪犯好像是免费受到良好的教育，就会有人故意犯罪以求入狱了。毫无疑义，监禁必须比自由难受些，但是保证这个效果的最好办法，是使自由比现在有的时候人们感觉到的更愉快些。但是我并不想在此谈论刑法改革，我只是想建议，我们对待罪犯应该像对待受瘟疫折磨的病人一样。两者都是对公众的威胁，两者都应被剥夺自由直到他们不再是威胁为止。然而，瘟疫病人是同情与怜悯的对象，而罪犯却是诅咒的对象。这是很不合理的。正是这两种截然不同的态度，使我们的监狱治愈犯罪倾向要比我们的医院治愈疾病的效果差得多。

传统宗教的缺点之一是它的个人主义，与它有联系的道德也有这种缺点。从传统上讲，宗教生活可以说是灵魂与上帝的对白。服从上帝的意志就是良好品德，这对于完全不顾社会情况的人来说是可能做到的。新教各教派发展了"寻找救赎"的观念，但这一观念一直就在基督教的教义中。灵魂超脱的个人主义在历史的某些阶段中曾有过它的价值，但在现代世界中，我们需要的是社会幸福观而不是个人幸福观。在此，我要考察一下它是怎样影响着我们关于高尚生活的概念的。

基督教崛起于罗马帝国那些完全丧失政治权力、他们的民族国家被消灭后并入一个广泛的民族大集体的民众之中。在基督教纪元的最初三个世纪中，接受基督教信仰的人，并不能改变他们在其中生活的社会或政治制度，虽然他们深信这些制度是不好的。在这样的环境里，他们自然要采取一种信仰，认为个人能够在不完美的世界中保持完美,认为高尚生活同现实世界毫无关系。把我说的同柏拉图的"理想国"对照一下就明白了。柏拉图讲到高尚生活的时候,他描述的是整个社会,而不是个人。他这样做是为了解释正义,而正义基本上是一个社会概念。他惯于考虑理想国公民的身份,认为政治责任是理所当然的事。希腊失去自由以后就兴起了斯多葛主义,它在关于高尚生活的个人主义概念上,接近基督教而不像柏拉图。

我们属于伟大的民主国家的人,应当看到自由雅典的道德比罗马专制帝国的道德更恰当一些。在印度,政治环境很像基督时代的犹太人,我们看到甘地在鼓吹酷似基督教提倡的道德,但是更激进的印度民族主义者并不满足于个人的救赎,他们需要民族的救赎。在这方面,他们采取了西方自由民主国家的观点,这种观点在某些方面还不够大胆和自觉,而且仍受到个人救赎这种思想的牵制。

高尚的生活,正如我们想象的,需要很多社会条件,缺少这些条件,高尚生活就无法实现。我们说,高尚生活是受爱激励并由知识导引的生活。这里所要求的知识,只有在政府或高官致力探索与普及知识的时候才能存在。例如,癌症的传播是令人不安的,我们怎么办呢?目前因为缺乏知识,谁都无法回答。而这种知识是需要大量的捐助资金进行研究才可以出现的。此外,科学、历史、文学、艺术的知识,应该让想要获得的人都能获得,这就需要政府当局精心安排,而靠宗教的皈依是办不到的。还有对外贸易,缺少了它大不列颠的居民有一半就会饿死。要是我们都饿得奄奄一息,也就很少有人会过高尚的生活了。我们无须再举例了。尽管高尚生活和邪恶生活有种种区别,世界是个统一体,那些自称能够不依靠他人而独立生活的人,都是自觉或不自觉的寄生虫。

早期基督徒用以安抚他们在政治上被征服的个人救赎思想,当我们摆脱了十分狭隘的高尚生活概念时,便变得不可能了。在正统基督教的概念中,高尚的生活就是有道德的生活,道德就是服从上帝的意志,而上帝的意志又是通过良心的声音启示给每个人的。这整个想法就是受外族专制统治的人的思想。高尚的生活除有道德之外还包含许多内容,例如智力。良心是很不可靠的向导。因为它包含着对于幼年时听说的种种戒律箴言的朦胧回忆,因而一个人的良心从来不会比这个人的保姆或母亲更为明智。一个人要过最完美的高尚的生活，就必须有良好的教育、朋友、爱情、子女，收入宽裕，不受缺乏与严重焦虑之苦，身心健康，还要有不是毫无趣味的职业。所有这一切，在不同程度上有赖于社会，也随着政治风云而起落。高尚的生活只有在高尚的社会里才能实现，否则便是不可能的。

这是贵族理想的根本缺点。某些美好的东西，如艺术、科学和友谊，在贵族社会也能蓬勃发展。在希腊的奴隶制度基础上它们能够存在，在我们自己的剥削制度基础上它们也能够存在。然而，以同情的方式或者仁慈的方式出现的爱，在贵族社会中是不可能随便存在的。贵族必须使自己相信，奴隶或无产者或有色人种是劣等泥土造成的，他们受苦遭难算不得什么。在目前，温文尔雅的英国绅士狠命地抽打非洲土著，使他们经历数小时不可名状的痛苦以后死在皮鞭之下。即使这些绅士们受过良好的教育，多才多艺，谈吐令人钦佩，我也不承认他们过的是高尚的生活。人性在某种程度上确实限制着同情，却总还不至于到这样的地步。在崇尚民主的社会中，只有狂人才会这样行动。在贵族理想中同情的极限最多只能做到谴责。救赎是贵族的理想，因为它是个人主义的。正是由于这个原因，个人救赎，无论加以怎样的解释和发挥，总不能当作高尚生活的定义。

救赎的另一特征就是认为救赎是巨大灾变的结果，就像圣保罗的皈依那样。雪莱的诗篇正好说明了用之于社会的这种想法：普天皈依的时刻已经来临，"混世魔王"逃窜无踪，"世界的伟大时代又将开始"。也许会有人说诗人是无足轻重的人，他的思想也无关大局，然而，事实却使我不得不相信，很多革命领袖的思想都酷似雪莱的思想。他们认为悲惨、残忍和堕落都是由于暴君、教士、资本家或德国人一手酿成的，一旦消灭了罪恶的这些根源，人心即可为之一新，我们大家就会永远过幸福的生活了。他们怀抱着这些信念，一直甘愿进行一场"消灭战争的战争"。比较幸运的是大败而归或者捐躯疆场的人，不幸的胜利者随着热烈的希望的幻灭而变得愤世嫉俗、悲观失望了。产生这些希望的终极原因，就是基督教的灾变性皈依为救赎之路的学说。

我不打算说革命永远也不需要，个人也好，社会也好，实现高尚的生活绝无近路可走。要创造高尚的生活必先建立知识、自我控制和同情。这是量的问题，也是逐步改良、早期训练和教育实验的问题，只有急躁情绪才使人相信可以一步登天。可能实施的逐步改良以及可以行之有效的措施，是未来的科学所要研究的问题。

十七、禁欲与心理卫生

许多过去靠纯粹道德训诫来解决的教育问题，今天借助现代心理学的方法，能以更为间接，但也更为科学的方法来解决了。

现在有一种倾向，那就是认为不再需要任何斯多葛式的自制了。我不同意这种看法，在这篇文章中我就要研究一下自制之所以必要的几种情况，在青年中养成自制的一些方法，以及养成自制能力时应避免的一些危险。

让我们先从要求具备禁欲主义精神中最困难和最重要的问题，即死亡问题开始讨论。试图克服对死亡的恐惧有种种方式，我们可以不理睬它，可以不提它，而且当我们发现自己在这个问题上打转时，尽力将思想转到另外的方向上去。这是英国小说家和社会学家威尔斯在"时间机器"中讲的那种轻薄之士的方法。而我们可以采用与之相反的方法，即不断冥想人类生命之短促，以期望从这种了解中滋生出对人生轻蔑之情感。这正是查理五世退位后隐居于修道院中采用的方法。剑桥大学一位同学更为极端，竟同房间里的棺木同寝。此人还常常荷锄走到学校的草地上，将蚯蚓铲成两半，同时说："哎呀！你还没有捉住我。"还有第三种更为广泛地被人们采用的方法，那就是说服自己和他人，相信死亡并非真死，而是进入新的更加美好生活的途径。上述这三种方法，以各种不同的比例混合在一起，成为大多数人用来对付死亡的办法。

但是，对上述三种方法都有不同的意见。企图不让人们去想那种易于引起感情冲动的事，例如弗洛伊德所揭示的有关性的问题，那是肯定不会成功的，而且会引起种种不良心理的变态。儿童时期当然可以以某种生动的方式，避开他对死亡的理解。至于这种事是否会碰上，这是一个侥幸的问题。如果父母或兄妹中有一个死了，那就无法阻止儿童在情绪上对死亡的感觉。即使很幸运，儿童幼年时对死亡这件事并没有什么明显的印象，但迟早必然会有的。一个人当他对某件事没有思想准备时，一旦此事发生了，很可能在精神上失去平衡。因此，我们必须寻求确立对待死亡的正确态度，而不是仅仅靠不理睬它就能完事的。

经常不断地想着死亡问题，至少同样是有害的。过于专一地想着任何一个问题都是错误的，特别是当我们只能思考而不能付之行动时更是如此。当然，我们可以设法延长我们的生命，而且在一定限度内，每个正常的人都可以这样做。然而我们不能最终免于一死，因此，沉思死亡是一个无益的问题。再说，它会泯灭人们对别人和别的事的兴趣，唯有对外界事物抱有兴趣才能保持人们精神上的健康。对死亡的恐惧心理会使人感到他是外在力量的奴隶，而从一个奴隶的心理中是不会产生什么好结果的。如果一个人靠沉思能真的医治他对死亡的恐惧心理，那他就会不再沉思这个问题。然而只要他老是想着这个问题，那就证明他并未克服恐惧。因此，这个方法并不比其他方法好。

"死亡是通向更加美好生活的途径"，这种信念，从逻辑上来说应该能阻止人们对死亡的任何恐惧感觉，但对于医学界来说，值得庆幸的是，除少数例外，事实上并不能产生这种结果。人们并没有看出，就此对未来生活充满信心之人，那些认为死后一切皆空的人，就此对疾病更少害怕，或在同困难的斗争中有更多的勇气。已故的英国诗人和散文作家麦尔士常常谈起在饭桌上他是如何问起某人死后会有什么想法的。被问之人一开始总想避开这个问题，但是在逼迫之下，只好回答说："噢，嗯，我认为我将享受永远的幸福，但我希望你不要谈这个不愉快的题目。"这种明显矛盾的回答，当然是由于对大多数人来说，宗教信仰只是存在于思想意识领域之中，而对于局限在非意识的物质领域就不行了。如果想成功地克服对死亡的恐惧，那就必须靠那种能影响整个行为，而不只是通常所说的属于意识那部分行为的方法。在少数情况下，宗教能产生这种结果，但在大多数人中并非如此。除了行为主义者的理由之外，造成这种失败还有另外两个原因：一是不管强烈的自信如何，仍然存在着某种怀疑，而且这种怀疑本身是以对怀疑论不满的形式表现出来的；二是如果对来世的信仰没有根据时，他们势必增加而不是缩小对于死亡的恐惧。所以那些不把来世看作是绝对真实的人只能增加其恐惧的心情。

那么为了使年轻人能适应这存在着死亡的世界，我们应做些什么呢？我们必须达到三个相互之间难以结合的目标：

（一）我们必须使他们不要感觉到死亡是我们不愿谈论或不想使他们思考的问题。我们使他们有了这样的感觉，那他们就会得出结论：这里面一定有什么有趣的神秘东西。这样他们就会想得更多。就这点来说，也适用于现代关于性教育的观点。

（二）我们必须阻止他们老是去想死亡的事，对此专一如同对色情文学的专一一样。存在着同一类的反对意见，那就是它会泯灭人的才能，妨碍人的全面发展，以致会引起本人和他人都不满意的行为。

（三）我们不要指望仅仅靠思想意识就能给任何人设计出对待死亡这个问题的满意的态度，更详细地说，善良的行为不是靠着想要表明死亡并不比其他情况更不可怕的信念而做出来的，只要这种信念尚未渗透到意识之中。

为了使这些目标生效，我们必须根据儿童和青年的特点，采取稍稍不同的方法。如果没有一个同某儿童紧密相关的人死去，那就很容易使某儿童把死亡看作是普通的事，不会引起大的感情上的兴趣。只要死亡是抽象的和一般的，应以通常的语气提到它，而不要当作什么可怕的事。如果这个儿童问："我会死吗？"你应回答："是的，但在很长的时间内也许不会死。"消除对死亡的神秘感是十分重要的。应把死亡看作和玩具坏了属于同一范畴的事。但是，在儿童幼小之时，确实需要尽可能地使他们把死亡看作是遥远的事。

当同这个儿童关系密切的人死了，情况就不同了。例如，假如这个儿童的一个哥哥死了，父母都会很悲痛。而且尽管他们可能不想让这个儿童了解他们是如何悲痛，但使儿童感觉到他们遭到了某事件，这是正常而且必要的。自然的情感是极为重要的，儿童应该体会到他的长者这种情感。再说，如果父母以超人的努力，在儿童面前掩饰他们内心的悲痛，那儿童就可能认为："如果我死了，他们也会不以为然的。"这样的想法会引起各种病态的发展。

但是，在青年时期，为使成年的生活满意，对于死亡必须有更为积极的态度：成年人应更少想到死亡问题，无论是他自己或是他所热爱的人，这不仅是因为老想这个问题是一件无益的事，而且也绝不能真的取得成功，而是因为成年人兴趣多了和活动面更广了，从而使他有意地把思想转到别的问题上去。当成年人想到死亡问题时，最好以一种坚忍的观点，从容而又冷静地去思考它，而不要有意地去缩小它的重要性，相反地对于能超越它应感到一种骄傲。对于其他任何恐怖的事情，这个原则也一样。对于使我们感到恐惧的事情，应抱以坚强的意志加以冷静思考，这是唯一可行的处理办法。人们应该对自己说："是的，好吧，死亡是可能发生的，但那又怎么样呢?"像在战争中阵亡这样的情况，人们就达到了这样的境界，因为他们当时坚信，无论自己还是亲人为战争捐躯是值得的。类似这样的情感方式任何时代都不可少。任何时代，人们都会感觉到他活着有种种重要的理由，同时也会感觉到无论他死了，或他的妻子、他的孩子死了，也不会从此终止人们在世上的乐趣。如果说在成年人中这种态度能臻于真实而且深刻，那么对于青年期的年轻人应以豁达的热情去激励，而且应使他们以此种热情去建设自己的生活和事业。青年时期是豁达的时期，应该利用这个时期养成自己豁达的性格。这一点能通过父亲或教师的影响来实现。在一个较好的家族中，母亲常常是做这种事情的人，然而就现在的一般情况而论，妇女的生活状况使她们眼界狭隘和缺乏智力，因此难以担当起我心目中想到的这份工作。同一理由，青年一般应在他们的教师中去寻找这种榜样。

禁欲主义在生活中的地位，也许近代有点被看轻了，特别是被那些进步的教育学家低估了。当不幸威胁着我们时，有两种对付的办法：我们可以竭力避开这种不幸，或者决心以坚忍不拔的精神与之作斗争。前一方法如果能在不必怯懦的情况下获得成功，当然是值得称赞的，但后一方法对于不准备成为恐惧的奴隶的人来说，迟早是必不可少的。这种态度就是禁欲主义的本质。对于一位教育者来说，最大的困难是，在向青年灌输禁欲主义时，为虐待狂开了方便之门。在过去，纪律观念很严，以至于使教育成为制造残忍冲动的手段。是否能够只保留少量的纪律训练，而不至于扩展到使儿童感到受苦为乐事呢？墨守陈规的人当然会否认他们感到这种事的快乐。大家都知道这样一个故事，一位做父亲的在举杖打他的儿子时说："孩子，我打你，这使我比你更难受。"他的儿子回答说："父亲，那你愿意换过来让我替你效劳此事吗？"英国小说家、小品文作家和批评家萨缪尔·巴特勒在《众生之路》中曾经以一种使现代心理学的任何一位学者都心服的方式，描写过严厉的双亲虐待狂式的快乐。那么，我们对此做些什么呢？

对死亡的恐惧，只是最好以禁欲主义去对待的许多事情中的一项。此外还有对贫困的恐惧、对身体上产生痛苦的恐惧、富裕之家妇女一般对生育子女的恐惧。所有这些恐惧是怯懦而可卑的。但是，如果我们限制说，人们不应该注意这些事，那我们同样也会限制说，对于消除不幸来说，我们什么也不必做。过去，人们认为妇女在分娩时不应使用麻醉药。在日本，这种看法一直延续到今天。男医生认为麻醉药是有害的。其实这种看法毫无根据，它无疑是由于无意识的虐待狂造成的。但是分娩的痛苦越减轻，富妇们愿意忍受痛苦的意志也就越薄弱，她们的勇气比对勇气的需要消失得更快，很明显这里面必存在一种平衡。要使整个人生都过得舒适、愉快，这是不可能的，因此，人类必须具备一种能应付逆境的态度。然而我们必须力求尽可能地少鼓动那种残忍性。

无论哪一个与儿童相处的人都会很快明白，过多的同情是错误的，当然过少的同情更是错误的，在这方面就像其他任何事情一样，走极端都是不好的。一个时常受到同情的孩子会因稍有不如意的事就啼哭不止，而通常成年人所以能养成自制能力，唯一原因是他知道大惊小怪也难以得到同情。儿童极易认识到，一位有时稍有点严肃态度的成年人对他们是最好的，他们的本能会告诉他们是否为人所喜爱，从那些他们认为是希望他们正常发展的慈爱的人那里，儿童能忍受他一时的严厉。因此，在理论上这个解决的方式是简单的：使教育者贯注智慧的爱，这样他们就会做出正确的事。但是，事实上这个问题是比较复杂的，因为疲劳、苦恼、忧虑、焦躁都不时地环绕着双亲和教师，影响着他们的情绪。但是，有一种教育理论是危险的，那就是允许成年人为了儿童的最终幸福，把这些情绪发泄到儿童的身上。不过，理论如果是正确的，它必须为人们所接受，因此有必要把种种危险的情况展现到双亲和教师的良心面前，以便尽一切可能来加以防御。

现在我们可以把上述讨论加以综合而得出结论。就儿童来说，对于生活中遇到的痛苦、不幸，既不要让他们不知道，又不要强迫他们知道。因为当环境使痛苦、不幸无法避免时，想使儿童不知道是不行的。但是在必须说到痛苦的事情时，应该抱着正常的和冷静而激动的态度，除非是家中有人过世，因为在这种情况下掩饰我们的悲痛是违反天性的。成年人应该在自己的行为举止中表现出某种愉快的勇气，而年轻人会不知不觉地从他们的榜样中获得这种勇气。那些以同青年人打交道为职业的人必须好自为之，不要企图从教育纪律的必要因素中获得虐待狂式的快乐。教育中执行纪律的动机必须始终是为了品德和智力的发展。就智力的发展来说，也需要纪律，否则绝不能达到准确性。但智力方面的纪律是另外一个问题，不属于本人论述范围之内。

我还有一句话要说，这就是来自内心自觉要求的纪律是最好的。为了使这一点成为可能，必须使儿童和青年具有完成某件困难事情的志向，并愿为此而尽力。这种志向通常是受周围某人的启示而产生的。因此，甚至律己之事最后也要依赖一种教育上的鼓励。

十八、不同的快乐理想

大家都知道威尔斯写过一本幻想小说《时间机器》。在这本小说中，机器的主人在时间上能做过去和未来的旅行，能让他看见自己过去和未来是怎样的。然而人们却常常想不到在今天通过周游世界也能获得威尔斯设想的许多好处。一个到过纽约和芝加哥的欧洲人等于看见了未来，因为如果欧洲度过了经济危机，它将要走向的未来大概就是现在纽约和芝加哥的样子。另一方面，当这个欧洲人来到亚洲，他看见的就是过去，在印度更能看见中世纪的情形。

西方文明包括南北美洲、除俄国之外的欧洲和英国的自治领土。在西方文明中，美国处于领先地位。一切使西方区别于东方的特点在美国最为明显而且更为进步。我们惯常把进步看作是人人所承认的，总要毫不犹豫地假定过去100年间发生的变化是趋向变好，而且今后的变化也会确定无疑地趋向更好。在欧洲大陆，由于第一次世界大战和它所造成的后果给这种信念以沉重的打击，因此人们回过头去把1914年以前看作是黄金时代，而且认为大概在几个世纪内也不会回到那种时代。在英国，加在这种乐观主义之上的打击相比之下要小些，在美国那就更小。

正像大家知道的，中国的文明是根据耶稣以前500年就已盛行的孔子的学说。孔子像古希腊和古罗马人一样，不相信人类社会在本性上是前进的，正相反，他相信在远古时，统治者是贤明的，人民的幸福所达到的程度，是衰败的今天既称赞又难以实现的。当然，这种看法是荒谬的，但实际所产生的结果是使孔子像古代其他大师一样，目的在于创造一个稳定的社会，维持一种最好的水平，而不是总去争取新的成功。在这方面，孔子比任何古今之人都要成功，时至今日，他的人品一直刻印在中国文明之页。在孔子生活的年代，中国的领土只占它现在的一小部分，而且分裂为许多相互战争的国家，经过300多年，他们建立了现在版图上的这个国家，而且领土之广大、人口之众多，直到最近50年存在的任何国家都不能与其相比。中国尽管遭到过野蛮民族的入侵，蒙古和满洲人建立过朝代，还有或长或短时期的混乱和内战，但孔子的传统思想以及同它一起的艺术、文学和教化的生活方式一直存在。只是到了今天，由于同西方和西方化了的日本相接触，这种传统思想才开始衰败起来。

一个具有如此卓绝能力和久存不灭的思想体系，必定有它的伟大价值，而且一定值得我们尊重和加以研究。它不是一种宗教，因为它不是同超自然的或神秘的信仰连在一起。它纯属于一种伦理体系，但它的伦理学不像基督教的伦理学，它并不使一般人感到太高，以致实行不了。在本质上，孔子的学说很像存在于欧洲18世纪"绅士"的陈旧理想。我只要引证孔子说过的一句话就能说明这一点：《论语·八佾》中有"君子无所争，必也射乎！揖让而升，下而饮。其争也君子"。

正像每一个道德说教者所要做的，孔子讲了许多关于义务和德行等问题，但他绝不强迫人去做任何违反自然和自然感情的事。下述谈话可以说明这一点：《论语·子路》中有叶公语孔子曰："吾党有直躬者：其父攘羊，而子证之。"孔子曰："吾党之直者异于是：父为子隐，子为父隐，直在其中矣。"

孔子在一切事情中都是取其中的，即使在德行上，也是如此。他不认为我们应该以善报恶。有一次人家问他："你觉得以善报恶的原则怎么样？"他回答道："那么，你对于善如何报答呢？所以你还不如以不正直报不正直，以善报善。"以善报恶的原则这是由孔子同时代的中国道家提倡的，道家学说比孔子学说更类似于基督教的学说。道家创始人老子（他被认为比孔子年长一代）说："对于行善的人我是善的；对于不善的人我也是善的，其目的为了使他们善。对于诚实的人我以诚待之，对于不诚实的人我也以诚待之，其目的是为了使他们能变诚实。即使某个人是不好的，怎么能说抛弃他是对的呢？要以仁慈来回报别人对我的危害。"老子有些话同马太福音中耶稣登山训中有些话惊人地相似。例如，老子说："曲则全，枉则直，洼则盈，弊则新，少则得，多则惑。"被看作国家圣人的不是老子而是孔子，这正是中国的特点。道教虽然保存下来了，但主要做为法术流传在没有受过教育的人中，它的学说，对于统治这个帝国的有经验的人来说似乎是虚无缥缈的，而孔子的学说明显地被看作可以避免社会阻力，巩固统治的工具。老子宣传一种无为的学说，在《道德经》中，他说："故取天下者，常以无事；及其有事，不足以取天下。"然而中国的统治者自然欢喜孔子的自制、仁爱和礼让这些格言，如果把它们同更为强调的善结合起来，这正是明智的统治者所做的。在中国绝不会像现在所有白种人的国家那样，同时存在两种伦理体系，一种是理论上的，另一种是实践上的。我的意思并不是说，中国人都是按照他们自己的理论去生活，而是说他们都企图如此去做，而且也希望别人也如此去做。但在信仰基督教伦理学的国家中，基督教伦理中很大一部分被普遍地看作对于这个罪恶的世界来说是太好了，以至于不能达到。

事实上，我们有两种并存的道德：一种是我们宣传但不实行的，一种是我们实行的但口头上很少宣传的。基督教像摩门教之外的一切宗教一样，起源于亚洲。在最初的几个世纪中，它也强调个人主义和具有亚洲神秘主义特点的来世。从这个观点来看，不抵抗的学说是可以理解的。但是当基督教成了强有力的欧洲君主的名义上宗教时，他们发现必须作出修改，有的原文不能按字面来解释，如"把君主所有的东西归与君主"，受到大大的欢迎。今天，在竞争的工业制度影响之下，稍微谈到不抵抗学说也会受到藐视，所有的人都被期望去努力实现自己的目的。

实际上，道德就是通过奋斗取得物质上的成功。这种道德既适用于国家，也适用于个人。除此之外的都是软弱和愚蠢的。

中国人既不采用我们理论上的伦理学，也不采用我们实践上的伦理学。在理论上，他们也承认在有些情况下采用斗争是正确的，但他们认为在实践上，这些情况是很少出现的。而我们认为正好相反，在理论上没有什么情况认为采用斗争是正确的，但在实践上，这些情况是十分常见的。中国人虽然有时有战争，但他们不是一个好战的民族,并不称赞战争中或事业上的战胜者。首先,根据他们的传统,他们称赞的是学问,而不是别的;其次,与学问常常联系在一起的是他们称赞文雅和礼貌。在过去,中国把行政职位授予竞争考试中得胜的人。自隋、唐以来,采取科举取士制度,因此在过去两千年中,在中国没有世袭的贵族——孔子家族算是唯一例外,他的每代家长都封有爵位。中国古代的所谓学问是很狭窄的,它只包括对中国古典及其公认的注释的绝对无批判的研究。在西方的影响下,中国人才开始懂得地理学、经济学、地质学、化学等比起从前的道德说教更实用的东西。年轻的中国人都承认现代文明的价值,而且也许很难再对老的传统抱有足够的尊敬。然而,大多数现代的人,除少数例外,仍保留着中庸、礼让和一种温和的气质。这些品质再经过几十年西方化和日本的影响是否还能保留下来,是值得怀疑的。

用一句话来概括一下中国和我们的西方的主要差别:他们的目标是享乐,而我们的目标是权力。我们喜欢的是支配别人的权力和支配自然的权力。为了前者,我们建立了强有力的国家;为了后者,我们创立了科学。中国人对这些事太懒也太好脾气了。但是,说他们懒,这只在某种意义上是真的。他们不是像俄国人那样的懒,这就是说,他们为了生活愿意努力工作。劳动雇主会看出他们是非常勤劳的。但他们不愿意像美国人和西欧人那样,仅仅因为不工作就会感到厌烦,也不是因为要满足自己好动而工作。当满足了生活所需,他们就以此为乐,不再想通过艰苦工作来改善生活了。他们具有极大的做清闲娱乐的能力——看戏、清谈、鉴赏古代艺术品或在优美的环境中散步。按照我们的想法,这种消磨一生时光的方式,有点太轻松乏味了,我们更敬重那种整天跑办公室的人,即使他在办公室里所做的一切都是有害的。

也许居住在东方的白种人,会受到腐化的影响。但我必须承认,从我认识中国之后,我就把懒惰大体看作是人们所能得到的最好品质之一。我们虽然可以靠奋发的精神去完成某些事情,但人们可能会提出疑问,从各方面来考虑,我们完成的这些事情究竟是否有价值。在机器制造方面,我们已经表现出惊人的技术,其中一部分用于制造轮船、汽车、电话以及其他在紧张工作中过奢侈生活的种种工具,而另一部分用于制造枪炮、毒气及飞机，以便从事大规模的相互残杀。我们已有了最好的管理和税务制度，其部分是服务于教育、卫生和其他有用的事，而其余部分则是服务于战争。在今天的英国，国家收入的大部分是用于过去和未来的战争，只有剩余的一点才用于有用的事情。在欧洲大陆的许多国家，国家收入用项的比例情况比英国更糟。我们已有了从未有过的那么好的警察制度，它的部分职能用于侦破和防止犯罪，而部分职能却用于监禁所有抱有新的积极的政治理想的人。在中国直到最近为止，绝没有这些事情。

如果把普通中国人的实际眼光同普通西方人的实际眼光相比，人们立即会发现两点明显的不同：第一，中国人并不称赞活动性，除非这种活动是为了成就某种有用的目的；第二，他们并不认为道德就是要抑制他们自己的冲动和干涉别人的冲动。第一点我们已经做了讨论，第二点也许同样是很重要的。著名的外籍中国学者基尔士教授在吉福尔特讲演"孔子学说和它的敌对者"时最后曾说，在中国阻碍传播基督教教义取得成功的主要是原罪学说。我们生来全都是就带着罪恶的，这种罪恶应该受到永久的惩罚。如果说这种罪恶只适用于白种人，中国人也许不难接受这种学说，但当他们听说自己的父母和祖宗正在地狱中受惩罚，他们就会大怒了。孔子教导说，人是生而性善的，如果他们后来变坏了，那是由于坏人和恶习的影响。这种和传统的西方正统教义的区别深深地影响着中国人的看法。

在我们中间，那些被看作是道德的先知先觉者，是那些抛弃了自己的日常愉快和用干涉别人的快乐来寻求补偿的人。在我们的德行概念中，有一种适合爱管闲事的活动范围，这种态度就来自原罪概念。它不仅引导人们去干涉别人的自由，而且也使人变成伪君子，因为这种因循的标准，大多数人实行起来太困难了。在中国情况就不是这样。这里，道德训诫是肯定的而不是否定的。作为一个人，对父母要尊敬，对子女要慈爱，对穷亲戚要慷慨，对一切人要有礼貌。这些不是很难的义务，而是大多数人实际上所能做的。总的来看，中国人的这些道德标准，也许比起我们西方大多数人所不能做的较高的道德标准要更好一些。

没有原罪概念造成的另一个结果是，比起西方人来，人们更愿意把自己的不同意见诉诸证据和理由。而在我们西方人中间，不同意见很快会变成"原则"问题：每一边都认为对方是罪恶的，而且认为稍有让步就等于参加了对方的犯罪活动。这就使得我们中间发生的争论总是激烈的，而且实际上很容易使用武力。在中国，虽然也有爱动武的军人，但没有人认真听他们的，就连他们的士兵也这样。他们打仗也几乎是不流血的，因此，他们造成的危害也比我们知道的西方发生的比较激烈的战争要小得多。大多数中国人，包括民政管理人员在内，尽力做他们的事情，就好像那些当官的和他们的军队不存在一样。在日常生活中，发生争论常常靠某个第三者的调节来处理。互让被人们看作是原则，因为为了顾全双方的面子，这是必要的。关于顾全面子，虽然其中有些做法使外国人感到可笑，它却是中国人最宝贵的风俗，它使得中国人的社会生活和政治生活比西方更少具有残忍性。

在中国的思想体系中只有一个严重缺点，那就是，它不能帮助中国对抗好战的国家。如果整个世界都像中国这样，那么整个世界就会幸福，但是只要其他国家喜欢战争和尚武，那么已不再闭关自守的中国人，如果要保持他们的国家独立，将不得不在某种程度中去模仿我们的恶行。不过，我们别以这种模仿将会成为一种进步的话，来奉承我们自己了。

十九、善人做恶事

　　一百多年前,有一位哲学家,名叫杰里米·边沁,一般人都认为他是一个很坏的人。记得第一次知道他的名字时我还是个孩子。从尊敬的美国天主教宣教士悉尼·史密的一篇文章中我知道,边沁认为人们应该用他们死去的祖母来做汤吃。这种做法无论从烹饪的观点还是从道德的观点来看当然都是不可取的,因此我对边沁没有好感。但经过很长时间之后,我发现边沁的这种说法,纯粹是一句轻率的谎言,那是有身份的人为维护道德而存心说的。同时,我还发现,真正击中边沁要害的罪名是:他把"好人"定义为就是做好事的人。对于这个定义,公正的读者不难看出,它会破坏一切真正的道德。康德的观点比这要高明得多,他的定义是,凡出于对受益者的爱而产生的仁慈行为不是道德的行为,只有由道德法则支配的行为才是道德的行为。显然,道德法则同样也会引起不仁慈的行为的,我们知道,德行的实践应是它自身的报酬。由此似乎可以得出结论:对施行道德行为的人容忍,就是对它自身的惩罚,因此,康德是一个比边沁更伟大的道德学家,并受到所有自诩为了道德本身而爱道德的人的拥护。

　　边沁的确实践了自己关于好人的定义:他做了很多好事。19世纪当中的40年,是英国迅速发展的年代,无论在物质上还是精神上和道德上都是如此。这个时期出现了改革运动,它使英国国会成为中等阶级的代表,而不像以前那样是贵族的代表。这个运动是英国走向民主政治最艰难的一步,紧跟着其他重要的改革,例如在牙买加废除奴隶制等也都迅速地得到发展。这个时期对小偷小摸的惩罚是绞死。然而,不久死罪只限于那些犯谋杀和严重叛逆罪的人了。曾使食物昂贵,以致使人民严重贫困的有关英国国内外谷类贸易法,在1846年被废除了。1870年实行了强迫教育制。现在人们普遍诋毁维多利亚的时代,然而,我倒希望今天能有那时记录下来的一半好处也就行了。这几十年中英国取得的进步,很大一部分应归功于边沁的影响。我们可以毫无疑问地说,在20世纪后半期,生活在英国的人,如果不是生活在英国,那会更幸福。边沁关于好人的定义是十分浅薄的,然后他就以此作为自己进行活动的准则。今天,在开明的时代里,我们都能看出这种观点是多么荒谬,但它却可以促使我们重新检查一下否定像边沁这样低贱的功利主义的理由。

我们全都明白,平时我们所说的"好"人是什么含意。理想的好人是不喝酒、不吸烟、不说秽话,在同男人见面谈话时,如同和妇女谈话一样,定期去教堂做礼拜,对一切问题持公正态度的。好人对犯罪具有正常的厌恶,并且知道申斥罪恶是我们的艰难义务。好人对错误的思想更为厌恶,并且认为当权者的本分是保护民众,好人对本身的职业是勤勉的,在职业本分之外,他还花费很多时间做好事:他可能去鼓励爱国热情和军事训练;他可能去促进工资劳动者和他们子女的勤劳、节俭和德行,并告诉他们说,在这些方面疏忽会受到应有的惩罚;他可能去做一个大学的评议员,阻止聘任有危险思想的教授这种决断失当的事情。当然除了这些之外,最要紧的是,他的"道德",必须是无可非议的。

人们可能会提出疑问,上述所说的"好"人,一般说来,是否比"坏"人会做出更多的好事。所谓"坏"人,我指的是恰好同我们上面描述的好人相对的人。因此,所谓坏人就是指爱喝酒、爱吸烟的人;是指当有人踩了他的脚趾他就破口大骂的人,他所说的话我们并不都能说出口;他常常把晴朗的星期天花费在郊游上,而不去做礼拜;他的意见有些也是有危险性的;例如他也许会这样想,如果你希望和平,你就应该去从事和平的准备,而不是战争的准备;对于错误的行为,他采取一种科学的态度,他认为说教和监禁不能治疗犯罪,就如同不能修补一条坏轮胎一样;对于错误的思想,他更是任性,他认为所谓"错误的思想",就是思想本身,而所谓"正确的思想",就像鹦鹉学舌;他在工作时间之外所从事的活动可能只是享乐,甚至更坏,是对可以防止的作恶激起不满,这种作恶本来是不妨碍有权人的安乐的，所以他们不加阻止；还有一点也是可能的，那就是在"道德"问题上，他不能像一个真正有道德的人那样细心地掩饰他的过失，他为自己辩护靠的是固执的争论，即诚实的人比假装好人的样子要更好。凡具有上述各方面中任何一种或几种情况的人，就会被平常有身份的公民看作是不好的，而且不允许这样的人去担任任何有权力的职位，像法官、行政长官或学校里的教师。因为这样的职位只能由"好"人担任。

上述种种情形多少带有点现代化。它存在于英国是在克伦威尔时代清教徒当政之时，后来又随着清教徒转到了美国。直到法国大革命时，它在英国重新得势，因为它被人们看作是反对法国大革命时雅各宾主义（即我们现在所说的激进主义）的最好工具。华兹华斯的一生就说明了这种变迁。在年轻时，他同情法国大革命，并到法国去写下了许多好诗，还养了一个私生女儿，此时他是一个"坏"人。后来他变成"好"人，遗弃了他的女儿，采取了正确的原则，写下了坏诗。19世纪初期最有影响的英国诗人和思想家柯勒律治经历了同样的变迁：当他是一个坏诗人时，他写了"忽必烈汗"；当他写神学时，他已变成好诗人了。

很难想到当一个诗人写好诗时，他就是好人的例子。但丁由于颠覆性的宣传而被放逐；莎士比亚由于写了十四行诗，美国移民局官员不允许他在纽约登陆。作为"好"人的根本一条是要拥护政府，所以，英国诗人弥尔顿在克伦威尔统治时期是好人，而在这前后则是坏人；但正是在这前后他写诗的。事实上，他的诗大多是在他惊险地逃脱被看作是一个激进派而判处绞刑之后写的。英国玄学派诗人散文作家多恩，也是在成为圣保罗学院院长之后而成为有德行的人，但他的诗都是在这之前写的，而且正由于这些诗，他的任命引起人们的非议。英国诗人、批评家写有许多歌颂自由的诗篇的斯温伯恩，年轻时是坏人，当时他写了"日出之前歌"赞颂那些为自由而斗争的人，在他年老时，他成为一个有德行的人，写下了疯狂攻击有荷兰血统的南非波尔人为反对别人侵略、维护自己自由的诗。上述例子足以说明，现在流行的德行标准，同好诗的产生是对立的。

就其他方面来看，这种情况也是如此。我们都知道伽利略和达尔文是上面所说的坏人；斯宾诺莎直到死后100年，一直被看作是可怕的坏人；笛卡儿由于唯恐受迫害而逃往国外。文艺复兴时几乎所有的艺术家都是坏人。至于对较低贱的人来说，可以说凡反对可阻止死亡的人必然是坏人。我住在伦敦的一角，那里有的人很富有，有的人却很穷。那里的婴儿死亡率非常高，而富人靠着贿赂和恐吓，控制着地方政权。他们使用权力削减用于婴儿保健和居民健康的经费，并用不足标准的费用聘请一个医生，条件是让他只把一半时间用于工作。在那里谁也得不到这些重要地方长官的尊敬，除非他承认富人的精美午餐比穷人孩子的生命更重要。类似这种情况，就我所知道的，在世界各地都一样。这就说明了，我们可以简化关于所谓好人的条件：一个好人就是拥护掌握权力的人，他的意见和活动都是为了取悦于他们的。

　　论述那些在过去不幸卓有成就的坏人，这使我们未免太痛苦了。现在让我们转到对善人作比较愉快的评述方面来。

　　一个典型的善人是乔治三世。英国政治家当皮特请他去解放天主教徒时他不答应，理由是这样做将违背加冕礼时许下的誓言。他理所当然地回绝了有关解放天主教徒是做好事这种理由的迷惑。然而对他来说，问题不在于是否做了好事，而在理论上这是否"正确"。他对政治的干预主要是对唤起美洲独立要求的旧制度负责任。但他的干预常常是由最高尚的动机所驱使。同样的情况也可以从前德国皇帝威廉二世为例。他是一个宗教观念很深的人，直到他下台之前，他还真挚地相信，上帝站在他一边，而且据我所知他完全摆脱了个人的恶行。然而，就他所加害于人类的灾难来说，在今天也没有人能超过他。

　　在政治家中，好人有他们的用处，这主要就是制造烟幕，以便使别人能在其背后进行他们的活动，而不致让人怀疑。好人是决不会怀疑他的朋友搞背后活动的：这正是好人之所以好的一面。好人也决不会被别人怀疑利用他的好名声去掩护坏人的：这正是好人有用的一面。很清楚，这两种特点结合起来会使好人特别受欢迎。无论在哪里，只要有心胸狭隘的民众反对把公共财产转到有资格的富人手中，就需要好人。我曾听说距今不远有一个美国总统，是一个好人，他就被人利用去达到这个目的。在英国，怀特卡·莱特在享有很高名声时，被一些无可指责的贵族包围，他的品德使他们不能了解他的打算，或者他也不知道他们并不了解他的打算。

好人的另一个用处，便是能用诽谤中伤把任何不受欢迎的人赶出政治舞台。99%的人是违背这种道德律的，但一般说来这件事不会公布于众。当99个人中有一个人这样做时，那100个人中唯一真正无罪的人会表现出真正的恐怖，而其他98个人将被迫跟着这样，以免被怀疑。因此，当任何一个令人讨厌的人冒险投身于政治之中，那些仍保留古人旧信念的人，只需要跟踪此人的私人活动，直到发现一些问题，如果把这种问题公布出来，那就将毁灭此人的政治生涯。这之后他们面前有三条路：第一是公布这些事实，使他在群众的谩骂声中渐渐消失；第二是用揭发出来的事实诽谤他，迫使他退回到私生活中去；第三是用勒诈的手段为他们自身求得一份满意的收入。这三条中前两条是保护社会的，而第三条是保护那些保护社会的人。因此，这三条都是可称赞的，而且只有在有好人的情况下，才有可能成立。

其次，让我们研究一下像性病这类的问题。大家知道，这种病几乎全都可以靠适当的预防来防止，但是由于好人的活动，有关这方面的知识尽量减少了传播，而且在应用其预防措施时又被设置了种种障碍。因此，罪恶仍受到其"固有的"惩罚，儿童仍由于其父的罪恶而被人们嘲笑，这同圣经的信条正相一致。如果情况不是这样，那将是多么可怕！因为，如果罪恶不被惩罚，那就可能会有人堕落到胡说世上不再有罪恶的地步；而如果惩罚不会降落在无罪的人身上，那就看不出它是如此可怕的了。所以，我们应该如何感谢那些好人，他们使得自然所规定的那些因果报应的严厉法则，在今天无知的时代里仍然起作用，尽管同科学家轻率获得的不虔诚的知识不一致。所有思想正确的人都知道，一种坏的行为就是坏的，完全不必考虑这种行为是否会使做出这种行为的人受苦。但是，由于人们并不是全都能够受纯粹的道德律所指引，所以为了获得美德，认为痛苦是由罪恶引起的这种说法就很值得称赞。一定不能让人们知道逃避因犯罪行为而引起的惩罚方式，而这些惩罚方式在前科学时代那是被认为必须拿来惩罚犯罪行为的。当我想起没有一批好人如此仁慈地替我们做这种防止危险知识的灌输的事情，我们大家都能知道多少有关保持身体上和精神上的健康的知识时,我真为之不寒而栗。

好人有用的另一种途径,是使自己被杀害。德国得以侵占中国山东省的利益,就是由于碰到两个传教士在那里被人杀害了这种好运气。第一次世界大战前的奥国皇太子在南斯拉夫的萨拉热窝被杀情况也是如此,我相信,这位大公是一个好人。我们应该如何感激他啊!如果他不是如此,我们就不可能有第二次世界大战,世界也就不能由于有了民主而感到安全,军国主义也就不能被推翻,我们也就不能像现在这样在西班牙、意大利、匈牙利、保加利亚、俄国享有军事专制制度。

说得严重点,今天被社会上普遍承认的"善"的标准,不是那种使这个世界成为幸福之地的标准。原因很复杂,其中首要的就是因袭传统,其次就是社会上统治阶级不公平的权力。原始道德似乎出自于戒律观念。这就是说,就其起源来看,它完全是迷信的,而且是根据用魔术手段制造出一些灾害作为虚构的理由,禁止人们去做某种完全无害的行为。按照这种方式,后来就产生出种种禁令,直到人们忘却了得出这些禁令的虚构理由,这类禁令也就一直在人们的感情中保持着权威。今天有很大一部分道德仍是属于这一类的:某种行为使人产生恐怖情绪,完全不管这些行为是否产生坏的影响。人们曾经认为,被谋杀者的血力求报仇,而且可能不仅施于犯罪的人,也施于对这个犯罪的人表示仁慈的任何人。关于谋杀禁条的迷信性质可由下列事实看出,即血的罪恶可以用一种仪式祭礼来洗涤,这在最初就是使谋杀者化装起来,使被杀者的鬼魂不认识他。至少英国人类学家、民俗学家弗雷泽爵士的理论就是如此。当我们把今天忏悔说成是洗去旧恶时,我们就是应用一种暗喻。这种暗喻来自很久以前,人们实际上使用冲洗的方法来洗去血的污染。像"犯罪"和"罪恶"这些概念有一种感情上的背景,这就是同远古时这种根源有着紧密联系。

今天流行的伦理学是一种迷信和理性主义的奇怪混合。谋杀是一种古代罪名,因为我们是通过时代久远的一种恐怖的迷雾来看待它的。伪造签字是一种现代罪名,因此我们是合乎理性地看待它的。我们惩罚伪造签字的人,但我们并不把他看作是谋杀者之外的奇怪人。不管我们在理论上可能持何种观点,但在社会实践上,我们仍然认为，德行在于不去做什么，而不是去做什么。凡是不去做标上"罪恶"记号的行动的人就是好人，即使他永远也不去做任何有益于增进别人幸福的事。当然，这还不是新约福音书中教诲的态度："爱你的邻人就像爱你自己一样"这样一条积极的训诫。但是，在一切信奉基督教的社会中，遵从这条训诫的人受着虐待，他们至少在受穷，常常受监禁，有时不免一死。这个世界充满着不公正，而那些靠不公正而得到好处的人却处在掌管赏罚的地位。对那些为社会不平等发明出巧妙论证的人，他们给以奖赏；对那些试图纠正这种不平等的人，他们给以惩罚。我不知道在世界上哪个国家中，纯真地爱他邻人的人能始终不受污辱。

那些为传统道德辩护的人，有时也承认它并不完善，但他们认为对传统道德的任何批评都会使它全部崩溃。其实如果这种批评是建立在某种积极的、建设性的基础上，这种情况是不会发生的；但如果这种批评是以一时的高兴为目的，那就不然了。让我们回过头来再说说边沁，他主张道德的基础是"最大多数人的最大幸福"。一个按照这条原则行动的人，要比那种仅仅服从因袭训诫的人生活得更艰苦。他必然会使自己成为为被压迫者而奋斗的人并因此而招致大人物的敌视。他将会把有权力的人想要掩盖的事实揭发出来，他将会抗拒把同情和需要它的人们分隔开来的种种骗人的计谋。这样一种生活方式不会导致纯真道德的瓦解。官方的道德常常是压制的和否定的：它只会说"你不行"，而不去研究一下不为法律禁止的活动的效果。所有伟大的神秘主义者和宗教大师对这种道德都进行过抗议，但都没有结果。他们的信徒不愿听他们最明白的声明。因此，从他们的方法中不能产生改良。

我认为希望更多的还是来自理性和科学的进步。现在人们已逐渐认识到，在仇恨和不公平的基础上建立起来的世界，绝不会是一个最适合产生幸福的世界。上次世界大战已经把这个教训告诉了少数人，如果它结果不分胜负，那它就会把这个教训告诉更多的人。我们需要的是建立在热爱生活、为成长而高兴和为肯定的成就而高兴的基础上的道德，而不需建立在压制和禁止基础上的道德。一个人，如果当别人幸福时，他是幸福的、胸襟宽阔的、慷慨的和高兴的，那么他就是

"好人"，而且别人一些小过失就会被他看作无足轻重的。但是，对于那种靠残酷和剥削手段而发财的人，我们将以看待一个"不道德的"人的眼光去看待他，即使他经常去做礼拜和把财产用于公众事业。为了做到这一点，只需要对群众灌输一种对伦理问题的合理态度。在今天，理性的力量已被认为是很小的，但我依然自认为是一个死不改悔的理性主义者。理性也许是一种微小的力量，但它是永恒的，而且总是朝着一个方向。而非理性的力量则毁灭于相互无益的争斗之中。因此，非理性的每一次喧闹其结果都是增强理性的朋友的力量，并重新表明只有他们才是人类真正的朋友。

二十、自由的环境

在群居于社会的人类中，自由能够达到什么程度？什么程度又是最适宜的？这就是我想讨论的总题目。

我们先从定义讨论。"自由"这个词，被用在多种意思上，所以要使我们的讨论成功，必须先确定我们是在哪种意思上使用它的。

从最抽象的定义来说，"自由"就是指没有外部的障碍来阻止实现我们的意愿。因此从这抽象意义上来看，自由可以通过两条途径来扩大：增长能力；缩小欲望。对于人类来说实现自由也是可能的。有一个已成为共产党员、红军军官的年轻俄国贵族曾向我解释说：英国人不像俄国人那样需要一件物质上的拘束狂人行动的紧衣，因为他们有一种精神的紧衣，他们的灵魂运动始终被拘束着。他说的也许有些道理。在陀思妥耶夫斯基的小说中的人物固然不像真正的俄国人，但无论如何，这些人只能由俄国作家创造出来。他们有各种各样奇特而又强烈的愿望，这些愿望是普通的英国人所没有的，显而易见，那种人人都想谋杀他人的社会是不会像那人人都渴望和平的社会一样有自由的。因此，改变人们的欲望可以获得自由，而且并不比增长能力所获得的自由差。

这种考虑说明了一种政治思想所不能满足的必需品，我的意思就是指那种可以叫做"心理学上的动力学"的必需品。把人类本性看作是政治活动中的一个论据，并认为它是同外界环境相适应的这种说法太普遍了，以致无需说服人们接受这种观点。外部环境却改变着人类的天性，而这两者之间的和谐又是它们相互间的作用所要求的。一个人如果突然从一种环境陷入另一种环境，一定会失去自由，当然这种新环境也许会给那些适应它的人一些自由的。因此我们不能孤立地讨论自由，而不去考虑因环境改变而引起人的欲望改变的可能性。有时候，新的环境会使自由更难以达到，因为一种新的环境，虽然能使旧的欲望满足，但还会带来一些新的欲望不能满足，这可以拿工业主义所产生的心理方面的影响来说明。在近代的发展中，工业主义已给人们带来的许多新的需求：一个人也许会因买不起一辆汽车而伤脑筋，但过不了很久，我们就会都希望有一架私人飞机。一个人也许还会为了非意识的需求而感到不满意。例如，当今美国人都需要休息，但他们自己并未意识这一点。我相信这可以作为解释美国犯罪率上升的一大理由。

虽然人们的欲望各不相同，但也有一些几乎是普遍性的基本需要，如饮食、健康、衣服、住房、性欲以及做父母的欲望，这些都是一些主要的需要。无论自由中还包含什么，一个人如果被剥夺了以上几项最低限度的需求，必定失去自由。

这样，我们就引入了"社会"这个名词。很显然，以上所说的人类几种最低限度的自由在鲁宾逊·克鲁索生活的荒岛上是难以获得的，而在一个社会中，是比较容易得到的。至于性欲和想做父母的欲望本质上就是社会性的。也许有人会将"社会"解释为是为了一个共同的目标而结合起来的人类集团。就人类来说，最根本的社会集团就是家庭。经济的社会集团成立得很早。至于为了战争而共同合作的集团，则显然不像以上两种那样带有根本性。在现代世界中，社会结合的主要动机就是经济和战争。现在我们几乎都能满足各自物质上的需求，但如果我们一直维持着家庭与部落，而不去发展出更大的社会单位，就不会那么容易满足了。从这个意义上来说，社会增加了人类的自由。也有人认为，一个有组织的国家，会减少我们被敌人杀害的危险，但这种说法是有疑问的。

当然，我并不想否认社会的合作有一种本能的基础，即使在最文明的集团中也是这样的。人们都希望相互之间就像邻居一样，希望自己受到他人的爱戴，他们总爱模仿他人，并且要靠他人的提示去赶时髦。可是，当人们变得更加开化时，这些因素似乎会减弱人们的力量。他们对儿童的影响要比对成年人的影响强烈，对于智能最低的人尤其具有最大的影响。因此，社会合作越来越趋向于依靠人们对于合作的利益的理性认识来维持,而不再依靠那个意义极为广泛的名词,即所谓合群的本能。在野蛮人中,不会产生个人的自由问题,因为他们并不感到需要自由。个人的自由问题产生于文明人中间,而且文明程度越高,这个问题也就越迫切。同时,政府给人们生活制定的各种规章制度正在不断增加,因为人们越来越清楚政府可以帮助他们消除物质上的障碍。由此看来,社会中的自由问题将会越来越迫切,除非我们不再发展文明。

当然,自由的增长是不能仅仅依靠政府权力的减小来实现的。一个人的欲望与他人的欲望常常是不相容的,所以说所谓无政府状态,就是强者获得自由,弱者沦为奴隶。如果不存在政府,那么地球上的人口将很难达到现在的1/10。人口增长的障碍,主要是饥饿和婴儿的夭折。我们应当思索的问题,不在于不要政府,而在于如何在自由受最小程度的干预中保证它的好处。这就意味着使物质的和社会的自由达到一种平衡。说得粗浅一点就是,为了食物更加充足,身体更加健康,我们应准备承担多大程度的政府的压力。

关于这个问题的答案,事实上,常常转变为另一个极简单的问题:是我们取得食物和健康呢,还是他人取得?处于敌人包围中的人或是1917年的英国人,都认为对于无论何种程度的政府的压力,都情愿忍受。因为他们都清楚地知道,当时政府的压力,是对任何人都有益处的,但当有的人处于政府的压迫之下,而其他人能获得食物时,问题就完全不同了。这情形就达到了介于资本主义和社会主义之间的争论。那些资产阶级的拥护者很容易诉诸那条神圣的自由的原理,这个原理的内容包含于下面这句格言中:幸运的人对不幸的人实行专制时,不应受到任何限制。

纯粹放任的自由主义,就是以这条格言为根据的,我们千万不可将它与无政府主义混为一谈。这种自由主义为了防止那些不幸的人的谋杀行为和武装暴动,便要乞求得到法律的保护,当它有了充分的胆量时,还要反对工联主义。自由主义就以这些政府最低限度的行动作为出发点,依靠经济实力去完成其余的任务。这样的自由主义认为,一个雇主对他的雇员说"你将会饿死"这样的话是对的,而雇员如果回答说"你将吃枪弹,比我们先死"就是不对的。其实,除了书呆子的舞文弄墨以外，在这两句恐吓语中划出界限来显然是荒谬可笑的。这两句话都侵犯了个人最基本的自由，因此我们绝不能说哪一句话更厉害。这种不平等的情形，不是只在经济领域才有的，在今日的社会中，丈夫对妻子、父亲对儿女的专制，也都要求用这条神圣的原则来证明。但我们却不得不说自由主义是有减少前一种专制的倾向的。至于父亲对于儿女的专制，也就是强迫儿女去工厂做工的事情，倒不管自由主义的意见如何，已经减少了。

社会对于个人自由的干涉应达到什么样的程度？这种干涉的目的是什么？

在我们着手讨论之前，我应说明：对于最低限度的自由的要求，应当首先得到满足，这个最低限度是生物学上的生存，也是繁衍子孙所必不可少的。为了保证一个人的基本需要，难免使他人丧失安逸舒适的做法是无可非议的。这种做法在政治上也许没有什么好处，在经济上，在一个指定的集体的某一指定时期内，也许是不能实行的，但是就自由的根据来说，它是不能否认的。因为剥夺一个人的基本需要这种对自由的干涉，比起阻止一个人，不让他囤积多余的物品来说要厉害得多。

但是如果同意了这一点，那就会使我们走得很远。例如，拿健康问题来说，在伦敦议会的选举中，一个重要的问题就是，要拨出多少公款用于群众的健康、产妇的保护、儿童的幸福等。统计资料表明，用于这些方面的钱对于保全生命来说是很重要的。然而在伦敦的每个区中，那些富人联合起来反对增加用于这方面的资金。而且，只要有可能，他们就极力主张削减用于这方面的资金。这就是说，富人们准备把千千万万的人民都判死刑，以保证他们自己继续享受丰盛的筵宴、豪华的汽车。而由于那些富人几乎控制了所有的印刷品，因此，他们掩盖事实，不让那些身受其害的人知道真相。更有甚者，凭着用精神分析学家所熟知的方法，他们甚至连自己都不知道事实的真相。他们的举动并不奇怪，这是各个时代的一切贵族都采取的统治方法。而我所说的只不过是，他们的这种举动并不能用为了自由来做辩护。

我不想讨论关于性欲和做父母的欲望这两种权力。在这里，我只需声明一句，那就是如果一个国家男女人数很不平衡，那就很难获得性欲的权力。而基督教禁欲主义的传统又产生出一种很不幸的影响，使人们对于这种权力，不像对食物的权力那样愿意承认。政治家们由于没有时间去了解人类的天性，所以对于平常男女的欲望毫无所知。无论哪一个政党，如果其领导人懂得一点心理学，那就能够治理国家了。

一个团体为了求得全体的生理需要而干涉个体的这种抽象的权利，我是承认的。但是对于一个人不是靠牺牲别人而能获得的那些方面，我不承认有权干涉。在一个团体中，大多数人是厌恶某些意见的，这种事实并没给这些大多数人干涉持此意见的人的权利。如果某一团体中大多数人不想知道某一事实，那么他们也没有权利去干涉那些想知道事实的人。我认识一位女士，她写了一部长篇巨著，所描写的是得克萨斯州的家庭生活。我认为这本书在社会学上是极有价值的，而英国的警察则认为任何人都不应知道任何事情的真相，因此他们认为通过英国邮局来寄这本书就是违法。谁都知道对于那些受到精神分析学家治疗的精神病病人，只要让他们回忆起那些埋藏在记忆深处的事实，就会医治好他们的病症。我们的社会，从某些方面来看，就和那些精神病病人一样，然而它不但不接受治疗，反而将那些帮助它回忆事实，并引起它注意的医生们幽禁起来。这简直是对自由的一种干涉。

到此为止，我说的都是有关对自由的干涉可证明的限度的纯粹抽象的讨论。下面我要讨论的将偏重于心理学方面。

我们已经说过，自由的障碍有两种，即社会的和自然的。假如社会的障碍和自然的障碍，对于自由造成的直接损失是一样的，那么社会的障碍将更为有害，因为它将带来怨恨或不满。例如，一个男孩想爬树，如果你不让他爬，他就会大发雷霆。然而，如果他发现自己确实没有能力爬上去，那么他也就会默认是自己能力的问题。为了避免人们的怨恨情绪，最好让人们去做一些本身有害的事情。如在疫病流行时让人们到教堂去做礼拜，政府为了避免人们的不满情绪就把一切灾祸的祸根都归于大自然。反对党为了挑拨矛盾，就说这些灾祸都是人为的。当面包价格上涨时，政府就会解释说粮食收成不好，而反对党则说是因投资商们为了牟取暴利。由于近代工业主义的影响，人们越来越相信人类是万能的，他们都认为人类免除自然灾害的能力是无限的。社会主义信仰这种观点：人们不再相信贫穷是上帝给予的，而是人类愚蠢和残暴的结果。这就自然地改变了无产阶级对其"前辈"的态度。有时相信人类是万能的可以走得很远，许多社会主义者，包括刚刚卸任的卫生大臣，显然认为在社会主义制度下，人人都能得到丰盛的食物，即使人口大大地增加，甚至增加到地球表面都被房子覆盖住。这种想法恐怕是夸张的。但不管究竟如何，在问题不能得到圆满解决时，近代关于人类万能的信念，增加了人们的怨恨情绪。因为，人们已不再将所遇到的灾祸归于上帝或自然，虽然有时确实是非人类所能防止的。这就使得当今社会比以前更难以统治，而现在的统治阶级倾向于变得带有异常的宗教性的原因，就是他们希望受害者将其所遇到的灾难都归于上帝的意志，以减轻他们的怨恨之心。这就使对人们自由的最低限度的干涉，比以前难以得到证明，因为虽然《泰晤士报》还在天天登载传教士的来信，力图恢复这一旧时的计划，这种干涉也无法再以永久不变的法律为掩护了。

除了人们对于那种干涉社会自由的做法怀有怨恨之情外，还有另外两个原因也使这些干涉不受人们的欢迎：第一，人们不希望他人获得幸福；第二，人们不知道他人的幸福包含什么东西。也许在本质上，这两个理由是可以合二为一的，因为当我们确实希望别人获得幸福时，我们就会知道他们需要什么。无论如何，人们对于他人的迫害，不管是出于恶意还是出于愚昧无知，实际的结果都是一样的。因此我们可以将两者合而为一，从而断言难以找到一个人或一个阶级可以信赖而将别人的幸福托付于他，这自然是替民主辩护的理由。但所谓民主，在一个现代的国家中，是不得不通过官吏去执行的。因此，在与个人有关的场合中，民主仍是间接的、遥远的，在官吏身上，有一种特殊的危险，就是他们常常是心安理得地坐在办公室中，脱离他们所统治的人民。我们可以拿教育为例。就一般的情况来说，老师们由于与孩子们经常接触，就能够理解孩子，关心孩子，但老师自身却受到毫无实际经验的官吏的统治。在这些官吏的眼中，孩子们只不过是一群令人讨厌的小家伙，因此官吏对于老师自由的干涉常常是有害的。所以每件事情都一样，就是权力都掌握在操纵经济大权的人的手中，而那些知道这些钱应当用于何处的人们却没有权力。总而言之，掌握权力的人总是无知的，而且是恶意的，他们越少运用权力，带来的灾祸也就会越少。

对于强迫来说，如果能使被强迫者在道德上认可，那是最有力的，虽然这样一来，被强迫者就会忽视他所承担的义务。人们为了活命，宁愿上缴捐税，虽然有时可能出现奇迹，收税人将我们遗漏了，而大多数被遗漏的人是不会提醒他的。又如关于对可卡因的禁止，我们是心甘情愿默认的，虽然对酒精的禁止是人们颇为怀疑的问题。最好的例子还是关于儿童，儿童必须处于权力之下，儿童自己并不知道必须如此，尽管有时他们也喜欢玩一种反抗的游戏。这里有点特殊的是，那些管制儿童的人有时确实会很喜欢他们。正因为如此，通常情况下儿童对于权力不会怀恨在心，即使在某些情况下他们会进行反抗，但也并不怀着什么怨恨，这种情形只会在教师中出现。至于教育当局却没有这样的品德，事实上，他们为了所谓的国家利益，把孩子们当作牺牲品，主持教育的权威者教给孩子们的"爱国主义"，实际上就是制造一种狂热，为了一些毫无意义的原因，让他们去杀人或被杀。

如果当受害者深信自己被迫去做的事是邪恶的或有害的，那么，这种逼迫就会产生出最坏的结果。例如，强迫一个回教徒去吃猪肉或是强迫一个印度教徒去吃牛肉，虽然可能成功，却都是很让人憎恨的。一个反对种牛痘的人是不该被强迫去接种的，至于对那些婴儿则是另一回事了。按照我的意思，连婴儿也不应该强迫，但这个问题已不是关于自由的问题了，因为无论种与不种，都无法征求孩子的同意。这个问题是父母和国家之间的问题，因此不能根据一般的原则来决定。对于那种存心反对教育的父母，政府是不允许他们把持住自己的孩子不去接受教育的。然而根据一般原则，这两种情况实际上完全一样。

关于自由的问题中最主要的区别是以下两种情形，即有些人所得的是别人所失的，或有些人所得的不是别人所失的。如果我吃掉的食物多于我所应得的那份，那么就一定有人会因此而挨饿；而如果我学到了非常多的数学知识，却对任何人都没有坏处。还有一点：像食物、住房和衣服等这些东西，都是生活的必需品，对于它们的需要，人与人之间是不存在什么争论和差别的，所以在一个民主国家中，关于这些需求由政府来调节是很合适的。在一个现代化的国家中，正义就意味着平等。这种平等与那种上等人与下等人都默认并且接受的阶级特权的国家中的平等完全不同。即使在现代的英国，绝大部分依靠工资为生的人如果听到关于国王也应和他们一样过着朴素的生活的话，也会大为吃惊。所以我把正义定义为最少产生妒忌的措施。这样，在一个破除了迷信的国家中，正义就意味着平等，而在一个坚信社会各阶层应有差别的国家中，则无所谓平等了。

但在见解、思想、艺术一类的东西上，并不存在一个人拥有它们、其他人就要做出相应的牺牲的情况，而且，在此范围内，究竟哪一种是好的也还是悬而未决的问题。如果富人正在享受一顿丰盛的宴席而乞丐在嚼面包皮时，富人却对人家鼓吹贫穷的好处，那么这个富人就会被大家看作是一个伪君子。但是假如我喜欢数学，而另外一个人喜欢音乐，我们之间却互不干扰，而且相互赞美对方的追求，那只会被认为我们有礼貌，而并不被认为是虚伪。关于见解问题，自由竞争是获得真理的唯一道路。我们在前面所引用的自由主义的口号，即"幸运的人对不幸的人实行专制时，不应受到任何限制"这句话，并不适用于经济领域，而只适用于精神领域内。我们希望自由竞争只存在于观念领域，而不是商业场合之中。然而麻烦的事情是，由于商业中的自由竞争逐渐消失，那些在自由竞争中取得胜利的人们，会越来越严重地将他们的经济势力渗透到思想和道德领域，并认为只有那些过着正派的生活且有着正统的思想的人，才能得到一种职位以维持自己的生活。这真是不幸的事，因为"正派的生活"即那种虚假的伪善的生活，而"正统的思想"就是愚昧无知。所以有一个最严重的危险，就是无论在富人统治下，还是在社会主义制度下，一切精神上的、道德上的进步，都会因受到经济的迫害而成为不可能的事情。在一个社会中，一个人的行动只要不加害于别人，那么他的自由就应受到尊重，否则迫害的本能就会产生出一种固定不变的社会，就像在16世纪的西班牙那样。这种危险是千真万确的，而且已经迫在眉睫了。美国走在前头，而我们英国也几乎可以肯定要步美国的后尘。除非我们学会在适当的场合去尊重个人自由：我们所寻求的自由并不是那种压迫别人的权力，而是按照我们的意愿去生活，按照我们的意愿去思想的权力，而且，不会阻碍他人按自己的意愿去生活和思想。

最后，我想就开始所讲的心理学上的动力学说几句话。一个大体只由一种类型的性格组成的社会，自然比其中有好几种性格的社会拥有较多的自由。一个人类和老虎组成的社会，不可能有很大自由，或者是人，或者是老虎，总要有一类成为另一类的奴隶。所以在白人统治有色人种的地方，绝不会有任何自由。为了得到最大限度的自由，必须通过教育来培养人们的性格，这样人们才能在不欺压别人的生活中寻求快乐，这是在人出生后6年内塑造性格所要做的事情。现在德特福的麦克米伦小姐正在培训能够创造自由社会的儿童，如果她的方法能普及所有儿童，无论是富人家的还是穷人家的，只需一代人的时间就足以解决我们当前所遇到的一切社会问题。但是对教育的过分强调，常使所有政党忽视教育中最主要的东西。当受教育的孩子们长大以后，欲望只能被约束，而不能根本改变。因此，一定要在早期的儿童生活中，教给他们怎样使自己和他人都能获得幸福生活。只要社会上的人，都不再企图得到那些只有通过伤害他人才能获得的东西，社会的自由所遇到的障碍，就真正消除了。

二十一、自由的思想

在讨论学术讨论自由的现状以前,最好还是考虑一下我们用这个词的含义是什么。学术讨论自由的实质,就是选拔教师要根据他们对于任教的那一学科的精通程度,而对于这种精通程度作出判断的又是其他专家。一个人究竟是不是优秀的数学家、物理学家或化学家,只能由其他数学家、物理学家或化学家来判定。总之,只有他们才能对这个问题作出判断。

反对学术讨论自由的人认为,选拔教师除了要求谙熟专业知识外,还应该考虑其他条件。他们认为应聘教师应该从来不发表同掌权者相左的意见。这是个尖锐的问题,也是集权政府曾于此采取过强硬路线的问题。俄国除了克伦斯基统治的短暂时期外,从来就没有享受过学术讨论自由,但是,我认为现在甚至比沙皇统治期间更没有这种自由。战前德国尽管缺乏其他各种形式的自由,还是相当充分地承认大学教育自由的原则。现在一切都变了,结果使德国最有才能的学者除了少数例外,都过着流亡的生活。意大利也对大学实行类似的专制统治,在西方民主国家中,现在也存在着可能产生大致类似的罪恶的倾向。

这是一种单靠民主政治本身不能防止的危险,多数人毫无拘束地行使权力的民主政治,可能像专制政治一样残暴。容忍少数派是明智的民主政治不可缺少的组成部分,却也常常是没有被充分重视的部分。

关于大学的教师,这些一般性的意见由于专门针对他们的一些意见而变得更加适用了。大学教师被认为是具有专业知识和专门技能的人，他们应该可以用特别能说明问题的方法去探讨有争议的问题。许多世纪以前，中华帝国就认识到有特许批评的必要，于是组成御史台包括以博学睿智闻名的人士，赋予他们纠察皇帝及朝廷的权利。不幸的是，这套制度也像传统中国的其他一切事物，成了官样文章。有些事，例如宦官擅权，是允许御史指责的，但是批评如果越出常规范围，皇帝就常常忘记了赐予他们的豁免权。我们这里也正在发生非常相似的事情，批评在很大范围里是被允许的，但是当人们感到批评确有危险的时候，某种形式的惩罚就会落到批评者身上。

　　对于意见不遂某些掌权集团心愿的人，处理他们的手法已十分完备了，这种做法对于有秩序的进步是一种很大的危险。如果有关的人年纪尚轻，也不怎么出名，那么他的上司会指责他在业务上无能而将他悄悄辞退。对待年事较长，名望颇高，运用这种办法难以奏效的人，则用颠倒黑白的手段激起公愤。多数教师自然不愿冒险，就避免公开表示他们不大正统的观点。这是一种危险的状况，公正无偏的智慧偏颇地被迫缄口不言，保守主义和蒙昧主义的势力却自信可以依旧占上风。

　　自由民主政治的原则是，有争议的问题应该说服而不应该压服，这一原则激动过美国宪法的缔造者。自由主义者始终认为，见解的形成应该是通过不受限制的辩论，而不应该只听取单方面的意见。古往今来的专制政府都持有相反的观点。就我而言，如果我掌权，我就绝不阻止我的反对者发表意见，我要为各种意见提供同样的方便，让商讨和辩论的结果来作结论。据我所知，在波兰受德国人迫害的学术上的牺牲者中，有些杰出的逻辑学家完全是正统天主教徒，尽管像他们一样信奉天主教的人并不对我报以赞美，我还是要尽我力之所及为这些人争取学术地位。

　　自由观点和非自由观点的根本区别在于，前者认为一切问题都可以讨论，一切意见或多或少总有怀疑的余地；而后者则事先就认为某些意见绝对不可怀疑，认为绝对不能让人听到反对他们的意见。这一立场的荒谬在于，相信允许公正的调查就会使人们得出错误的结论，因此，无知是防止错误的唯一保证。这种观点是任何人都不能接受的。

我们不同意的意见，年代一久便受到一定的尊重；而我们不赞同的新观点，却总是使我们震惊。

关于民主政治的正当职能，可能有两种观点：一种观点认为，多数派的意见在一切领域里都应该绝对占上风；另一种观点认为，在不需要有共同决议的地方，应当让不同的观点按它们出现的频率尽可能表达出来。两种观点实践的结果迥然不同。按照前一种意见，当多数派决定赞同某一意见时，就绝不允许表达其他意见，即使允许，也必须限于不引人注目且影响不大的渠道。按照另一种意见，少数派意见应该和多数派意见同样有表达的机会，只不过程度较差而已。

这尤其适用于数学工作。不应该要求任教的教师发表多数人的意见，虽然大多数教师很自然会这样做的。不仅不应当要求教师发表千篇一律的意见，而且要尽可能避免出现这种情况，因为教师各抒己见是健全的教育所必不可少的。对于群众意见对立的问题，只听一面之词的人不能算是受过教育的。教育机构中最重要的教育内容之一就是培养鉴别论点的能力，以及确立准备能看清哪一方更为有理就接受哪一方的意见的不偏不倚思想。一旦对教师可能发表的看法加以监督，教育就不再为这个目的服务，而会造就一群狂热的顽固分子，而不是造就人才辈出的国家。第一次世界大战结束以来，狂热的顽固不化已经在部分地区复活，像宗教战争时期一样刻毒。所有对自由讨论和力图对青年的意见加以监督的人，正在竭尽全力加重这种顽固不化，把世界进一步推入冲突和不宽容的深渊中去。

尤其是学术讨论自由，本来是教会自由的一部分，因此在亨利八世统治时期，在英国就变得黯然失色。在每个政府中，不管它的政府是什么形式，要维护民主，就必须存在享受有限独立性的人民团体，重要的是其中应包括各大学。在今天的美国，私立大学比那些名义上是民主政府管理的大学有更多的学术讨论自由，这是由于在非常广泛的范围里对政府正当职能这一概念的错误理解。

也许存在着一种民主地滥用权力的特殊危险，那就是，由于是集体的，他们受到暴民歇斯底里的鼓励，运用权威几乎迟早必然产生专制，而由多数人掌权的习惯已造成了对专制的陶醉和冲动。在这样的民主国家里，具有唤起暴民迫害本能这种手腕的人，就拥有超乎寻常的作恶能力。防止这种危险的主要屏障，就是反对健全教育。大多数大学教师殷切地希望实施这种教育，然而他们的主人却竭力刁难他们有效地执行这一任务。因为这些人能有他们的权力，就在于群众的盲目热情。他们也知道一旦理智地思考问题的能力得到普及，他们就会垮台。由下层的愚昧无知和上层的嗜好权力结合而成的权力，就这样使理智的人们无能为力。只有在这个国家的公立教育机构中实行学术讨论自由，才能避免这种邪恶。对于非大众喜爱的知识进行迫害，对任何国家来说都是严重的危险，甚至往往成为民族衰落的原因。西班牙就是现成的例子，在那里，驱逐犹太人和摩尔人引起了农业衰退以及导致了完全疯狂的财政措施。这两个原因对于西班牙从欧洲的统治地位上衰落下来要负主要责任，尽管查理五世王朝起初还掩饰它们的影响。同样的原因，也最终将在德国产生同样的结果。在俄国，这种恶行已经实行了比较长的时间，其结果也已显然可见，甚至从军事机器运转不力上也可以看得出来。

目前的俄国是一个最好的例证，说明在这个国家中无知的顽固分子控制达到的程度。而现在纽约的顽固分子也想要达到这种程度。

在美国，多数派为言论自由划定了很难逾越的障碍圈。在这个圈子里，作者愿写什么就可以写什么，但是一越出这个圈子，他就会后悔莫及；倒不是因为他会面临宗教裁判所判决的恐怖行为，而是因为天天身受蔑视和侮辱的迫害。他的政治生命永远完结，因为他触怒了唯一能使他成功的权威，一切赔偿甚至名誉的赔偿，他都不能得到。他在公开发表意见以前，还以为自己的意见是人所共有的，但是一旦公开说出这些意见，他就被蛮横的反对者强烈指责，而那些像他一样思想却没有勇气说出来的人，也就悄悄地抛弃了他。在他自己每天不断努力的压迫下，他最后不得不屈服，而且困陷在沉默之中，好像因为说了真话而忍受着悔恨的折磨。

我认为，也必须承认德·托克维尔关于民主国家中社会控制个人的那种权力的说法是正确的。

民主国家的居民把自己同周围的人比较时，会自豪地感到他和他们每个人都是平等的，然而当他放眼全体同伴，把个人和这样一个巨大的团体比照，就马上会被自己微不足道和软弱无力的感觉所压倒。使他不受任何一个单独地看待的同胞影响的那种身份地位，正是使他孤立无援地暴露在大多数人影响之下的身份地位。因此，公众在民主的人民中间有一种独特的权力，这种权力在贵族国家中是做梦也想不到的，因为它不是说服而是强迫别人接受某些观点，把全体的想法——这种巨大的压力强加于每一个人的理智上，从而把这些观点灌输到人们的头脑中去。

从德·托克维尔的时代以来，随着极权主义的强大，个人的形象极其迅速地变得渺小起来，不仅在民主国家如此。这是对西方文明世界十分严重的威胁，如果听任这种情形发展下去，就很可能使知识停止进步，因为一切重要的知识进步，都靠独立思考，不受外界意见的影响。

集体的智慧可惜不足以代替个人的智力。反对公认意见的人一直都是一切进步的起源，无论是道德上的进步，还是知识上的进步。他们得不到大众的欢心，这是很自然的。苏格拉底、基督、伽利略都同样受到正统派的指责。但是以前的镇压机器远远不及我们今天的这样充分有效，因此，异教徒即使被处死，仍然能得到公众的充分了解。殉教者的鲜血是教会的种子，然而在像现代德国这样的国家中，便不再如此了。在那里杀害殉教者是秘密的，他们的学说无法得到传播。

如果反对学术讨论自由的人得逞的话，那么他们就会使这个国家，在有关传播他们反对的学说这一问题上降低到德国的水平上去。他们会用有组织的专制代替个人的思想，他们会禁止一切新鲜事物；他们会使社会停滞不前；最后，他们会使一代一代的人从出生到死亡在人类历史上不留下丝毫痕迹。对于某些人来说，此刻他们所要求的似乎不是重大事件。有人可能要说，在这个被战争所骚乱、迫害、折磨和遍布着集中营囚禁的那些不愿和邪恶同流合污的人的世界上，学术讨论自由这样一个问题，究竟有什么重要性？我承认，比起这些事情来，学术讨论自由的问题本身并不是头等重要的。但它是同一战斗中不可缺少的组成部分。让我们牢记,在最重大的问题上和似乎不那么重大的问题上一样,岌岌可危的是个人表达对人类的信仰与希望的精神自由,不管这种信仰和希望是许多人所共有的,还是少数人所享有的,还是个人所独具的。新的希望、新的信仰和新的思想永远是人类必不可少的,人们不可能期待它们从死气沉沉的单调中诞生出来。

二十二、怀疑的价值

出于对读者的考虑，我想提出一种恐怕在表面上看来甚为荒谬的和破坏性的理论。这种理论就是：当我们找不到任何理由能说明某个命题是真的时，要相信它就不会是一件令人愉快的事。当然，应该承认，如果这样的看法为人们普遍接受，那就将整个改变我们的社会生活和政治制度。如果我们的社会生活和政治制度时下都是完美无缺的，那么这种理论就必然与之相抵触。我知道更为严重的是，它会使那些机敏的人、著作家、主教以及那些依靠命运多舛者的苦盼苦望为生的人减少收入，所以，我的意见不免要遭到种种诘难。尽管如此，但我认为能够给我的表面上荒谬的见解找出证据，并公之于众。

首先，我要为自己作些辩解，免得人们认为我好走极端。我是一个英国辉格党人，具有英国人的调和折中的性格。曾有一个关于毕洛主义创始人、希腊哲学家、怀疑主义创始人毕洛的故事。他认为我们永远没有充分的理由断言某一种行为方式会比另一种更聪明。在他年轻时，有一天下午他外出散步，看见他的哲学老师（毕洛曾就学于他）正掉进一条灌水渠里，水没头顶而无法出来。毕洛盯着他的老师看了好一会儿，却继续散步，因为他觉得找不到充分的理由去认为救了他的老师便是做了一件有益的事。后来，一些不那么相信怀疑主义的人将那位哲学教师救了上来，并责备毕洛太无情了。然而，这位老师由于忠实于自己的怀疑原则，却称赞毕洛言行一致。我主张的并不是毕洛那种过头的怀疑主义，因为我即便不在理论上，也在实际上和普通人一样相信常识。我还准备认可科学上所有已经确定的成果，不在于认为它们是必定正确的，而在于它们有可能为理性行为提供根据。如果有人宣称某时某刻有月蚀，我认为那就值得留心观察它是否会发生。然而毕洛就不会这样想。基于此,我认为我主张采取一种中间立场是正确的。

对于许多事情,研究它们的人的看法是一致的,例如,上面提到的月蚀发生的时间就是一个例子;也还有许多事情则情况相反。即使专家们的意见都一致了,他们也还可能会搞错。20年前爱因斯坦关于在引力作用下光的折射率的观点为所有专家拒绝,但它却被证明是正确的。然而,无论怎么说,在专家们意见一致的情况下,他们的观点比与其相反的观点,更有可能被非专家的人当作正确的观点所接受。我主张的怀疑主义总的来说只是下列三点:①当专家们意见一致时,与其相反的意见依旧具有不确定性;②当专家们意见不一致时,非专家的人不能认为哪一种意见具有确定性;③当所有专家都认为一种肯定的意见缺乏充分的理由时,一般人还可以暂不作出自己的判断。

这些命题看来好像是很温和的,然而,如果人们都接受了,那将使人类的生活发生空前的变革。

人们的意见都包括在这三种类型之中。当某个意见具有理论根据时,人们往往乐于把这些根据提出来,并期待它们起作用。在这种情况下,人们并不是感情用事地坚持自己的意见,相反,他们心平气和地坚持意见,并冷静地陈述他们的理由。那些因一时的感情冲动而坚持的意见,常常缺乏充分的理由。事实上,情感是一种尺度。它用来衡量一个人是否具有以理服人的能力。政治观点以及宗教观点几乎总是具有情感的色彩。除中国之外,每个人必须在政治以及宗教方面持有坚定的观点,否则便被视为可怜虫。所以人们憎恨怀疑论者,远甚于憎恨同自己意见相悖的具有强烈激情的拥护者。人们认为,对实际生活的要求需要对这类问题持某种意见,而且假如我们变得稍稍理性些的话,社会的存在将成为不可能。然而我的意见正好相反,我将努力说清楚,为什么我有此想法。

以1920年后的失业问题为例:一派意见认为,这是由于工会的捣乱所致;另一派意见认为,这是由于欧洲大陆上的混乱;第三派意见在承认上述两种原因起了一些作用的同时,将问题主要归咎于英国银行力图提高英镑币值的政策。据我所知,在第三派中包括大多数专家,而不是其他什么人。政治家是不会对无助于党派之争的观点感什么兴趣的,而一般人则倾向于把不幸归咎于他们敌人的种种阴谋诡计。因此,人们往往支持或反对一些与他们不相干的政策。而少数有理性的人的话却不为人们倾听,因为他们不迁就任何人的感情。如果他们要争取同盟者,就必须说服人们,使其相信英国银行是很坏的。如果想争取工党,就必须指出英国银行的总裁们是工联主义的敌人;如果想争取伦敦的主教,就必须指出英国银行的总裁们是"不道德的"。这样,人们才会跟着认为银行关于货币的观点是错误的。

让我们举另一个例子来说明。常常听到有人说,社会主义是同人类的本性相违背的,而社会主义者则反对这种说法,其激烈程度同其敌对者不相上下。最近去世的英国医学心理学家和人类学家里弗斯博士在学院大学的一次讲座中曾经讨论过这个问题,后来刊行于他的遗稿《心理学和政治学》书里。就我所知,这是唯一的一次具有科学性的讨论。在这本书中他提出一些人类学的材料,说明社会主义在美拉尼西亚群岛并不同人类的本性相违背。接着该书指出,我们并不知道美拉尼西亚与欧洲的人性是否相同,所以结论是:关于社会主义到底同欧洲人的本性是否违背,唯一解决这个问题的办法就是去试验它。有趣的是就根据这个结论,里弗斯愿意做一个工党的候选人,但他却不肯堕入政治争端通常所具有的那种热情和冲动之中。

现在我要大着胆子提出一个一般人以为更难以用冷静的头脑去讨论的问题,这就是婚姻的习俗问题。大多数人都认为除了本国的以外,其他的一切婚姻习俗都是不道德的。而一些人之所以要反对这种观点,是因为要替他们的放荡生活做辩护。在印度,寡妇的再婚在传统上被看作是一件十分可怕而不可思议的事情。在信仰天主教的国家里,离婚被认为是邪恶的,然而夫妇间的某些不忠却受到宽容,至少在男人方面是这样。在美国,离婚并不难,但一夫一妻制之外的男女关系却受到最严厉的谴责。回教徒相信一夫多妻制,而我们认为这是堕落。人们以极端热忱的态度坚持着各自的看法,并对违背它的人施以无情的讨伐。然而在任何一个国家还没有一个人做出哪怕是极小的尝试,表明他自己国家的习俗比起别的国家的习俗更有益于人类的幸福。

当我们翻开任何一部关于这个问题的科学论著，例如斯特马克的《人类婚姻史》我们便会感到置身于一种同流行的成见完全不同的气氛之中。我们会发现存在各种各样的习俗，其中有很多我们会认为是违背人类本性的。我们认为我们可以将一夫一妻制理解为是男人强加于女人身上的一种习俗，但对于西藏流行的一妻多夫习俗，我们又该怎么说呢？去西藏旅行的人回来告诉我们，那里的家庭生活至少像我们欧洲家庭生活一样的和睦。稍稍阅读这方面的材料，肯定会使任何一个毫无偏见的人很快变成十足的怀疑主义者，因为看来没有什么证据能使我们说，这种婚姻习俗比那种婚姻习俗更好或更坏。几乎所有的习俗都包含着对当地道德习惯触犯者的不可容忍和残酷惩罚，除此之外，它们没有任何共同之处。看来，道德上的罪恶是地域性的。按照这个看法，只要向前再走一步就会得出结论说，"罪恶"的概念是虚幻的，因此按照习俗所进行的残酷惩罚也是不必要的。正是这个结论使许多人不高兴，因为自以为带着善意的良心加暴于人正是道德家高兴做的事，这就是为什么他们要虚构出地狱来的原因。

在狂热地信仰一些令人质疑的事物方面，民族主义当然也是一个极端的例子。我想可以确定无疑地说，如果现在要写一部有关第二次世界大战的历史，每个有科学态度的历史学家，都要作出许多客观陈述。然而如果这发生在战争期间，他一定会被送进交战国任何一方的监狱中去。在平时说出这种情况只不过被看作是一种莽撞行为，而在战时，这就是犯罪。世界上出现的种种含有极端信仰而又相互对立的社会制度，其虚伪性可由下列事实得到证明，那就是只有那些都具有民族偏见的人才去相信这些制度。而如果以理性去考察那些制度，就如同以理性去考察宗教信条一样，都被视为邪恶。当人们被问道，为什么在这个问题上抱怀疑主义算是罪恶时，唯一的答复就是，神话能帮助我们打胜仗，所以一个有理性的民族只能被人杀，而不是去杀人。靠大量诋毁外国人以保全自己是可耻的，据我所知这个观点，除了公谊会教徒之外，至今在职业的道德家中还没有发现任何支持者。如果有人说一个理性的民族将能找到完全避免战争的良方，那么，他将以受到辱骂作为回报。

理性的怀疑主义传播开来将会产生什么结果呢？人类的事情源于

情感，情感产生出伴随的神话系统。一个遭受了某种侮辱的人会意想一种说法，说他是英国国王，而且对他未能因这种崇高地位而领受应得的尊敬，编造出种种巧妙的解释。在这种情况下，他的幻想并不能得到他的亲邻好友的同情，相反地他们却把他关了起来。然而如果此人不是说有关自己的什么了不起的事，而是说到他的国家、他的阶级或他的主义如何伟大，那他就会赢得一大群附和者，甚至因此而成为政治或宗教领袖；即使在公正的局外人看来，他的观点就如同在疯人院发现的那些夸大狂所说的话一样荒诞。一种团体的疯狂性就是这样产生的，它遵循着和个人的疯狂性一样的规律。人们都知道，同一个自认为是英国国王的人争论是危险的，但当他被隔离起来后，也就被压服了。当整个国家陷入一种幻想时，如果它的自负受到非难，它的愤怒无异于一个发疯的人，此时除了战争之外就无法使它屈服于理性之下。

智力因素在人类行为中究竟起什么作用？这在心理学家中有着许多不同的看法。最明显的是下列两个问题：（1）信仰作为人类行为的致因究竟有多大作用？（2）信仰在多大程度上是从逻辑充分的证据中推演出来的？或者说在多大程度上人们能够作这样的推演？对于上述两个问题，心理学家们有一个一致的做法，即尽少地提及智力因素，甚至比一般人提到的还要少。但在这个大范围内，却在程度上有很大差别。现在让我们依次对这两个问题讨论一下。

（1）信仰作为人类行为的致因，究竟有多大作用？我们不从理论上讨论这个问题，让我们以一个凡人的普通一天来做例子。他早晨起床，这多半是由于习惯的作用，而不是任何信仰干预的结果。他吃早饭，赶火车，读报纸，上班，所有这一切也都是依习惯行事，这是由于在过去他形成了这些习惯。但在职业的选择上，至少信仰起着一定的作用，当时，他可能相信他选择的职业是符合他的意愿的。在大多数人那里，信仰对于职业的最初选择是起着一定作用的，而且在此后因这种选择而发生的一切也都受其影响。

在工作中，如果他只是一个一般的工作人员，那么他就可以继续依照习惯从事，无需有主动的意志，也无需信仰的明显干预。但这是一种错误的看法，因为这些法则只是他的习惯，就如同打网球的人要遵守规则一样。它们是年轻时候学到的，不是来自同真理相符的智力信念，而是来自取悦于老师，就像一条狗学会坐在它的后腿上乞食一样。我不是说一切教育都是属这种类型的，但读书、写字和做算术这三种学习，大体上也确实如此。

然而，如果我们说到的这位朋友是一个股东或总裁，那么在他的生活中，他可能会应召去作出一些难度颇大的决策。在作决策的过程中，信仰也许起着一定的作用。他相信有些东西将要涨价，有些东西将要跌价，相信某某人是一个资信很好的人，某某人已濒临破产。他就根据这些信念采取行动。正因为他依据信念而不仅仅依据习惯去应召行事，他才会被认为比一个职员能干得多，也因此他才能赚得更多的薪俸，当然这要以他的信念是否正确作为先决条件。

由此看来，信念尽管对于我们的行为直接负有的责任只是一小部分，但它是最为重要的，而且在很大程度上它决定着我们生活的一般做法，特别是宗教信仰和政治行动，它们同信念是紧密相联的。

(2) 现在谈谈第二个问题，这个问题本身包含两个方面：①实际上信仰在多大程度上依赖证据？②信仰依赖于证据，其可能或人们希望的程度有多大？

①信仰对证据的依赖程度比信仰者所设想的要低得多。举一个近乎理性的例子，即一个城市里富豪的货币投资。人们经常会发现，他对于法国法郎是涨是跌这个问题的看法依赖于他的政治上的好恶倾向，而且由于他如此坚持这种看法，以致他不惜拿金钱去冒险。在破产的问题上，常常可以发现感情因素乃是陷于破产的基本原因。政治见解很少依赖于证据，除非对于社会公仆来说，而他们又是被禁止谈论政治见解的。当然也有例外的情况，在25年前发生的税率改革争论中，大多数工厂主支持增加他们收入的主张，并且表明他们的意见是真正依据于证据的。然而，他们所说的，很少有人认为确实如此。在这里我们看到一种极为复杂的情况。弗洛伊德学派使我们习惯于一种"理性化"的过程，也就是为一种在实际上完全是非理性的决定或意见，创造出一种合乎理性的根据来。然而在这里，特别是在说英语的国家中，存在的是一种正好相反的所谓"非理性化"的过程。一个精明的人多少会下意识地从自私的观点把关于一个问题的赞成和

反对意见总括起来。等到他借助无意识,得到一种可靠利己的决定后,他就会提出或从别人那里采用一套娓娓动听的论调,以表明他是如何为追求公共的利益而做个人的最大牺牲。无论谁如果相信这些论调代表他的真正理性,那就说明他完全不能鉴别证据,因为他所声言的公共利益并没有从他的所作所为中产生出来。在这种情况下,此人显现出比他实际情况更少的理性,更奇妙的是,他的非理性部分是有意识的,而理性部分却是无意识的。正是这样一种气质,使得英国人和美国人获得如此成功。

看来我说的这些好像有点离题了,但我们必须把这种无意识的理性,即所谓的精明,同意识的种种变化区别开来。我们平常的教育方法实际上并不影响无意识,所以精明不能靠现今的教育手段来传授,道德也同样如此。除非仅是习惯性的道德,我们似乎也不能靠现今的种种方法来传授道德。无论如何,我从未见到过那些经常受到告诫的人会得到任何仁慈的影响。因此,按照我们现今的方式,任何审慎的改良都应该靠着智慧的方法来获得。我们虽然不知道如何教人精明或具有美德,但我们知道在一定限度内如何教人有理性,唯一必要的就是在一切方面彻底改变教育当局的措施。

目前看来创造理性比创造美德更容易——这里我们所说的"理性",意指我们心中能预见我们行为结果的一种科学的习惯。

②这一点将我引到这样一个问题上:人们的行动能够或应该合乎理性到什么程度?让我们首先说说"应该"。在我心目中,理性应局限于明确的范围之内。生命的某些最重要的部分常常由于理性的介入而被损害。莱布尼茨老年时曾写信对人说,他一生中只有一次开口要一位女士嫁给他,那是当他50岁时,"幸运得很",他接着说,"这位女士要求我给她一点时间考虑。这同样使我有时间考虑这个问题,后来我便取消了这个提议"。无可怀疑,他的行为是很有理性的,但我不能说我很赞成这种行为。

莎士比亚把"疯子、情人和诗人"相提并论,称之为"全都是幻想"。而问题在于要保留情人和诗人,去掉疯子。举一个例子来说,1919年我曾在伦敦著名剧团老维克剧院看演出,古希腊著名剧作家欧里庇得斯的《特洛伊的女人》,其中有一场难以忍受的悲惨场面,那就是希腊人因为担心阿斯脱安纳斯成为赫克托耳第二而把他杀死。剧院中没有人看到这里不为之而泪下，但都不相信剧中的希腊人会残忍到如此程度，然而正是在那个时候，那些掉泪的人本身正在实践着一种欧里庇得斯的想象力从未思及的残忍：他们刚刚投票选举的政府在停战后延长对德国的封锁，而且强行封锁俄国。众所周知，这种封锁致使无数儿童死亡，但他们都觉得消灭敌国的人口是合乎他们愿望的。这些儿童，也像阿斯脱安纳斯一样，长大之后也许会像他们的父辈一样与自己为敌。诗人欧里庇得斯唤醒了观众幻想中的情人，然而一出剧院门口就忘记了情人和诗人，具有杀人狂样子的疯子却控制着这些政治行动。

　　是否能够保留情人和诗人而去掉疯子呢？在我们每个人的身上，这三者以不同的程度存在着。它们之间是否联结得如此紧密，以致一个受到控制，而其余两者就要被消灭呢？我不相信这样。我相信在我们每一个人的身上都有一种力量，它定会在行动中得到发泄，也可能按各人情况在艺术中、在爱和恨中得到发泄。尊严、节制和例行公事已经扼杀了我们的艺术冲动，并禁锢了我们的爱，使它不再是丰富的、自由的和有创造性的，相反地却必然成为不愉快的和偷偷摸摸的。控制已施予本应得到自由的事情上去了，而妒忌、残忍和憎恨几乎同整个主教团的祝福一样普遍地蔓延着。我们身体上本能的器官由两部分构成：一是有助于延长我们自己及后代之生命；一是促使我们假定的对手缩短生命。前者包括快乐、爱情以及在心理学上爱的衍生——艺术；后者包括竞争、爱国心和战争。世俗的道德尽其所能压抑前者，助长后者，真正的道德所要做的恰恰相反。我们同那些所爱的人相处，完全可以依本能行事，而跟那些所恨的人相处，则应该受理性的节制，不可为所欲为。在当代世界中，我们实际上所恨的人都是相距遥远的人群，特别是其他国家的人。我们抽象地想象他们而且自我欺骗地相信，我们的行为是出于对正义的热爱或高尚动机。有大规模的怀疑主义才能够揭开把我们同真理隔开的帷幕。做到了这一步，我们就能开始去建立一种新的道德，这种道德不再基于妒忌和束缚，而是基于对圆满生活的愿望和一种理想的实现。这并不是一种乌托邦的梦想，在伊丽莎白时代的英国就曾部分地实现过。如果人们学会了去追求他们自己的幸福,而不是他人的痛苦,它就能在明天实现。这不是一种苛刻到不可能的道德,然而确立了这种道德,我们就能把尘世变成天堂。

二十三、人的理性

习惯上我常把自己看作是一个理性主义者,而且我认为一个理性主义者必是一个希望人们具有有理性的人。但是,如今理性已经受了许多严厉的攻击,以致难以弄清楚人们说到它指的是什么,或者,即使弄清了它的意思,也不知道它是否是人类能够获得的某种东西。理性的定义包含两个方面,即理论的和实践的。什么是一个合乎理性的意见?什么是一个合乎理性的行为?实用主义强调意见的非理性,心理分析学派强调的是行为的非理性。受这两派学说的影响,许多人认为世界上并不存在人们向往的理性,使得人们的意见和行为在它面前趋于一致。由此引起的结果似乎是,如果你和我各持己见,用不着诉诸争辩,也用不着去找一个公正的局外人裁决。唯一可做的就是按照我们的财力和武力强弱,用词藻、用广告或用战争等手段来决一胜负。我相信这样一种看法是十分危险的,而且最终将危及文明。因此,我将竭力表明理性这一理想丝毫没有受那些危及它的意见所影响,它仍然保留着它所具有的指导思想和人生的全部意义。

在阐述理性之前,我想仅把它定义为在达到一种信仰时所考虑一切有关证据的习惯,当不能获得确定性时,一个有理性的人特别注意的是那种具有最大或必然性的意见,而将其他具有较小或偶然性的意见存于心中作为假设,以待今后获得新的证据来证明它们是可以的。当然,这就假定我们在多数场合下可以凭借一种客观的方法去确定事实和可能性。这常常引起人们的怀疑。有许多人认为,智力的唯一功用是促使个体欲望和需要得到满足。柏列伯士教科书委员会在他们编写的《心理学大纲》中说:"在所有事物中间,智力是一种偏私的工具,它的功用足以保障那些有利于个人或氏族的行动得以实施,那些利益较少的行动得以禁止。"

但是,就是这些作者在同一个国家里、同一本书中也陈述了下列的话:"马克思主义者的信仰同宗教信仰有着深刻的区别,后者的依据仅仅是愿望和传说;而前者却是根据对客观现实的科学分析。"这似乎同前面我们所引证的有关智力的说法不一致。的确如此,除非他们说这句话的含意是向人们暗示,他们采取马克思主义者的信仰并不是由于智力。然而无论如何,由于他们承认"对客观现实的科学分析"是可能的,因此他们就必然承认具有客观意义的合乎理性的意见是可能的。

那些鼓吹反理性主义观点的作者,例如实用主义哲学家,他们的观点就不那么容易被识破。他们认为根本不存在像客观事实这样的事物,我们的意见如要证实是真实的,就必须与之相一致。对于他们来说,意见只是生存竞争中的武器,那些能帮助人们生存下去的意见就被称为"真实的"。这个观点在公元六世纪时就流行于日本,当时佛教也刚刚传入。那时日本朝廷由于怀疑这种新宗教的真理性,于是就命令一位大臣先信仰它以进行试验。如果这位大臣确实比其他人更幸福走运,那么这种宗教就会被推行全国。这就是实用主义者所采用的对一切宗教争论的方法。然而,我没有听到过任何一个人宣布说改信犹太人的信仰,虽然看来犹太人的信仰要比任何其他人的信仰能更快地使人繁荣幸福。

虽然实用主义者关于"真实"的定义是像上面所说的那样,但在日常生活中却以很不同的标准去对待实践中提出的问题。一个就任审判官的实用主义者,在审理谋杀案件时,也将会像别人一样注重证据的正确性,而如果他采取他所信奉的标准,那他就应该考虑在全国人民中那种人的绞杀对他最有利。按照他的定义,这个人就是犯谋杀罪的人,因为相信他有罪,这较为有利,因而也就更"真实"。我担心像这样实实在在的实用主义有时真的会出现,我就听到过在美国和俄国发生过这类"虚构"的事情。不过在这些情况中,通常总要尽可能地努力掩饰问题的真相，如果掩盖不住，就将会发生丑闻。这表明即使警察也相信在审理刑事案件中存在客观真理。正是这种客观真理，就一定还在宗教领域被人们所探求。只有当人们放弃了在直截了当的意义上证明宗教是真实的这种希望时，他们才着手努力在某种新奇的意义上证明宗教是真实的。我们可以明确地说，反理性主义，也就是不相信客观事实的观点，几乎总是由于想确立某种没有证据的事物的想法，或否认某种已有很好证据的事物的想法而引起的，但是遇见具体实际问题时，例如资本投资或雇用仆人，人们对客观事实的信念总要出现。如果事实的定义是对我们的信念的真实性所做的普遍检验，那它就应该在一切方面都可用来进行检验，凡不能进行检验的地方，就只能导致不可知论。

上述讨论对于我们的论题来说，当然是不完全的。事实的客观性问题，由于哲学家们设置的障碍，使其变得难以回答，对此我曾在别的地方力图以更彻底、更完全的方法进行讨论。现在，我将假定事实是存在的，有些事实是能被人们认识的，而对于某些别的事实，我们能根据已被人们认识的事实，获得某种程度的或然性。至于理性的理论部分就在于，要把我们的信念建立在证据上，而不是建立在愿望、成见或传说上。按照这个论题，一个有理性的人就同一个审判官或一个科学家是一样

的人。

有些人认为，心理分析学派曾表明我们的信仰不可能是有理性的，因为许多人所怀的信念是稀奇古怪的，而且近乎是精神错乱的根源。我对心理分析学派抱有很高的敬意，而且我相信它有很大用处。但在一般人的心中对主要引起弗洛伊德及其追随者研究兴趣的目的已经淡忘。他们的方法最初是一种治疗的方法，是一种医治歇斯底里和各种精神错乱的方法。第二次世界大战期间，心理分析被证明为是一种最有效的治疗战争神经病的方法。里弗斯的"本能和无意识"对恐怖不能直接痛快地得到发泄而产生的病症作了细致的分析。当然，这些影响中大部分是非理智的，其中包括各种瘫痪症和各种明显属于

躯体失调的症状。现在我们关心的不是这些症状,但正是这种智力上的混乱引起了这个问题。心理分析学者发现,患精神错乱的人的许多幻觉都是由于本能障碍引起的,因此能以纯粹心理上的方法来治疗,这就是使患者回忆起过去被抑制的记忆。这种治疗方法和产生这种治疗方法的见解,都是预先假定患者原有一种精神正常的状况,但患者已经不是这种状况,现在就是要使他意识到这一切有关的事实,包括那些他极想忘掉的事实。这正好同那种不肯探索和思考、默认无理性的人相反,因为这些人只知道心理分析学说揭示了非理性信仰的盛行,却忘记或不知道它的目的是运用一种明显是医学上的治疗方法去减弱它。一种极类似的方法也能治疗那些没被人们看作是精神错乱的非理性状况,只要他们愿意接受一个没有他们那种幻觉的医生的治疗。然而,那些总统、国务委员和知名人士都很难接受这种治疗,所以他们的病状无可医治。

至此,我们只讨论了理性的理论方面。现在我们应考虑一下理性的实践方面,相比之下这更难讨论。有关实践问题的意见分歧,不外乎由下列两方面造成的:第一,是由于争论者之间的欲望上的差别造成的;第二,是由于对用来实现他们欲望的手段的评价上的差别造成的。第二方面的差别本来是属于理论方面的,但其产生的结果却是属于实践方面的。例如,有些权威人士认为,我们国家的第一防线应当是兵舰,而另外一些权威人士则认为应当是飞机,按说这里并不存在目标上的分歧,而仅仅是手段上的差异。因此,这种争论能以纯粹科学的方法来处理,因为引起分歧的不同意见只是有关现在或未来的事实问题。

这类问题可以应用理性的理论方面来解决,尽管事实上也包含着实际问题。但是,在许多表面上可以归入理论方面的问题中,有一种在实践中至关重要的复杂情况。一个想以某种方式进行活动的人,他要首先说服自己,通过这种方式或活动可以达到他的目的,即使他认为没有理由使自己有这样一种信念。如果他没有这种愿望的话,他便会以十分特殊的方式去判断有关事实问题和或然性问题,而这种方式对于想法相反的人来说是不会运用的。例如,那些有志于政治的人总会说服自己相信,他们的政党领导人绝不会像对立政党政治家那样犯奸诈的欺骗罪。那些乐于管理的人认为,人们像一群羊一样被管是好事;那些爱抽烟的人会说,烟草能镇静神经;那些爱喝酒的人会说,酒能激发智慧。由此而产生出来的偏见,会使人难免对事实做出错误的判断。即使是一篇有关酒对神经系统作用的有价值的科学论文,一般说来也会因为作者本人是否是一个戒酒主义者的内在因素而受到影响。无论作者本人是不是戒酒主义者,他总会以一种能证明自己做法是正确的倾向去看待事实。在政治和宗教事务中,这种考虑更为重要。大多数人认为,在形成自己政治见解时,是为公共福利的欲望所激励,然而事实上90%人的政治见解可以通过他的生活方式显示出来。由此使得有人主张,并且更多的人在实际上相信,在这一类的问题中,不可能存在客观的方法,除了具有对立倾向的阶级之间的输赢之争外没有别的方法。

然而,正是在这类问题中,心理分析是特别有用的。因为它能帮助人们察觉到从未意识到的偏颇,给人们提供一种像别人看待我们一样看待自己的专门方法,并使我们有理由认为,这种观察并不如我们所想象的那样不公正。这种方法如果同科学观的训练结合起来,并得到普及,它能帮助人们比现在更合乎理性地对待有关事实的信念,以及有关任何行动可能产生的效果的信念。如果人们对这些问题没有意见分歧,那么其他方面的分歧也一定能够得到和解与协调。

实践方面的理性可以定义为时刻铭记我们所有相关的欲望,而不只是某种在某一时刻表现的最强烈的欲望。像上述理性一样,因为它也是一个程度问题。完全的理性无疑是一种难以达到的理想境界,但是只要我们继续把某些人划归于精神病人,那么很明显,我们就会认为有些人比另外一些人更有理性。我相信今日世界上一切实实在在的进步,包括在实践上和理论上,都是由于理性的增长。在我看来,宣传那种利他主义的道德没有什么作用,因为它只能对那些早已具有利他主义欲望的人产生魅力。而加强理性宣传与此不同,因为理性大体上能帮助我们实现我们自己的欲望,而无论这些欲望是怎样的。一个人的理性增长,同他的智力活跃程度和对他欲望的支配情况成正比。我相信,以我们的智力来支配我们的活动,这终极是最为重要的事情,而且只有它能使我们的社会生活继续下去,因为科学的进步在不断更新我们自由处置的相互残杀的工具。教育、报纸、政治和宗教,一句话,今天世界上一切有力的工具都在非理性的一边,它们掌握在那些阿谀"平民国王"以便把他引入迷途的人手中。对此的补救方法绝不在于任何英雄创举,而在于我们对同胞和对整个世界抱有比较公正和平衡的见解。为了消除我们今天世界正在遭受的种种苦难,我们只有依靠正在广为传播的智慧。

二十四、知识与价值

英国一位靠出卖朋友而发迹的人——弗兰西斯·培根曾说:"知识就是力量。"这无疑是一句成熟的经验总结。然而这句话并非对一切知识都是正确的。托马斯·布朗爵士曾想弄清楚希腊神话中半人半鸟的海妖究竟唱的是什么歌,然而即使他确实搞清楚了,那也不能帮他从一个地方长官提升为国家的高级行政长官。培根心目中的知识是指我们所说的科学知识。在强调科学的重要性时,培根陈腐地沿袭阿拉伯和中世纪早期的传统,把知识主要看作是由占星学、炼金术和药物学组成的,它们全都是科学的部门。一位精通这些学科的学者就是获得魔术般力量的人。在 11 世纪初,教皇西尔维斯特二世除了由于他读了些书外没有别的理由,就被普遍地看作是一个同魔鬼结盟的魔术师。莎士比亚《暴风雨》剧中主人公普罗斯帕罗,在莎士比亚的时代仅仅是一个构想中的人,但在若干世纪中却代表着人们的普遍接受的学者的概念,至少就其法力来说是人们感兴趣的。培根相信科学能够提供比从前巫师任何梦想还要更为有力的魔术师的魔杖。

培根在世时,英国的文艺复兴达到高峰,它包含一种对功利主义知识概念的反抗。希腊人熟悉荷马,如同我们熟悉音乐厅的歌曲,因为他们欣赏荷马,而且并不觉得他们是在忙于追求学问。但是 16 世纪的人不预先具备相当的语言学的学识,就不能着手研究荷马。因此他们在读那些古典著作以及其他艰深著作时,处处仿效希腊人。在文艺复兴时,学习是生活乐趣的一部分,就如同饮酒或性交一样。不仅对文学是这样,对那些较严肃的学科来说也一样。人们都知道霍布斯第一次接触欧几里得几何学的故事。一次他偶然翻开书,看见毕达哥拉斯定理,他大声叫道:"上帝,这是不可能的。"于是他回过头来继续读它的证明，等到读到公理时，他信服了。没有人会猜疑，对于霍布斯来说，这是如同沉迷酒色一样的时刻，然而由于想到几何学在测量土地方面的作用，这种心情被纯化了。

确实，文艺复兴发现了同神学相关的古典语言的实际用途。对于古典拉丁文新感受的最初成果之一，是不再相信假造的罗马教皇的教令和康士坦丁的捐赠了。希腊与罗马的共和主义，都被用来证明清教徒与斯图亚特王朝、耶稣会会员与那些不再对教皇忠顺的君主之间的对抗是有道理的。但所有这一切都是古典学问的复兴的结果，而不是原因。文艺复兴的主要动机是精神上的愉快，是复兴在艺术的探索中曾经存在过的那种丰富又自由的精神。

人们发现，希腊人专心注意的问题不纯粹是文学和艺术，他们也专注像哲学、几何学和天文学这些学科。因此，这些学科是很受人尊重的，但其他学科更易引起问题。医学确实由于希波克拉底和盖伦的名声而使人感到高贵，但在中期它几乎仅限于存在阿拉伯人和犹太人中间，而且同魔术纠缠在一起。所以出现像巴拉塞尔士这样的既是医生又是炼金术家这样声名暧昧的人。化学的名声更糟，而且直到18世纪以前很少受到人们重视。

这样就使得有关希腊文和拉丁文的知识，以及对几何学或许还有天文学的一知半解，被看作是一个高尚绅士的有文化教养的标志。希腊人看不起几何学的实际应用，只在他们衰败时，他们才发现在占星学的伪装下的天文学有点用。16和17世纪时大体是以希腊人的公正态度去研究数学的，而且倾向于舍弃那些由于同巫术联系在一起而降低了自己价值的科学。有关知识的更广博和更实用的观念在逐渐形成，它贯穿整个18世纪。大约就在这个世纪末，这种观念加速形成。法国大革命给绅士式的文化以沉重打击，而机器生产发展为非绅士式的技术的应用提供了广阔余地。在过去的150年中，人们对"无用的"知识的价值越来越强烈地发出疑问，而且他们逐渐相信，唯一有价值的知识是指可以应用于社会经济生活的那部分知识。

无论在哪里，知识渐渐不被人们看作是于自身有益的东西，或是开拓人生的一种博大仁慈胸怀的工具，而是被看作只是工艺技巧的一个要素而已。这部分是由于科学技术和军事需要而带来的较大的社会一体化。当今比以往存在着更为密切的政治上和经济上的相互依赖性，因此个人生活要适合社会压力也较以往更大。教育制度，除了那些专为富人设置的，或者像在英国因自古以来一直保持下来的惯例之外，不允许自作主张去支配经费，而必须是为了传授技艺和灌输忠诚的有用目的，使国家满意。这正是导向建立义务兵役制、童子军、政治党派组织和靠报纸杂志散布政治情绪这类运动的重要组成部分。我们现在比过去更了解我们的同胞，如果我们是有德行的，我们更想为他们行善，而且无论如何也要使他们为我们行善。我们不想让谁过着怠惰逸乐的生活，无论他过的这种生活是多么高贵文雅，我们认为任何人都应该做些有助于伟大事业的事情。有许多坏人越来越反对这种事业，我们应该予以制止。因此，我们没有闲心去学习别的知识，除非我们认为是重要的，是有益于我们而值得为之奋斗的知识。

　　对于狭隘的功利主义的教育观点，有许多话可说。在人们开始谋生之时，没有时间去事事都学，无疑"有用的"知识是最有用的。它建造了当代世界，没有它，我们就没有机器、摩托车、铁路、飞机。进一步地说，我们就没有现代的广告和宣传事业。现代知识使得人们的健康状况得到大大改善，而与此同时也发现了如何用毒气去绝灭大城市。同以往比起来，我们今日世界最明显的特点是由于有"有用的"知识。迄今没有一个社会充分拥有它，但无可怀疑，教育必能不断增进它。

　　同样，必须承认传统文化教育大部分是愚蠢的。儿童花费很多年去学习拉丁文和希腊文文法，而最后既不能也不想去读希腊文或拉丁文著作。从各方面看，现代语言和历史比拉丁文和希腊文更可取。它们不仅更有用，而且花费较少的时间就能得到更多的文化知识。对于一个15世纪的意大利人来说，由于实际上每一点都要解释，如果不用意大利文来解释，那就要用希腊文和拉丁文，所以这两种文字是文化入门不可缺少的关键。但此后，用各种语言书写的伟大文学作品出现了，文明的发展如此迅速，使得古代知识在对当代问题的了解上，比起现代国家和有关这些国家近代历史的知识要更少有用。在知识复兴的时代值得称赞古典教师的观点逐渐变得过于狭隘，因为这种观点忽视了15世纪以来世界的变化发展。在正确的教导下，不仅是历史和现代语言，就连科学也对文化做出了贡献。因此可以说，教育除了直接的实用目的之外，还应该有其他的目的，无需为传统的课程辩护。其实当我们对实用和文化这两方面作广泛的考虑时，我们会发现这两者并不像它们的狂热拥护者所认为的那样不相容。

但是，除了文化和直接效用之间能被联系起来的这种情况外，尚有对技术效用并无作用的各种不同的间接效用。我认为现在世界的某些最坏状况，能够通过这种知识的伟大激励和减少无情地追求纯粹职业上的能力而得到改善。

当自觉的行动完全集中于某一确定的目的时，对于大多数人来说，最终的结果是随同某种精神上的混乱而失去平衡。在1914～1918年的战争期间，控制德国政治的人犯了错误。例如，由于发动潜水艇战使美国站到了同盟国一边，任何人对此不明智一看就知道，但他们由于精神上专注于一点而又缺乏冷静的考虑，因此不能头脑清醒地作出正确的判断。同样的事也能在那些把长期紧张状况加诸自发冲动的人中间发生，日本帝国主义者和德国纳粹分子都曾出现过或现在仍具有这种紧张狂热。这就是由于在他们的精神世界中为完成某种任务而过度紧张，当任务重要得如同狂热分子所想象的那样可实行时，其结果就可能不得了了。但在多数情况下，狭隘的眼界会使某种有力的抵制力量泯灭，或者使得所有这样的力量遭到惩罚和责难。成年人像儿童一样需要娱乐，这就是说，在现时的享乐之外还需要无目的的活动时间，但是如果想要娱乐得合乎其目的，那就必须在工作之余去寻求愉快和乐趣。

现代城市居民的娱乐方式越来越趋向消极的和集体的，而且也趋向于静观他人的技艺活动。无可怀疑，这种娱乐方式比没有要好，但是总不如那些受了教育而具有的在工作之余的广泛的智力兴趣。由于机器生产改善了人们的经济状况，人们空闲的时间增多了。除了那些有很多智力活动和兴趣的人之外，闲暇往往使人厌倦。因此闲人要想过得愉快，必须接受教育，必须陶冶自己的心境和接受技术知识的教育。

在知识的探求中，文化素养若被融化而获得成效，必能构成人们的思想和欲望的特性，并使这些思想和欲望至少有一部分同广泛的非个人的事情相连，而不是只同个人直接有关的事情相连。当人们凭借知识而获得某种能力时，他将会按照对社会有益的方式运用这种能力，这是完全可以想象的事。然而狭隘的功利主义的教育观，却忽视了对人的理想训练如同技术训练一样必要。未经训练的人性中存在着很多残忍野蛮的因素，它会以各种各样的方式和程度不同地表现出来。例如在小学生中发生的欺辱新生，或戏弄那些特别的人的现象。很多妇女背后说长道短，使人痛苦。西班牙人喜欢斗牛，英国人喜欢打猎和射击。同样残酷的冲动以更为严重的形式表现在德国对犹太人的杀害和俄国对富农的残杀。一切帝国主义都为这种残酷的冲动创造机会，而在战争中则成为神圣的国民天职的最高典型。

现在必须承认，受过高等教育的人，有时也是残忍的。但我认为他们比起那些心灵上未经开化的人还是较少发生此种情况的。在学校里行凶斗殴的人，很少是学习上能到中等水平的人。当发生一件私设公堂的事情时，其主谋几乎都是些无知无识的人。这并不是因为心灵的文化教养能激起积极的人性感情，尽管也可能如此。相反地这是因为他所产生的除了虐待别人之外没有其他兴趣，除了支配他人的主张之外没有其他自尊的来源。最为人们普遍欲求的事情就是权力和称赞。一般说来，无知的人只能以粗暴的方式来达到这两者，其中包括通过体力上的征服。文化教养给人提供的是很少有害的权力形式和较多值得使自己受到称赞的方式。伽利略对于改变我们这个世界来说所做的比任何君主要多，而他的力量之大却远远超过那些迫害他的人。因此，他也不需要反过来成为一个迫害者。

也许"无用的"知识最重要的优点，是它能提高心灵的沉思的习惯。现在世界上有许多人处事过分轻率，不仅其行动在事先没有经过周详的考虑，而且对有的行动从智谋上加以考虑也难做到。在这个问题上，人们以各种奇奇怪怪的方式表现出他们的偏见。歌德所著《浮士德》中的魔鬼——梅菲斯特对年轻的学生说，理论是灰色的，生命之树是常青的。人们引证这句话时，都认为它似乎是歌德的格言，当成他认为魔鬼会对一个大学生说这话似的。莎士比亚悲剧《王子复仇记》中的主人公哈姆雷特，被人们看作是一个有思想而无行动的严肃告诫者，然而却没有人会认为莎士比亚悲剧《奥赛罗》中的主人公奥赛罗，是一个有行动而无思想的告诫者。像柏格森这样的教授，以某种势利眼看人，极力贬低哲学，说什么生命至多就像一队骑兵冲锋。对我来说，我认为当行动是出于对宇宙和人类命运的深刻了解、而不是出于野蛮的浪漫而失去平衡的自我肯定时，它是最好的。在思想上而不是在行动上去寻求愉快的习惯，是对抗愚昧无知和过分争权的一种保护措施，是在不幸中保持沉着，在忧虑中保持平静的一种方法。幽禁于自我的生命可能迟早会变得痛苦不堪，只有通过宽广而又较少烦闷的明亮之窗，生命之中较为悲惨的部分才能变得有忍耐力。

奇妙的学习不仅能使不愉快的事变得较少，而且也能使愉快的事变得更愉快。我之所以喜爱桃杏，是因为我知道它们早在汉朝时就首先在中国培育起来了，后经过卡尼斯迦王扣押的中国人质把它们传入印度，不知什么原因又传入波斯，公元一世纪时又到达罗马帝国。"杏"这个字与"早熟"一字同出于拉丁文，因为杏成熟较早，而开始的字母A是由错误的语源学之误加上去的。所有这些，使得这种水果吃起来味道更鲜美。

大约在100年前，一些好心的博爱之士创办社会团体，目的是要"传播有用的知识"。这样一来使得人们不再欣赏"无用的"知识的美味了。有一天我偶然翻开柏顿的《忧郁症的解剖学》，我知道是存在一种"忧郁的质料"，但是有人认为它可能是由四种体液产生的，盖伦认为它可能仅由三种体液产生。瓦勒利奥斯和米兰德坚决持此主张，佛席斯和蒙塔尔特斯也这样认为，他们说："怎么能将白的变成黑的呢？"尽管有这种无法回答的论证，但正如柏顿告诉我们的，撒克逊的海克、力斯、卡丹、圭安奴鲁斯和劳伦秀斯却持相反的意见。受了这种历史性回顾的安慰，我的忧郁消失了。对于过火热情的治疗，我能想出一些比上述讲到的古代争论过程更为有效的一些方法。

虽然文化上浅薄的愉快足以解除实际生活中的一般苦恼，而沉思更为重要的作用，关系到人生更大的灾难、死亡、痛苦、残暴，以及国家民族陷于多余的灾难这种愚昧的情况。独断的宗教已不能再给人们带来慰藉，为了使得生活不致趋于黑暗、枯燥，不致充满肤浅的自我主张，必须寻求某种可以代替的东西。现今的世界充满的以自我为中心的愤怒的集团，其中没有一个能具有全人类的眼光，每个团体都宁可文明毁灭，而不愿作出一点让步。对于这种狭隘的思想，任何专门教育也不能提供有解毒功效的良方。因为此种思想属于个人心理上的问题，所以解毒良方应求之于历史学、生物学、天文学，以及一切无妨自尊心、相反却能使人以激发整个人生目的概念的知识：艺术与历史，对英雄传记的了解以及对人类在宇宙中的奇特的附属和短暂的地位的了解——所有这一切都同人类特有的自负的心情相联系，即人的视与知的能力、崇高的感情和透彻的思考力。从伟大的认知能力和无私的情绪结合之中最易于产生出智慧来。

在一切时代里，人生充满着痛苦。在我们今天，较前两个世纪人生的痛苦更甚。为了逃避痛苦，驱使人们走向猥琐，走向自欺，走向发明出大量超个人的荒诞事情。然而这些短暂的慰藉，只不过是增添忍受长期的痛苦的源泉。个人与公众的不幸只能靠意志与智力交互作用来控制，在意志方面是拒绝回避不幸或接受一项不实在的解决办法，在智力方面是认识它，如果在能补救的情况下去寻求补救的办法，如果不能补救则根据对它的关系的了解，把它看作是必须加以接受的，并且记住在它之外的其他地区、其他时代和星空的深远之处，使得它能忍受下来。

二十五、神秘体验

科学和神学的斗争，一直是一种特殊的斗争。在所有时代和所有地方，绝大多数科学家都拥护他们当时的正统观念。其中有些是极其著名的科学家。牛顿是基督教信仰的拥护者。居维叶是一个天主教徒。法拉第是一个桑德曼派信徒，但是就连他都认为那个教派的谬误是科学论据所不能证实的，他对科学和宗教的关系的看法是能够博得每个教士称赞的。斗争是神学与科学之间的斗争，而不是与科学家之间的斗争。一般说来，科学家们即使自己的观点遭到谴责，也尽量避免冲突。我们知道：哥白尼曾把自己的著作奉献给教皇；伽利略退缩了；笛卡儿虽然认为住在荷兰是深谋远虑的，但他还是竭力同教士们保持良好关系，并且有意保持沉默，以免于被谴责为具有与伽利略同样的观点。在19世纪，英国大多数科学家还认为，他们的科学与自由派基督徒认为是本质的那部分基督教义没有根本的冲突——因为牺牲《圣经》里所说的大洪水，甚至亚当和夏娃的字母上的翔实性，过去一直就认为是可行的。

自从哥白尼学说取得胜利到今天，情况始终没有发生很大的变化。连续不断的科学发现使基督徒们一个接一个地抛弃在中世纪被认为是基督教义组成部分的那些信条，这种步步退却使得科学家们能够继续成为基督徒，除非他们是在如今已成为斗争焦点的那个有争论的新领域里工作。正如近300年来曾多次出现的情况那样，现在又有人宣布科学与宗教已经和解。科学家们谦和地承认，有些领域不属于科学的范围，而自由派神学家则承认，他们不会贸然否定科学家所能证实的任何事实。当然，也有个别不愿和解的人：以原教旨主义信徒和顽固天主教神学家为一方，以研究生物化学和动物心理学这类学科的那些较为激进的学者为另一方，他们甚至连比较开通的教士们提出的那些相当和缓的要求都不愿接受。但总的来说，斗争是比以前缓和了。主教和教授们也许在无意识的深处，感到彼此对维持现状有共同的兴趣。

目前科学与宗教之间的种种关系是符合英国政府愿望的，其情况只要读《科学与宗教论文集》这本很有启发性的书便知道了，该书由英国广播公司于1930年秋广播的20篇演讲所组成。当然，英国广播公司没有邀请那些直言反对宗教的人参加，因为他们会使正统观念较强的听众感到不快。其中确有一篇精彩的讲演，那就是赫克斯利教授所作的开场白，这篇开场白甚至对最隐蔽的正统派也未给予支持；但它几乎也没有会使自由派教士们感到不满的内容。那些敢于发表自己明确的意见并提出支持这些意见的论据的讲演者们，采取了从马林诺夫斯基教授到奥哈拉神父之间的各种不同立场：前者悲郁地承认内心有一种受压制的、信仰上帝和永生的渴望；而后者则大胆地断言，启示的真理比科学的真理更可靠，当这两者发生冲突时启示的真理必然占上风。虽然他们的讲演在细节上各不相同，但给人总的印象是：宗教与科学的斗争已经结束了，非常理想。因此，斯特里特教士随后讲演时说："以上几次讲演值得注意的一点是，它们的总趋势是朝着同一个方向发展的……一个思想反复地出现，那就是：单靠科学是不够的。"宗教与科学真的是这样一致了呢，还是实际上是控制英国广播公司的当权者们认为这样是一致了，那是可以怀疑的。但是必须承认，尽管论文集的作者们有许多分歧，他们在斯特里特教士所说的那一点上倒的确好像很一致。

因而，阿瑟·汤姆森爵士说："作为科学的科学从不问为什么的问题。也就是说，它从不探究存在生成和已存这种多功能词的意思、意义或用意。"他继续说道："因此，科学并不自命为是真理的基石。"他告诉我们："科学不能将它的方法应用于神秘的和精神性的事物。"霍尔丹教授认为："只有在我们自身内，即在我们关于真理、正义、仁爱和美的那些能动的观念，以及由此产生的与他人的友情中，才能察觉到上帝的启示。"马林诺夫斯基博士说："宗教启示是一种原则上不属于科学范围的经验。"此刻我就不引述神学家们的话了，因为可以预期他们的看法与上述看法是一致的。

在进一步论述之前，让我们设法弄清楚讲演者们作了什么断言，这种断言是正确的还是错误的。当斯特里特教士断言"科学是不够的"时，在一种意义上说他是在说不言而喻的话。科学并不包括艺术、友谊或生活中其他各种有价值的成分。但这句话的含义当然还不止于此。"科学是不够的"这句话还有另一个更为重要的意义，我认为在这种意义上说这句话也是对的：科学不讲价值，它不能证实"爱比恨好"，或"仁慈比残忍更值得向往"诸如此类的命题。科学能告诉我们许多实现欲望的方法，但它却不能断定一个欲望比另一个欲望更为可取。这是一个大问题，我在后面还将谈到。

但是，我引述过的那些作者无疑是想进一步作出某种断言，而我认为这种断言是错误的。"科学并不自命为是真理的基石"这句话意味着还有另一种获得真理的非科学方法。"宗教启示……不属于科学范围"，这句话告诉了我们这种非科学方法是什么，这就是宗教启示的方法。英季教长比较直言不讳地说："因而宗教的论证是经验性的。""这就是根据上帝借以把自己显现于人类的真、善或爱、美三种属性不断加深对上帝的认识。你一定会说，如果仅此而已，宗教完全没有理由同自然科学发生冲突。一个探讨的是事实，另一个探讨的是价值。即使这两者都是真实的，它们也是互不相干的，这种看法完全不对。我们已看到，科学侵入了伦理学、诗学等领域。宗教也不得不侵入。"这就是说，宗教不仅应当断言应该是什么，而且还应当断言是什么。英季教长所公然表明的这种看法也暗含在阿瑟·汤姆森爵士和马林诺夫斯基博士的话中的。

我们应当承认有一种可以用来支持宗教的，不属于科学范围的，而且可以恰当地被描述为"启示"的认识来源吗？这是一个难以论证的问题，因为那些自以为通过启示已经明了真理的人宣称，他们对这些真理深信不疑，就同我们对感觉对象深信不疑一样。我们相信那个用我们从未见过的望远镜观察事物的人。那么，他们就问：当他们报道他们认为同样是确实无疑的事情时，我们为什么不应当相信他们呢？

想提出一种能使亲自受到过神秘启示的人满意的论据，也许是徒劳的。但关于我们其他人是否应当接受这一证言，还是有话可说。首先，它是无法接受通常验证的。当科学家告诉我们实验的结果时，他也告诉我们这个实验是怎么做的，其他人可以照此重做，而且如果结果得不到证实，就不承认它是正确的。对此有人可以回答说：一个人应当运用相应的感官，望远镜对于闭着眼睛的人来说是没有用的。关于神秘主义者的证言是可信的辩论几乎可以无限期地延长下去。因为这场辩论是科学的辩论，它应该完全按照对于未确定的实验所进行的那种辩论来进行，所以科学应当保持中立。科学依赖于知觉和推理，它的可信性是由于那些知觉是任何一个观察者都能够验证的。神秘主义者本人可以深信不疑自己确实是知道的，并不需要科学的验证，但是，被要求接受其证言的那些人，却要对它进行与应用于自称到过北极的人同样的科学验证。因此，科学不应当对结果预先作出肯定或否定。

  作为具有科学禀性的人，我们首先自然会问：我们是否有办法能亲自获得第一手同样的证据？对此我们将得到各种各样的回答。有人也许会告诉我们说，我们的心境显然不是虚怀若谷，我们缺乏那种必要的谦卑；或许又有人会告诉我们说，斋戒和宗教冥想是必要的；或许，要是我们的见证人是印度人或中国人的话，他们会告诉我们说，首先必须要做气功。我认为，我们会发现，虽然斋戒也往往是有效的，但实验的证据有助于证实最后一种观点。事实上就有一种叫"瑜伽"的明确的身体修行方法，进行这种修行是为了产生神秘主义者断言的事实，那些试行过的人非常有把握地推荐这种修行法。气功是瑜伽的最基本特征，我们为达到自己的目的可以不去考察其他的特征。

  为了知道我们如何能检验瑜伽产生顿悟的断言，让我们人为地简化这个断言。让我们假设：有一些人向我们保证说，我们如果以某种方式呼吸一段时间，就会确信时间是不是真实的。让我们进一步假设：我们按照他们的秘诀试验了一下，亲自体验到了他们所描绘的那种心境。但是我们的呼吸一经回复到正常的方式，我们就立即不能完全肯定这种幻觉是否可信。我们将如何探讨这个问题呢？

  当然，大多数神秘主义者并没有完全接受这些结论，但他们却极力鼓吹那些从中必然得出这些结论的学说。因此，英季教长拒绝接受那种诉诸演化的宗教，因为它过分强调暂时的过程。他说："不存在什么进化的规律，因而也不存在普遍的进化。"他又说："自行的、普遍的进化说，即维多利亚女王时代许多人所信奉的那种世俗宗教，苦于处在几乎是唯一能够明确地被证明为不成立的哲学理论的不利境地。"这个问题我将在下一阶段中讨论。我认为，在这个问题上我与这位教授的看法是一致的，在许多方面我对他极为尊重，但他当然没有从他的前提中作出在我看来是理所当然的一切推论。

重要的是，不要用漫画的手法来讽刺神秘主义学说，我认为它有一个智慧的内核，让我们考察一下它是如何企图避免得出似乎从对时间的否定中必然产生的那些极端结论的。以神秘主义为根据的哲学有着悠久的传统，它从巴门尼德一直流传到黑格尔。巴门尼德说："存在物是不可能被创造，也不可能被消灭的，因为它是完整的、不动的和无终结的。它既无过去，也无将来，因为它是在现在，一气呵成地是一种连续的东西。"他把实在与现象，或他称之为真理之道与意见之道的区别引入了形而上学。很明显，谁要否定时间的真实性，谁就得提出这种区别，因为世界看起来显然是处于时间之中的。如果日常经验并不完全是虚幻的话，现象与其背后的实在之间必然存在某种关系，这也是很明显的。然而，正是在这一点上产生了最大的困难，把现象和实在的关系理解得太密切的话，一切令人厌恶的现象特征在实在中就会有其令人厌恶的对应物；而把这种关系理解得太疏远的话，我们将不能从现象特征中推断出实在特征，实在将仍然是一种含糊不清的不可知物，如同赫伯特·斯宾塞所描述的那样。对基督徒来说，还有一种与此有关的避免泛神论的困难：如果世界仅仅是外表的，那么上帝什么也没有创造，而与世界相对应的实在就是上帝的一部分；但如果世界多少还是有点真实的，而且不同于上帝的话，那么我们就抛弃了一切事物的完整性，即神秘主义的基本学说，而且就不得不认为：既然世界是真实的，它所包含的邪恶也就是真实的。这类困难使得正统的基督徒很难接受彻底的神秘主义。例如，伯明翰的大主教就说："在我看来……任何形式的泛神论都是要不得的，因为如果人真是上帝的一部分的话，那么人的邪恶也就是上帝的邪恶了。"

我现在一直是在假设我们是一个陪审团，在听取神秘主义者的证词，并试图对他们的证词作出肯定或否定。如果当他们否认感觉世界的真实性时，我们认为他们指的是普通法庭意义上的"真实性"，那我们就会毫不犹豫地反驳他们的话，因为我们会发现它与其他所有的证词是矛盾的，而且甚至与他们本人从俗时的证词也是矛盾的，因此，我们应当寻求某种另外的意义。我认为，当神秘主义者把"实在"与"现象"加以对比时，"实在"这个词并无逻辑的意义，而是有一种情感的意义：它是指从某种意义上说来是重要的事情。当神秘主义者说时间不是真实的时候，他们应当说：在某种意义上、在某种场合下，把宇宙想象为一个整体是很重要的，因为造物主，在决定创造宇宙时必定已经构想出了它。当这样设想时，一切过程都是包含在一个完满的整体内，过去、现在和将来的一切全都存在，在某种意义上说，一起并存。现在的事物并没有根据我们通常对世界的理解那样认为其具有的那种显然的真实性。如果这种解释得到公认，那么神秘主义所表达的是一种情感，而不是一种断言，这是由于他们不能把憎爱分明感的重要性与科学的确实性区分开来的缘故。当然不可能指望神秘主义者们会接受这一观点，但就我所知，这是既与科学智力不相矛盾，又在某种意义上接受了他们的论点的唯一观点。

神秘主义者们的观点具有肯定性和部分一致性，绝不是承认他们证词是事实的令人信服的理由。当科学家想让别人目睹他所看到的事物时，他就调好他的显微镜或望远镜，那就是说，他命名外部世界发生变化，但只要求观察者有正常的视力。与此不同的是，神秘主义者则要求观察者通过斋戒、气功和止观，使其本身发生变化。

我们都知道，鸦片、大麻、酒精能在观察者身上产生某些效果，但我们认为这些效果并不是美妙的，所以在我们宇宙理论中就不考虑它们。它们有时甚至能揭示出一些支离破碎的真理；但我们并不认为它们是全面智慧的源泉。看见蛇的醉汉过后并不认为自己有过一种别人看不到的实在的启示，虽然某种并非完全不同的信念一定引起了对酒神巴克斯的崇拜。正如威廉·詹姆斯所说，当代有些人认为，酒精中毒揭示出平时隐藏着的真理。从科学的观点看来，我们不可能把因禁食而看见天国的那种人与因豪饮而看见蛇的那种人加以区别。这两种人都是处于一种反常的生理状态，因而他们的知觉也是反常的。正常的知觉因为在生活斗争中必须是有效的，所以与事实必然有某种相符之处。但是，在反常的知识里肯定不会有这种相符之处，因此它们的证词不可能比正常知觉的证词有价值。

这种神秘的情感如果摆脱各种没有根据的信念，并且不至于强烈到使人完全放弃日常生活事务的程度，那就可以产生某种非常有价值的东西，即与由冥想所产生的同样的东西，尽管它表现为一种高级的形式。胸襟之开阔、态度之沉着、思想之深刻，都可起源于这种情感。当沉浸于这种情感时，一切私欲都暂时消失了，思想成了一面反映宇宙广阔的镜子。有过这种经验，并认为它必然同关于宇宙本质的断言有关的那些人，当然坚持这些断言。我本人认为，那些断言是无关紧要的，而且不应当相信它们是真的。除科学的方法外，我绝不会承认任何获得真理的方法，但在情感的王国，我不否认那些产生宗教的经验价值。由于同一些虚妄的信念相联系，这些经验除导致了善之外，还导致了许多恶，摆脱了这种联系，那就可以指望只保留善。

二十六、爱的地位

大多数社会对于爱的普遍态度由两个方面组成：一方面，爱是诗歌、小说和戏剧的重要题材；另一方面，大多数严肃的社会学家对爱完全加以抹煞，而且不把它看作是经济或政治改革计划中十分重要的事情之一。我不认为这种态度是正确的。我把爱看作是人生中最重要的事情之一，而且我认为凡是干涉爱的自由发展的制度都是不好的。

如果我们正确地使用爱这个词，那么很清楚，它并不是指两性间的一切关系，而只是指包含着很深的感情和心理及生理上的一种关系。爱可以达到任何一种强烈的程度。像《忧伤和孤独》中所表达的那种感情和无数男女的经验一致的。对爱的感情赋予艺术表达能力是很少的，但感情本身，却不是这样。爱的感情在某些社会中比另外一些社会中更普遍。我认为这并不是由于人的本性，而是在于他们的习惯和制度。在中国，爱的感情是稀罕的，而且它在历史上是作为那些沉湎于罪恶的婢妾制度的坏皇帝的本性。传统的中国文化反对一切强烈的感情，而且认为在任何情况下，人都应保持理智的支配地位。在这方面类似于我们西方18世纪初。但是，我们后来经历了浪漫主义运动、法国大革命和大战，所以知道在人类生活中理性的地位并不像安妮女王朝代所希望的那么重要。而理性本身在创立心理分析学说时已变成叛逆。在现代生活中，三种主要的理性之外活动是宗教、战争和爱，所有这些都在理性之外，但爱却不是反理性的。这就是说，一个有理性的人可以合乎理性地享有爱的存在。由于这个原因，我们在前几节中已讨论过，在当代世界中，宗教和爱发生了一种对立。我并不认为这种对立是不可避免的，它们之间所以发生对立，只是由于基督教不像其他宗教，它扎根于禁欲主义之上。

但是，在现代世界中，爱有着比宗教更危险的敌人，这就是对工作和经济上取得胜利的信仰。一般说来，尤其在美国，人们认为一个人不应允许爱去干涉他的事业，而且谁干涉了谁就是傻瓜。然而在这个问题上像在一切有关人类的问题上一样，需要一种平衡。虽然在有些情况下，完全为了爱而牺牲事业可能是件可悲但又英勇的事，这是一种愚蠢的行为，但完全为了事业而牺牲爱，虽然也是一种愚蠢的行为，却绝不是一件英勇的事。然而对一个典型的商人生活来说，从他成年起，他就把自己全部美好的思想和精力献身他经济方面的成功之上，其余一切事不过是不重要的娱乐。年轻时，他经常以嫖妓来满足自己生理的需要；结婚后，他的兴趣和他妻子的兴趣完全不同，因此，他绝不能真正同他的妻子有亲密关系。他晚上回到家中时，已因为办了一天公而感到疲倦；他早晨起床时，他的妻子还没有醒来；星期天他玩高尔夫球，因为为了赚钱，他需要锻炼身体。在他看来，他妻子的兴趣似乎只适合于女性，虽然他赞成，但他并不想同她共同享受。像对婚后的爱他没有时间一样，对她非法的爱他也没有时间，虽然有时因他忙于事业而远离家时，他也可能偶然地进一次妓院。他妻子也许在性的方面对他冷淡，这没有什么奇怪，因为他没有时间向她求爱。他下意识感到不满意，但他不知道为什么。他解决不满意的出路主要就是工作，此外也有些别的不太合意的方式，例如，观看职业性拳击比赛或迫害激进党人时得到的那种虐待狂式的满足。他妻子同样地感到不满足，只好在低劣的文学作品中去寻找出路，并且靠蹂躏所有生活得宽仁和自由的人来维持自己的德行。这样下去，夫妇双方性的方面不满意就变为对人类的厌恶，尽管他们仍然罩上为公精神和高尚的道德标准的假面具。这种不幸的情况，大都是由于对性的需要抱有一种错误的观念。圣保罗明确认为结婚的唯一需要是性交的好机会，这种观点基本上受基督教道德家的说教所鼓励。其结果是使那些在年轻时就受过他们教诲的人来到这个世界，就看不到他们自己最伟大的能力。爱不仅是性交的欲望，它是避免孤寂的主要方式，因为孤寂是大多数男女一生中大部分时间都会碰到的。大多数人因这冷漠的世界和人类可能有的残酷而引起深深的恐怖，其实也会有一种需要求爱的欲望，但是，这种爱常常因男人粗暴的或强横的行为以及女人唠唠唠叨叨的咒骂而被遮掩了。只有相互之间热烈的爱达到持久之时这种感觉才可能结束。爱能打开自我的坚壁，生出一个新的合二为一的生命。自然并不是创造孤立的人类，因为人除非靠他人的帮助，否则不能满足自然的生物学意义上的目的。有教养的人如果没有爱，也不能满足他们性的本能。一个人除非他的整个生命，包括精神的和生理的参与这种关系，否则他的本能不会得到完全的满足。那些从不了解两性之间幸福的爱所引起的亲密感情和热烈友谊的人，是失去生活赋予人最美好的东西的人。当他们无意识地感觉到这一点时，其结果是失望使他们走上妒忌、压制和冷酷的道路。因此，给予爱以应有的地位，这是社会学家的责任。因为如果失去了这种经验，那么人们无论在精神上或身体上都不能得到充分的发展，也不能在其他人中间感受到这种真诚的热情。而没有这种热情，他们的社会活动必定是有害的。

　　无论男女只要具备适当的条件，都会在生活的某个阶段中感受到这种热烈的爱。但是，如果没有经验，那就难以区分热烈的爱和单纯的性欲。特别是在有教养家庭中长大的女孩子，她们受的教育是绝不能同男人接吻，除非你爱这个男人。如果一个女孩子要保持贞节直到结婚，那她常常很容易被一时的和浅薄的性的吸引所迷，而一个具有性经验的女人就很容易把它同真正的爱区别开来。无可怀疑，通常造成不幸婚姻关系的原因同这方面很有关系。而且即使男女双方有了爱情，也可能由于认为这一方或那一方有什么问题而使爱情破裂。当然，这种怀疑可能是有根据的。例如，爱尔兰民族主义者巴涅尔确实犯了私通罪，他因此而推迟了满足爱尔兰的希望许多年。即使这种怀疑是没有根据的，它也会同样玷污爱的名声，因为所有能造成善的爱，必然是自由的、慷慨的、无拘无束的和诚恳的。

　　传统的教育常常把爱同一般犯罪联系起来，甚至同婚姻中的爱联系起来。传统教育常常下意识地在男人以及女人中起作用，也常常在那些不为习俗拘束以及坚持旧传统的人中起作用。这种观念的影响情况不一，它常常使得男人在性交时残忍、粗俗和冷淡，因为他们不能说些女人确实感觉到的话，它也不能使男人正确地把握逐步达到使大多数女人感到快感的最后行动。的确他们常常不能体会到女人应有的快感经验，而如果她没有得到这种快感，是她的爱人的过错。在那些受过传统教育的女人中，常常存在一种冷酷的傲慢和严重的生理拘束，而且也不愿意听任别人温存的身体亲近。一个机灵的求婚者也许能够越过这种羞怯，但是一个尊敬和称赞这种羞怯，把它看作是一个有道德女人标志的男人，大概是不能克服这种羞怯的。这使得婚后的若干年中，夫妻关系也仍然是不自然的和多少有点拘谨的。在我们祖父一辈人中，丈夫绝不会想看他妻子的裸体，而且如果丈夫有这种想法，也会引起妻子的反感。这种态度直到今天还较为普遍，即使在那些摆脱这种观点的人中间，也还存在不少原有的拘谨之处。

在现代世界中，对于爱的充分发展来说，还有一种更是属于心理的障碍，这就是许多人担心不能保持他们原有的个性。这是一种笨拙的和现代特有的恐怖症。个性本身不是目的，它应当是同世界进行广泛接触的结果，因此它必须抛弃孤独性。把个性置于玻璃杯中，它就会萎谢，所以，一个在人类交往中自由扩展的个性必然丰富。爱、孩子和工作是增进个人和世界之间进行广泛接触的最重要源泉。而在这几个方面按时间顺序来说，爱是居先的。其次，爱对父母感情的美好发展也是必需的，因为孩子最易于重现父母双方的特性，如果父母之间不是相互爱慕，那么表现在身上的特性就只是一方面的，而另一方面的特性将会受到伤害。工作并不是经常能够使人同外界得到更多接触的，而且工作是否能够使人同外界保持更多的接触，这有赖于赋予工作的精神是什么。如果工作的动机仅仅是为了赚钱，那它就没有这种价值，只有体现某种献身精神的工作，无论是对于人，对于事，或只是一种幻想，才能有这种价值。爱如果只是为了占有，那它本身就没有价值，这同仅仅为了赚钱而工作是一样的。为了获得我们所说的这种价值，爱必须自觉地意识到被爱的人的自我，同我们本身的自我是一样重要的，必须认识到别人的感觉和愿望，同我们本身的感觉和愿望是一样重要的。这就是说，不仅要根据我们的意识，而且要根据我们的本能把自我的感觉推及于他人。所有这一切由于我们的好斗和竞争的社会，变得难以达到。此外，由于部分从新教运动和部分从浪漫主义运动中产生出来的对无聊的人格的崇拜，也使这难以达到。

在现代不为习俗所拘束的人们中，就我们所说的严格意义上的爱正经受的危险，这是指当人们在任何时候都不再感觉到性交的道德障碍时，当甚至一点轻微的冲动就能够达到它时，人们就习惯于把性与正常的感情和爱区别开来。他们甚至可能把性同憎恶的感情联系起来。关于这个问题，英国文学家、小说家、神秘主义者阿尔都斯·赫胥黎的小说提供了最好的说明。小说中的人物，像圣保罗一样，把性交仅仅看作是一种生理的发泄。至于同性交相关的更高尚的价值，他们看来是不知道的。从这种态度所能产生的唯一结果就是恢复禁欲主义。爱有它自身的正当理想和固有的道德标准。但这些在基督教的说教中是被掩盖的，在相当一部分年轻人中发生的对一切性道德不分青红皂白的反抗中，这些也是被掩盖着的。没有爱的性交是不能使本能得到任何深切的满足的。然而我的意思并不是说这种情况肯定不会出现，但为了保证达到这种状况，我们就必然会筑起坚固的障碍，以致爱也就难以产生了。我所说的意思是，没有爱的性交是没有价值的，并且从根本上来说，应把性交看作是以爱为目的的体验。

　　在人类生活中，爱要求被承认的地位，是很高的。但是爱是一种毫无束缚的力量，如果任其自由放任，它是不会约束在法律或习俗的范围之内的。只要不牵涉儿童，这没多大问题。但如果牵涉到儿童，那就是另外一个问题了，因为在同儿童有关的范围内来说，爱不再是自发的，而是服务于人类生理的目的。因此，为了儿童，我们要有一种社会道德，在我们内心存在冲突时，这种社会道德可以凌驾于热烈的爱的要求之上。理智的道德是可以把这种冲突减小到最低限度的，这不仅因为爱本身是善的，而且当儿童的父母相互爱慕时，它对于儿童来说也是善的。总之，为了保证同儿童的利益相关的爱不会有什么障碍，这应当是有理性的性道德的主要目的之一。不过，这个问题要到我们研究了家庭问题之后再讨论。

二十七、婚姻问题

在这里我们要讨论的是婚姻，它同儿童无关，而仅仅是作为男女之间的一种关系。当然，婚姻不同于其他性关系，因为婚姻乃是一种法律制度。在大多数社会中，婚姻也是一种宗教制度，但婚姻的法律方面是主要的。这种法律制度体现着一种习惯，它不仅存在于原始人类之中，而且也存在于猿和其他各种动物之中。动物实际上也从事婚姻的行为，而且无论在哪里，对于哺养新生动物来说，也需要雄性动物的合作。一般说来，动物中的婚姻是一雌一雄的，而且按照有些权威人士的说法，在类人猿中更是这种情况。因为雄性类人猿一旦同某个雌性类人猿结婚之后，就失去了对任何其他雌性类人猿的吸引力；同样，雌性的类人猿一旦同某个雄性类人猿结婚之后，也就失去了对任何其他雄性类人猿的吸引力。在类人猿中间，虽然没有宗教的帮助，也不知道犯罪，但本能足以产生道德。有些证据说明，在最低等野蛮人类中也存在类似的情况。据说在南非布西门族中就存在严格的一夫一妻制，而且据我所知，塔斯马尼亚人是必定忠于他们的妻子的。即使在有文化的人类中，有时也能发现隐隐约约一夫一妻制本能的痕迹。考虑到习惯对行为的影响，人们也许感到惊奇的是，一夫一妻制对于本能的约束并不比本能本身强。不过，作为人类理智的特点的一个例证，从那里可以同样迸发出他们的罪恶性和智慧。

看来也许最早打破原始人类一夫一妻制的是经济动机的介入。这种动机影响着性的行为，它是十分不幸的。因为它以奴隶或买卖关系取代了以本能为根据的关系。在早先的农业和畜牧业社会中，妻子和孩子都成为男人的经济财产。妻子替男人工作，孩子长到五六岁之后也开始从事田里或看守牛羊的工作。这样一来，那些最有能力的人就以尽可能地占有更多的妻子为目的。一夫多妻很少能够成为一个社会的普遍的事情，因为一般说来女性并不是大量超额的，因此一夫多妻只是头人和富人的特权。许多妻子和孩子成为一种有价值的财产，因此，也就是提高了所有者原先的特殊地位。这样，作为一个妻子的主要作用就变成一种获利的工具，就如同驯养的动物一样，而她的性作用就成为次要的了。在文明的这个发展阶段中，一般说来男人同他的妻子离婚是很容易的，虽然他必须为此退还女方的嫁妆。但是，一般说来女方要想摆脱她的丈夫却是不可能的。

大多数半开化的社会，对于通奸的态度同这种观点是一致的。在最低等的文明阶段，通奸有时是被允许的。据说萨摩亚岛人外出旅行时，十分希望他们的妻子在他们不在的时候，想法安慰自己。但是，在稍高的文明发展阶段中，妇女通奸就要被处死或尽可能地给予其很严重的惩罚。在我年轻时，人们都知道苏格兰探险家，曾到尼日尔河探险的蒙哥·帕克谈到过关于非洲苏丹西部黑人部落卫士孟巴·诚巴的事，但我感到痛心的是，最近我发现有教养的美国人却把孟巴·诚巴说成是刚果的一个神。实际上，他既不是神，也同刚果无关。他是尼日尔河的人捏造的虚构的魔鬼，用来恐吓犯了罪的妇女。蒙哥·帕克这样说必然暗示出伏尔泰关于宗教起源的观点，而这种观点遭到现代人类学者谨慎的压制，因为他们不能忍受有理性的卑鄙举动去干涉野蛮人的行为。一个同别人的妻子发生性交的人当然是犯罪的，但一个同未婚女子发生性交的人不会招致任何罪，只是他降低了这位未婚女子在婚姻市场上的价值。

由于基督教的出现，这种观点发生了变化。从此，宗教在婚姻中的成分逐渐增加了，而且对于违背婚姻法律的惩罚其根据是戒律，而不是财产。对于同别人妻子发生性交，那个人固然是犯罪，而婚姻之外任何性交的发生也都是对上帝的犯罪，而且按照教会的看法，这是一种很严重的问题。由于同样的理由，以前允许男人可轻易休妻的权利，现在已成为不可能的事了。婚姻成了一种圣礼，因此是终生的了。

这对于人类的幸福来说，是得还是失？这很难说。在贫苦的农民中间，结了婚的女人生活始终是很苦的，而且大体说来，没有文化的农民生活是最苦的。在最野蛮的民族中，女人到了25岁就衰老了，不可能保持这个年龄应有的姿色。把女人当作一种家畜的观点，对于男人来说无疑是很高兴的事，但对于女人来说，这意味着劳苦和辛酸的生活。基督教虽然在某些方面使妇女的地位下降，特别是在富人阶级中是这样，但它至少还承认在神学上妇女同男人是平等的，而且否认她们是男人绝对的财产。一个结了婚的女人虽然没有权利抛开她的丈夫去和别的男人生活，但她却能为了宗教生活而抛开她的丈夫。大体说来，在大多数人中基督教的观点，比基督教以前的观点更容易使妇女提到更高的地位。

　　当我们回过头来看看今天的世界，并反躬自问造成幸福和不幸的婚姻一般说来是什么条件时，我们会得出一种多少有点奇怪的结论：那就是越是有文化的人，似乎越不能同他的伴侣享有偕老的幸福。爱尔兰的农民虽然直到现在婚姻还由父母包办，但大体上他们的婚姻是幸福的，而且夫妇生活是贞节的。一般说来，婚姻在那些彼此之间差别较小的民族中是最容易的。如果男人与男人之间、女人与女人之间均差别甚小，那就没有什么特别的理由后悔同这个人结婚而没有同别的人结婚。但是，如果人们的兴趣、职业、爱好都各种各样，那么就会要求其伴侣是情投意合，而且当他们发现已得到的比可以得到的要少时，就会产生不满足的感觉。教会仅从性的观点看待婚姻，它不知道为什么这个伴侣同那个伴侣不一样，因此，它虽然主张婚姻是不能解除的，却认识不到，这种婚姻中常常包含着的痛苦。

　　促成幸福婚姻的另一个条件，是没有其他女人插足和减少男人同其他有风度女人接触的社交机会。如果除了自己的妻子，不可能同其他女人有性的关系，那么大多数人也就完全满足于这种状态，对于做妻子的来说也同样如此，特别是如果她们并不想从婚姻中得到更多的幸福的话。这就是说，如果夫妇双方都不想从婚姻中获得更多的幸福，那么婚姻大概可以说成是幸福的。

　　同样，社会习俗的固定性也可以避免所谓不幸的婚姻。如果我们承认婚约是最终的和不可改变的，那就没有什么刺激能引起我们的幻想去迷失于婚姻之外，以为可以得到更心醉神迷的幸福。在这种思想状况下，为了获得家庭的和睦，无论丈夫或妻子都只需要保持正派行为的标准就行了，不论这种标准是什么。

在现代有教养的人们中间，这些造成所谓幸福婚姻的条件都不存在，因此，人们发现经过最初几年之后而仍然幸福的婚姻并不多见。其中虽然有些婚姻之所以不幸是同文化有关的。如果男人和女人具有更高的文化教养，那么还有些不幸的婚姻是可以避免的。现在让我们先讨论后一种情况。在这些情况中最重要的是坏的性教育，而且这种教育在富人中比在贫苦农民中更为普遍。农民的孩子在小时就习惯于生活中的这种事，他们不但在人类中，而且在动物中都可以观察到这种事。因此，他们对此既不会无知又不会过于严正。相反地，那些娇生惯养的富人家的孩子却被禁锢在性的知识之外，而且即使是最现代的父母，他们虽然能给孩子以书本知识，却不能给孩子以一种农民孩子从小就能熟知的实际知识。基督教教义的胜利就在于，当男女双方结婚时，任何一方都不预先具有性的经验。在这种情况中，大多数的结果是不幸的。人类中性的行为不是出于本能，所以没有经验的新娘和新郎，也许对此十分无知，因而也就会因为害羞和不愉快而感到难为情。如果说只有女人是天真的，而男人从娼妓那里已经具备了相关知识，这还差不多。大多数人没有认识到，婚后也需要一种求欢之情，而许多出身名门的女子不知道，如果婚后她们仍然保持拘谨和肉体的冷淡，这对于她们的婚姻是有害的。所有这一切都可以通过较好的性教育来加以纠正，而且事实上对现在这一代青年的性教育，比起对他们的父母和祖父母要好得多。在女人中经常有一种普遍的看法，那就是她们在道德上要比男人高尚，因为女人在性关系中的快感较少些。这种态度使得夫妇之间不可能保持真诚的伴侣关系。当然这是完全不应当的，因为性交中得不到快乐，不是道德的原因，这完全是由于生理上或心理上的缺点造成的，正像不能从食物中获得快感一样，在100年前对于高尚女子也是这样要求的。

但是，造成不幸婚姻的其他现代原因并不容易铲除。我认为在那些未开化的人中，无论男女，一般说来在本能上是一夫多妻的。他们可能深深地爱着一个人，而且在若干年中专一于此人，但这种性的关系迟早要失去它敏锐的热情。随后，他们就会在别处再寻找恢复这种以往的快感的战栗。当然，也可能为了道德而控制这种冲动，但又难以阻止它的出现。随着女子自由的增长，夫妇间不忠比以前有了更多的机会。这种机会造成了邪念，这种邪念造成了欲望，而这种欲望如果没有宗教上的顾忌就造成了行动。

妇女的解放，在许多方面使得婚姻成为一件更困难的事。从前妻子是使自己适应丈夫，现在，根据妇女对于个人事业的权利，许多做妻子的就不愿意使自己过分地适应她们的丈夫了。而那些仍留恋原先男性统治的传统观念的人，却又想不通为什么他们应该去适应。这种忧虑的产生特别同不忠有关。在过去，丈夫的偶然不忠，一般情况下他的妻子并不知道。如果妻子知道了，他就招认犯了罪并使妻子相信他是一个悔过的人。另一方面，妻子通常是贞节的。如果妻子不贞，而且她的丈夫知道了，那么婚姻就会破裂。现代的许多婚姻中，虽然不要求相互间的忠实，但妒忌的本能仍然残存，并常常破坏任何持久的亲密关系，尽管夫妇间并无公开的争执。

现代婚姻中还有另外一种困难，这种困难是那些意识到爱的价值的人特别能感觉到的。只要爱是自由的和自然的，它必然兴隆茂盛，而如果爱是一种责任，那它只能凋谢枯萎。因为如果说你的责任是爱某某人，这使你恨他（她）。把爱同法律保证结合在一起的婚姻一定造成两头空。雪莱说：

我从没有和那伟大的教派发生过关系，
它的教养是无论谁只能从人群中选择一女或一友，
不论其他的人是多么聪明和美丽，
我们都应从惨淡的记忆中把她们忘记。
这就是现代的道德律，
这就是那可怜的疲倦的奴隶，
踯躅着的陈腐之路。
他们走向坟墓似的家庭，
这家庭是建立在这世界的大道之上，
带了个被束缚的朋友，如同一个妒忌的仇敌，
走上那漫漫的旅途，
又是遥远，又是凄迷。

毫无疑问，如果因为婚姻而拒绝所有来自其他方面的爱，这是泯

灭我们的感受性、同情心和有价值的人类交际的机会。从理想主义观点来看，这就是亵渎本质上是可向往的事物，而且像各种约束性的道德一样，它势必助长人们对整个人生的警戒观点，这种观点就是指：总是在寻找机会去禁止某事。

由于所有这些原因，婚姻就成了一件困难的事，而且如果不使它有碍幸福，那就必须想出某种新的方法。有一种解决方法人们常常提出，这就是可以轻易离婚。当然，我同大家的主张一样，即离婚应当比英国法律所允许的享有更多的理由，但我并不认为轻易离婚是解决婚姻痛苦的方法。没有孩子的婚姻，离婚可能常常是一种正确的解决办法，但如果有了孩子，那么巩固婚姻关系，在我看来，就是一件十分重要的事情。如果婚后生了孩子，而且夫妇双方对他们婚姻关系的态度是合乎理性的和高尚的，那么我们就应希望这种婚姻是终身的，但这并不排除其他关系。如果刚结婚时感情热烈，而且后来也有了夫妇双方所希望的孩子，那么这种婚姻就应在夫妇之间产生一种深切的关系，以致使他们感觉到在他们的伴侣的生活中有着某种极有价值的东西，而且即使在性欲衰退后，即使夫妇一方或双方感觉到他们的性欲是为了第三者，情况也仍然如此。这种婚姻的完美由于妒忌而受到妨碍，然而妒忌虽是一种本能的感情，如果认识到它是不好的，而且也认识到它不是表达一种正当的道德义愤，它是能够加以控制的。一种经历了多年考验，而且又有许多深切感受的伴侣生活是有其丰富的内容的，恋爱初期虽然可能极为愉快，却不可能具有这种内容。无论谁，只要理解这种价值是需要经过长时间的培养才能造成的，他就不会为了寻求新的爱而轻易地抛弃这样的伴侣生活。

所以，对于有教育的人来说，获得美满婚姻是可能的，但为了做到这一点必须满足下列一些条件：这就是双方必须要有完全平等的感情；必须不干涉双方的自由；必须保持双方身体上和精神上最完美的亲密友谊；对于价值标准必须有相近的观点。如果具备了这些条件，我相信婚姻就是两人中间最美好和最重要的关系。如果说以前不常有这种情况，那主要是由于双方都把自己看作是对方的警察。如果婚姻达到了它所能达到的状况，那么夫妇双方都应认识到，无论法律怎么说，在他们的私人生活中，他们都必须是自由的。

二十八、新兴的家庭

现在我们重新讨论一下家庭问题,因为家庭乃是限制性自由的唯一合理的根据。长期以来人们一直认为性和罪连在一起,这虽不是早期基督教发明的,但它们的确加以极力宣扬,以致现在成为我们中间大多数人自发的道德标准。我不想进一步讨论这种神学观点,因为在他们看来,在性的问题中是有某种恶的成分,而这只能由以生育子孙后代为目的的婚姻的结合来消除。我们现在所要讨论的问题是,为了孩子的利益,要求性的关系巩固到什么程度。这就是说,我们必须把家庭作为巩固婚姻关系的一个理由。这个问题并不简单。很清楚,一个孩子作为一个家庭的成员,他能得到的利益是依赖于他的抉择是什么。此外也必须考虑到父亲在家庭生活中是否占有重要的地位,因为把女性要遵守的道德认为对家庭来说是重要的,这只是出于男性的利益。我们还必须研究家庭对孩子个人心理上的影响。还有,我们必须考虑到经济制度对父亲的重要性是提高或降低的影响;还必须弄清楚,我们是否想要以国家去替代父亲。假使我们选取父母平时在一起是孩子成长的最好环境,我们也还需要考虑许多情形,因为有时父母中的一方或另一方不适合承担做父母的责任,或有时双方都不适合,这样,为了孩子的利益,他们还是分开为好。

家庭是人类的一种风俗,它的生物学上的原因是,在怀孕和哺乳期间,父亲的帮助使幼儿得以存活。但是,如我们所知道的,在特洛布隆岛的居民中,乃至可以推想在类人猿中,这种帮助在原始人的情况下,同在文明的社会中,并不完全一样能作为驱使一个父亲存在的理由。原始人的父亲并不知道孩子同他有什么生理上的关系,孩子只是他所爱的女性的子孙。他知道的就是这个事实，因为他看见孩子降生，而这个事实就在他和孩子之间产生了本能的联系。在人类发展的这个阶段上，他看不出保护他妻子的贞节有什么生理上的重要性，虽然，如果他注意到他的妻子不贞无疑会引起本能的妒忌。在这个阶段上，他也不会把孩子看成财产，因为他认为孩子是他妻子和妻弟的财产，而他自己同孩子的关系也只是爱的一种关系。

但是，随着人类智力的发展，他渐渐明白了孩子是由他的精液而生的，因此他就必须保证他妻子的贞节。妻子和孩子成了他的财产，而且在经济发展的一定水平中，也许成为他的很有价值的财产。他用宗教影响他的妻子和孩子，使他们有一种责任感。对于孩子，这种责任感尤为重要，因为虽然在孩子年幼时，他比孩子要更强壮，但随着日月流逝，他将会衰老，而他的孩子将年富力强。这时，孩子们应该敬重他，这对他的幸福来说是至关重要的。《圣经》中的圣诫对这个问题所说的话是骗人的。因为它这样说："孝敬你的父母，使他们的日子可以在上帝所赐的土地上得以长久。"人们发现在古代文化中，对杀父母的人的恐怖表明克服诱惑是多么重要，对于那种在不能想象我们也会犯的罪，如人吃人，那它就不致在我们当中引起真正的恐怖了。

使得家庭极盛起来，这是古代畜牧业和农业社会的经济条件引起的。因为对于大多数人来说，不能利用奴隶劳动，因此，获得劳动力的最简单办法就是生育劳动力。为了使孩子确信应该为他们的父亲工作，这就需要借助宗教和道德的全部力量，使家庭组织成为神圣的东西。这样，长子继承制慢慢地把单一的家庭扩充为许多附属的分支，从而就增长了家长的权力。王权和贵族政治主要就是依靠这种思想体系，就是神威也是如此，因为宙斯就是诸神和所有人的父亲。

随着文化的发展，家庭的力量增长着，也就产生了一种对立的运动。到了今天，在西方世界，家庭已成为一种模模糊糊的东西了。家庭的衰落，部分是由于经济方面的原因，部分是由于文化方面的原因。因为充分发展的家庭，既不完全适合城市居民，也不完全适合从事航海的人。在一切时代（除了现在），商业贸易是文化发展的主要原因，它可以使人同他人的风俗习惯发生关系，并因此可以使人摆脱种族的偏见，所以我们在从事航海事业的古希腊人中发现，他们比同时代的其他人要更少受家庭束缚。在威尼斯、荷兰和伊丽莎白时代的英国，我们也可以看出航海对于人类解放的影响。当一个家庭成员远航在外，其余成员仍留在家中时，他必然脱离家庭的约束，家庭观念也就相应地淡薄了。至于农民进入城市，这是文化发达时期的特征之一，它对于家庭观念的削弱同航海对家庭的影响是一样的。另一个在社会发展低级阶段中完全可以按照自己的想法，把奴隶中一对一对的男女配搭起来成为夫妇。当然，他也能凭自己的喜爱同任何一个女奴性交。不错，这些影响并不能削弱贵族的家庭，因为贵族家庭是靠名望和古代城市生活中特有的家庭战争的胜利，像中世纪后期和文艺复兴时意大利的城市生活那样，维持在一起的。虽然在罗马帝国的最初世纪中，贵族制度丧失了它的重要地位，而取得最后胜利的基督教，最初表现为是奴隶和无产者的宗教。在这些社会阶段中，家庭过早地削弱，无疑是因为早期基督教对家庭有点敌意，而且制定了一种把家庭放在极为次要地位的伦理学。这种宗教伦理学，比以往任何伦理学都不重视家庭。在基督教的伦理学中，人与人的关系并不重要，重要的是灵魂和上帝的关系。

但是，就佛教来说，我们不应过分强调宗教的纯粹经济原因。

而且我很怀疑当时是否存在经济原因。当佛教在印度盛行时，它似乎首先是作为帝王阶级的宗教，有关家庭的观念理应比对任何其他阶级更为强调。然而，由于对现实世界的轻视和普遍寻找解脱，结果使得佛教伦理学把家庭放到了次要地位。除了穆罕默德和孔子之外，一切伟大的宗教领袖一般对社会和政治方面的考虑是不以为然的。这是因为他们寻求的是用沉思冥想、修行和克己来使灵魂完美。有史以来一切宗教，同史前宗教正相反，总的来说是个人主义的，并且都倾向于假定一个人能独自履行这些关系的责任，但是一般说来，他们都不把这些关系系统看作本身是一种责任。这对基督教来说尤其如此，因为基督教对于家庭总是抱着一种好恶相克的态度。"爱父母甚于爱我的人，不配做我的门徒"，这是《圣经》中写着的。实际上，这句话的意思是：一个人应该做他认为是正确的事，即使他的双亲认为这件事是错误的。这种观点乃是古代罗马人或古代中国人所不能赞同的。随着基督教中个人主义色彩的逐渐增长，一切社会关系也不断削弱，特别是在那些最认真的人中间更是如此。这种影响在罗马天主教中比在新教中要小，因为新教中所包含的我们应服从上帝而不是服从个人这个原则中的无政府主义成分更重。所谓服从上帝，实际上就是服从人的良知，而人与人之间的良知是不同的。因此，当良知和法律之间发生偶然冲突时，真正的基督教徒意识到应当敬重的是遵从自己的良知，而不是法律的指挥。在古代文化中，父亲就是上帝；在基督教中，上帝就是父亲。因此，人类双亲的权威削弱了。

近代家庭的衰落是受了工业革命的影响，但是家庭的衰落早在工业革命之前就已开始了，因为个人主义理论引起了最早的家庭衰落。现在青年人都按照自己的意愿而不是按照父母的命令结婚娶亲。结了婚的儿子仍住在父亲家中的习惯也已渐渐地消失了。相反地，儿子受了教育之后，离家单独谋生已成为习惯。但现在的劳动法终止了这种剥削形式，尽管遭到那些借以为生的人的反对。这样，儿童不但不再成为生计的工具，反而成为父母经济上的一种负担。在这个时期，避孕方法广为人知，人口出生率也开始下降了。有很多人这样说，在各个时代，一般人是按照他们收入的多少来生孩子的，既不会少也不会多。无论如何，澳大利亚的土著人，兰开郡的棉业工人以及英国的贵族就是如此。我不敢说这种观点具有理论上的正确性，但同人们可以设想的真理相差不远。

在现代，家庭的地位，由于国家的作用而降低了，即使是它最后的根据地也逃不脱这个结果。在家庭极盛时代，家庭成员一般包括一个年长的家长，几个成年的儿子以及儿子们的妻子和孩子。他们全都住在一起，通力合作组成一个经济单位，他们联合在一起，一致对外，如同现代军国主义国家的公民一样地严格。在现代家庭中，成员包括父母和他们年幼的孩子，但孩子稍大，那就要按照国家的法令，把大部分时间花费在学校里，学习国家认为有用的东西，而不是他们家长想让他学的东西。英国人的父亲，还不能像罗马人的父亲那样，执掌孩子的生死大权；相反地，如果他们虐待孩子，那他们就会因犯残酷迫害罪而被告发。如果孩子的父母是贫穷的，国家会给孩子提供医药、牙科治疗和食物。这样，父亲的作用就减弱到很小了，因为国家取代了大部分的作用。总之，随着文化的发达，这是必不可免的。这不仅是由于经济上的原因，而且父亲也起着保护孩子和母亲免受灾难的作用。不过，后一作用很早以前就由国家代替了，这样，一个没有父亲的孩子大概就不会比一个有父亲的孩子更易受到伤害。至于父亲在经济上的作用，在有产阶级中，是不成问题的，而且如果父亲死了更好办，因为他能把他的财产遗留给他的孩子，同时也减去了自己消费的部分。在那些依靠工资为生的人们中，父亲在经济方面还是有用的。但是，就其以工资为生的阶级来说，这种作用由于社会上人道主义的情绪不断高涨而逐步减弱，因为这种情绪宣传的观点是，即使孩子没有父亲承担经济上的抚养，他也应当得到一定的照顾。至于在中等阶级家中，现在父亲的作用最为重要，因为只要他活着并且收入较多，就能让他的孩子享受花钱较多的教育，这是有助于孩子保持社会和经济地位。然而如果父亲死了，而孩子尚在年幼，那么他们就有可能在将来失去其一定的地位。不过，这种情形的威胁，可以通过人寿保险的规定而大大减少，因为根据这种规定，即使在有专门职业的阶级中间，一个有远虑的父亲也会想很多办法来减少他自己的作用的。

在当代世界中，大多数做父亲的忙于工作，难以更多地顾及自己的孩子。早晨，他们匆匆地上班，以致没有时间同孩子交谈，晚上，当他们回到家时，孩子却已睡了。人们都听到过这样的说法，孩子所知道的父亲是"周末会遇到的那个人"。至于在照顾孩子这种重要的工作中，父亲是很少能够参与的。事实上，这个责任由做母亲的和办教育的人分担了。然而，虽然父亲很少有时间和孩子们在一起，但对孩子却有着深深的爱。每个星期天，在伦敦的贫民窟，我们都会看见许多父亲同他们年轻的孩子在一起，显然是利用短暂的机会在指导孩子。然而无论父亲可能有什么想法，从孩子的观点来看，这是一种游戏的关系而已，没有什么重要意义。

在上层和有专门技术的阶级中，按照习惯是当孩子尚在年幼时，就把他们交给保姆，然后，稍微长大就送进寄宿学校。母亲的责任是选择保姆，父亲的责任是选择学校。正因为这样，他们也就原封不动地保存了支配子孙的思想，而这在工人阶级中，做父母的是不能这样做的。母亲和孩子之间的亲密关系，通常在富裕家庭中要比在以工资为生的家庭中差一些。富裕家庭的父亲虽然在假日同孩子有游戏的关系，但就真正的教育来说，并不比工人阶级家庭更好一些。当然，他对孩子有着经济上的责任，并且也有权决定孩子在什么地方受教育，但就他同孩子的个人关系来说，不是很重要的事。

当孩子进入青年期后，很容易同父母发生冲突，因为此时孩子感到他已能管理自己的事了，而父母却仍然抱着对孩子处处担心的心情，这常常是对孩子施加权力的一种借口。大概父母都认为，青年时期所有的各种道德问题应是他们管辖范围内的事。但是他们发表的意见都是非常武断的，而非青年人所信赖的，于是，孩子们就常常暗地里按照自己的想法行事。因此，在孩子成长的这个阶段中，大多数父母是不一定有用的。

上面我们所说的只是现代家庭的衰落。下面我们要讨论一下，在哪些方面现代家庭的影响还是很强的。

在今天，家庭之所以重要，主要是因为它能使孩子得到其他任何因素都不能提供的情感。父母的情感，在影响他们的行为方面，也许比任何其他因素都更重要。有孩子的父母，一般来说都是根据孩子来规定自己的生活的，而孩子可以使普通男人和女人的行为在一些方面变得无私，在这方面人寿保险也许是最明显和最适当的。100年前的经济学家在教科书中没有谈到过孩子问题，虽然在他们的设想中一定有孩子，但他们以为他们假定的在父子之间没有一般所说的竞争是不成问题的。因此很明显，人寿保险的心理完全在古典政治经济学所考虑的动机问题之外。然而这种政治经济学在心理学上不是自发的，因为对财产的欲望是同父母情感密切相关的。当他们有了孩子时，他们会变得更自私些，而在有孩子之前就不同。从一般的意义上说，这种情况乃是一种本能，这就是说，这种情况是自发的，是下意识产生的。我认为在这方面，家庭对于人类社会的经济发展是极为重要的，对于那些有条件储蓄的人，家庭仍然是一个支配因素。

在这方面父子之间常有一种奇怪的误会。一个在商业中奔忙的人会告诉他儿子，他所以终生拼命工作完全是为了他孩子的利益。然而相反地，他儿子却宁愿现在就能得到5个英镑和一点小小的照料，而不愿在他父亲死后才得到一笔遗产。其次，儿子清楚地以为，他父亲到城里去工作完全是为习惯势力所驱使，一点也不是出于父母的爱。因此，儿子确信他父亲是一个骗子。但是，儿子的看法是不公平的。因为他看见的是他父亲中年时所形成的一切习惯，而并不了解造成这些习惯的隐藏的和无意识的原因。做父亲的也许在年轻时受过穷，所以当他自己有了第一个孩子时，从本能上就下决心不再让孩子遭受他的痛苦。这样的决心是十分重要和不可缺少的，它支配着父亲的行为。这就是家庭还有很强力量的一个原因。

从年轻的孩子的观点来看，最重要的事情是从父母那里得到爱，而这种爱除了他的兄弟和姐妹也能得到外，别人是得不到的。这既有好的一方面，又有不好的一方面。问题很清楚，父母的爱对孩子性格的形成是一个十分重要的因素，如果让孩子离开父母，那他就很可能不同于普通的孩子。

在避孕流行的今天，家庭的最重要意义，大概就是维护生育的习惯。如果某人从他的孩子那里得不到什么好处，而且也没有机会同孩子发生爱的关系，那他就不需要生儿育女。当然，如果把我们今天的经济制度稍加改变，家庭所包含的就只剩下母亲而已。但我们现在所要讨论的却不是这样的家庭，因为这样的家庭与性道德无关，而与我们现在讨论相关的家庭是产生巩固的婚姻的家庭。也许不久之后，他们也将按照自己意愿想要多少孩子就要多少孩子，做父亲的也不必负有责任。当然，如果做母亲的在性生活方面太乱，也许无法确定父亲到底是哪一位。但是如果社会发展到这时候，人类的心理和活动方面都将会有一种深刻的变化，而且这种变化的深刻程度，是我们现在大多数人都想象不到的。至于这种影响对人类是好是坏，我不敢冒昧地说。它大概要从人类的生活中消除同性爱一样重要的这种独特的感情,它将使性爱变得平平常常;它将使人们对死后的一切不感兴趣;它将使人类减少活动,早早就怠于工作;它将使人们减少对历史以及对历史传统连续性意义的兴趣。同时,它也将消除有教养的人所能具有的那种最可怕和最野蛮的热情,即保护妻子和孩子免受危险攻击的那种热情。我想,这种影响还可以减少人类对于战争的癖好,也许还可以减少贪婪之心。衡量一下好坏影响之间的大小恐怕是不可能的,但这种深远影响是明摆着的。因此,虽然我不敢说父系家庭究竟还要存在多久,但它现在无疑仍是十分重要的。

二十九、人的本能的地位

讨论有关性的问题总存在着一种危险，那就是会被那些认为不应该谈论这个问题的人说成对性太着迷了。人们都不会冒大不韪去对那些表面上道貌岸然而实际上的好色之徒作什么研究，除非他对这个问题的兴趣完全失去了分寸。然而，这种看法只是就那些主张改变旧道德的人而言的。那些极力主张废止娼妓，提出公开以法律制止卖淫的人，实际上是反对婚姻以外的一切男女之间的关系的；那些攻击女人穿短裙和涂口红的人，那些在海边暗暗察看，以寻找穿着浴衣不适当的人，他们中间也许没有一个人沾染上性迷。但是，实际上他们在这方面可能比主张有更大性自由的人要更感到痛苦。严厉的道德大概是对情欲的一种反抗，而且如果一个人表现出这种情欲，一般说来，他的脑子里就会装满许多不健康的思想，而这种思想之所以不道德，不单纯是因为其中有性的内容，而是因为道德会使此人不能对这个问题产生洁净和健康的思想。教会认为，对性问题着迷，这是一种罪恶。对此我完全赞成，但是对教会避免这种罪恶的大多数方法，我却不能同意。众所周知，圣安东尼比世界上最坏的酒色之徒还要更为性所迷。我不敢再举近代的例子，不然我就要得罪人了。其实，性像饮食一样是一种自然的需要。我们谴责贪食之人和酗酒之徒，是因为吃饭喝酒虽然在生活中占有一定的合理位置，但在那些饕餮之徒的思想和感情中占据的分量太大了。我们绝不会谴责一个普通的和健康的人享有合理数量的食物。禁欲主义者的确实行过并主张，一个人应该把他对食物的需要减少到只够维持生存的最低限度，然而持这种观点的人现在不多了，我们可以不去管它。清教徒由于决心避开性的欢愉，所以他们比以前的人对于享受饮食之乐要更自觉。正如17世纪一位清教徒的批评者所说的：

你想享受最快乐的长夜和宴会的欢情吗？

那你就要同圣者同食，同罪人同寝。

从这里可以看出，清教徒并没有成功地抑制住人类本性中纯属肉体部分的欲求，因为他们把失之于性的加之于贪食。在天主教看来，贪食是七大罪恶之一，但丁把那种贪食之人放在地狱的较低层，但这种罪恶似乎具有含糊性，因为对食物的兴趣究竟到什么程度为止是合理的，到什么程度就开始招致犯罪，这很难说。吃没有滋补的食物是否是犯罪？如果是，那么每一次吃腌杏仁就要冒受处罚的危险了。但是，这种观点已经过时了。现在当我们看见一个饕餮之徒时，虽然大家对他可能有点看不起，但也不会过分责备他的。尽管在那些从没有经受过生活困难的人们中，很少有人对食物过于着迷，因为他们在饭前饭后都有其他东西吃。但另一方面，那些信仰禁欲主义哲学的人，却只有很少东西可吃，因此他们就为宴会的幻想和携带甘果的魔鬼的美梦所着迷。那些被困在南极的探险家，被迫食鲸油，所以当他们回到家中，就会整天在英国保守党党部大吃大喝。

这些事实说明，如果不把性作为一件着迷的事，那么道德家就应像平常人对待食物一样对待性，而不应像提巴德的隐士对待食物那么着迷一样对待性。性是一种自然的人类需要，就像食物和饮料一样。当然，人类没有性也能活下去，而没有食物和饮料就不能存活。但是从心理学的观点来看，性欲正同食欲是一样的，越是节制，欲望就越高；反过来，欲望满足了，它就会暂时消解。而当性欲急切时，它会把一切都从人类精神范围之内排挤出去。此时一切别的兴趣都会黯然失色，而对一个人来说他当时所犯下的罪，在以后看来就像神经错乱时做的行为一样。此外，性欲也像对食物和饮料的欲望一样，越禁止越高涨。只有自由能防止我们对性过分着迷。不过即使有了自由，也不能使我们摆脱对性的着迷，除非自由已成为一种习惯，并和良好的性教育联系在一起。但是，我要尽可能地强调，如果我们把这个问题看作是一种邪恶，是过分的偏见，而且我认为这种"邪恶"在今天，特别是美国已经很普遍了，在那里我发现那些比较严肃的道德家特别反对性的问题，他们之所以如此，明显地是由于轻信那些站在他们对立面的人的谎言。一个身心健康的人是不会把他的利益如此集中在自己身上的。他会面向世界并在那里寻找值得他注意的对象。有人认为自私并不是一个堕落的人的天然本性。通常它只是由于某些自然冲动受挫而引起的一种疾病。酒色之徒之所以竭力想要满足性欲，一般说来是因为他得不到满足的机会，这正像一个人，他之所以要储存粮食，常常是因为他经历过饥荒和贫穷。所以健康和开朗的男女，并不是从自然冲动的挫败中产生的，正相反，只有使对幸福生活来说必不可少的一切冲动得到适当而平衡的发展，才能产生出这样的人。

我并不是说对于性，不存在道德和自制问题，因为即使对于食物也有道德和自制问题。对于食物有三种自制的方法，这就是法律、礼貌和卫生。如果偷窃食物，或是在食餐时饮食过度，或是不顾健康进餐，我们都会将其看作错误的事情。对于性，主要也有这些方面的自制，但是性的自制比较起来要更复杂，包含更多的自我克制。同健康有关的问题几乎完全相对于性病而言的，这个问题，我们在讨论娼妓时已经提到过。很清楚，消灭职业性的娼妓制度，是除了医疗之外对付这种罪恶的最好办法。而要消灭职业性的娼妓制度最好的办法，是使青年得到更大的自由，这种自由近些年在不断地增长着。

广义的性道德，不能把性仅仅看作是一种自然的欲望和一种可能的危险因素。这两种观点虽然是重要的，但是更重要的是，性在人类生活中包含某种最大的幸福，这主要是指以下三方面：抒情式的爱、婚姻中的幸福和艺术。对于抒情式的爱和婚姻中的幸福，在前面我们已经说过。而艺术被有些人看作是同性不相干的，不过持这种观点的人现在要比以前少多了。十分清楚，各种美学创造的行动，在心理上都同求爱相关，虽然这种关系不一定是直接的、明显的，却是深刻的。但是，为了使性的冲动能得到艺术的表现，那必须有一些条件：第一，必须有艺术的才能。但是艺术的才能，即使在同一民族中，似乎是此一时相同，彼一时不相同，由此而得出的可靠结论是，同天生的才能相对应的环境，在艺术冲动的发展中，起着极为重要的作用。第二，必须有一定的自由，不过这种自由不是奖赏给艺术家的，而是不强迫或不诱使他造成使他成为一个市侩的习惯。当尤利乌斯二世监禁了意大利书画家、雕刻家、诗人米开朗基罗时，他并没有以任何方式阻碍这位艺术家所需要的那种自由。他监禁米开朗基罗，是因为他认为米开朗基罗是一个重要人物，而且他也不允许任何教父以下的人得罪米开朗基罗。然而，当一个艺术家屈从于有钱的雇主或市政委员，使他的作品去适合他们的艺术标准，那么他的艺术自由也就消失了。当一个人在社会恐怖和经济压迫下，勉强在难以忍受的婚姻中生活时，那也等于剥夺了从事艺术创造所需要的能力了。传统道德的社会从未产生过伟大的艺术。现在美国大多数的艺术人才都来自欧洲，至今在那里的自由仍经久不衰，但是由于欧洲的美国化，早已使欧洲必须反过来请教黑人了。艺术的最后消失也不会延搁太长，因为对美国重金鼓励外国艺术家的惩罚必然加速艺术的灭亡。在以往，艺术有其普通的根基，这就是对生活乐趣的依赖。而生活的乐趣依次又依赖于性的某种自发性。只要我们压制了性，剩下的就只有劳作，而为劳作而劳作是从来没有产生过任何有价值的作品的。有人调查美国人每天性交的次数，至少和其他国家是一样的。我不知道这是否是事实，但我也不能否认它。那些传统道德家的最危险的谬说之一，就是把性归结为是性交，以便更有力地反对谈论性的问题。据我所知，无论是有教养的人还是野蛮人，他们的本能，都不能单靠性交来满足。为了满足性交的冲动，必须求婚、恋爱和结婚，否则，肉体的欲望也许可以暂时平息，而精神上的欲望却仍然不减，不能得到深深的满足。艺术家所需要的性自由是爱的自由，而不是以某个不相识的女人去解救他肉体上所需要的那种粗俗的自由。艺术家所需要的自由，是传统道德家所不承认的。如果在全世界都美国化之后，要想复活艺术，那么美国就必须首先改革，它的道德家应成为不道德的人，它的非道德家却应成为更有道德的人。换句话说，这两种人都应承认性中包含较高的价值，并且也应承认，享受生活的乐趣比银行存款可能更有价值。去美国旅行的人，没有一个人不认为在那里最痛苦的事是缺乏生活的乐趣。狂喜和耍酒疯只是暂时的解脱，而不是愉快的自我表现。很多人的祖父曾经伴随巴尔干或波兰乡村管笛音乐跳过舞，而现在，他们却挨着书桌在打字机和电话中生活，这虽然是严肃而又重要的，却没有价值。在晚上，他们喝酒和听新式音乐以求消磨时光，他们以为这就是他们寻求的幸福。然而，他们所寻求的只不过是对整天过着钱生钱、利加利的这种无休止的工作的狂乱和短暂的遗忘而已，他们把金钱用尽在人身的消费上，然而他们的灵魂却已出售为奴了。

我认为人生中所有最高尚的事都同性有关。我自己也并不认为无论实践的科学或理论的科学都同性有关，也不相信性同重要的社会活动和政治活动有关。产生成年人生活中一切复杂欲望的冲动有下列简单几项：权力、性和父母的身份。人类所做的大多数事情，除自我保存所必需之外，都源于此。在这三项之中，权力贯彻始终，是最为重要的。小孩因为没有权力，所以受要求有更多权力的欲望所支配。事实上，他的大部分活动就都是从这种欲望产生的。另一个支配的欲望是虚荣心，即希望得到赞扬，以及对受到责备和藐视的恐惧。正是虚荣心使他在社会中能从事生活所必需的德行。虚荣心是同性紧密相联的一种动因，虽然在理论上它可以和性分开讨论。但是权力，就我的观察来看，同性没有什么关系。而爱好权力却至少同虚荣心一样，使得一个孩子从事学习和增强体力。我认为，好奇心和追求知识都应看作是对权力的一种爱好。如果说知识就是权力，那么爱好知识就是爱好权力。知识的追求既然是人类本性中最有价值的成分之一，因此，如果我们这种看法是正确的，那么人类活动一件很重要的事就得以幸存于性的范围之外了。

如果我们对权力这个词作广义的解释，它也是大多数政治活动的动因。我的意思并不是说，一个伟大的政治家对公众的幸福不关心，正相反，我相信他是一个充满父母之情的人。但是如果除此之外，他不再有相当的权力爱好，那他就不能维持在政治事务中取得成功的工作。我知道有许多高尚的人热心于公众事业，但除非他们有充分的个人抱负，否则很少能够完成他们所希望的好事。在一次紧急关头，林肯对两个顽固的参议员，开头和结尾都说了这样一句话："我是拥有伟大权力的美国总统。"毫无疑问，林肯在说到这一点时，他是觉得有些愉快的。贯穿于一切政治活动之中，无论是善的或是恶的，两个主要力量就是经济的动因和权力的爱好。试图按照弗洛伊德的学说去解释政治，在我看来，是一种错误的观点。

如果我们上面所说的话是正确的，如果将这种事业坚持下去，并且以其较低形式而成为普通的事业，那么性就必然不包含一个人的情感和多情本性的其他部分。认识世界和改造世界的欲望是人类进步的两个伟大动力,没有它们,人类社会就会停止不前。过分圆满的幸福生活,有可能使我们追求知识和改造世界的激情减色。当19世纪初期英格兰政治家、国际自由贸易的倡导者科布登要英国政治家和演说家布莱特加入自由运动时,他是基于布莱特因新近丧妻而正经受着个人的忧伤。因为如果布莱特没有经受这种忧伤,他也许就不会对别人的忧伤表示同情。有许多人,由于对现实世界的绝望而去追求抽象的东西。对于一个有充分能力的人来说,痛苦也许是一种极有价值的刺激,而且我并不否认,如果我们全都十分幸福了,我们就会不去努力获得更大的幸福。但是我不能承认,因为痛苦可以产生动力,所以人类的责任就是给别人提供痛苦。99%的痛苦都表明是压制性的,至于那1%,是属于人类繁衍后代的自然阵痛。只要有死亡,就会有忧伤;只要有忧伤,人类就不能以增添它的分量为职责,尽管只有少数人才知道如何改变它。

三十、欲望的实质

研究人类的行为，可以用两种相反的方法：我们可以用外观法从外部观察心理的变化，如同观察石头落下或观察日蚀一样；我们也可以用内观法，看出心理的变化。前者是行为派学者所用的方法，行为派以为除掉可以从外部观察的行为之外，心理学上，再没有别的东西可以用科学方法感知了。后者是向来沿用的极重要的心理学方法，柏格森也承认这种方法是求知的唯一适当的基本方法。我对于内观法虽不绝对排斥，却以为这种方法有很多危险，需严加管束才好。从内观法得到的许多明显的知识，细细研究下去，往往是错误的。用内观法考查欲望，我以为尤其容易错误，这种错误使心理学专家和常人的理论，都成为无效，而且对许多从外部观察显而易见的事实，反而视而不见了。

欲望的解剖最好是从研究动物入手，因为我们考察动物不会牵涉到伦理的考虑，可以避免种种麻烦。我们谈到人的时候，有许多困难。譬如，某种见解有人要说太低调了，有人要说太矫情了，又有人要说太悲观了。人类许多年的思想，在我们的智慧上、德行上筑了这许多的玄关，即便只是科学的探求事实的欲望，也不免为那些以空想自安的人所排斥。但在动物呢？那决不会有人说是有德行无德行了，也不会有人错想到动物是有理性的了。而且我们也不会盼望动物是有意识的。我们可以断言，动物的一切行动都是从本能出发的，在出发时，行动的结果，不会预先推定。你可以断言，所以心理解剖上有许多事实，从动物那里去研究，比观察人类，更容易发现得多。

我们知道，动物所求的是什么东西，只要仔细观察它们的行动便可以看出几分了。假如这话是对的，那么欲望当然可以见之于行动，因为我们在动物身上所能观察到的只有动作罢了。动物也许是有"心"的,在这"心"里,也许发生各种各样的事情,但我们决不会知道动物"心"里的事情,除非我们从动物的行动上去猜测。因此很容易得到一种结论:动物的欲望只不过是几种行动里面的特性,那几种行动,通常是认为从欲望里发出来的。这种见解说明动物的欲望是圆满的,那么以相同的见解,说明人类的欲望,自然也不难了。我们对于常见的动物,可以从它的行动上,断定它或饥,或渴,或愉快,或不愉快,或有所寻求,或受了恐吓。我们断定的时候,那种可能的特征,当然是从动物的连续动作上引出的。有许多人也许说:他们先从动物的心理状态中猜定某种事情随后演绎出接续的行为,但这种迂回的办法,实在不必。我们只要说:动物在前一分钟更强的行动,具有所谓"饥饿"的一种特征,所以第二分钟的行为,除非已经寻得食物,或者被一种更强的行动所间断,否则一定仍旧有同一种特性的。凡是饥饿的动物,先觉得暴躁,随后走到平常寻见食物的地方去,或者用鼻嗅,等到走近可以感知的地方,便赶忙走上,开始咀嚼,咀好之后,要是食物是够咀的,便完全变了态度:它便躺在地下,当即睡去。这种情形和诸如此类的情形,乃是饥饿动物和不饥饿动物不同的现象,这是我们所观察到的。我们认为动物的饥饿行动的特别表征,并不是动物的心理状态,乃是动物的肉体动作。我们可以称为"饿"的,只不过是这种肉体的动作,绝不是动物心里神秘不可捉摸的东西。

从饿时的情形类推起来,可见动物的所谓欲望,乃是由显明的特性的动作循环中表现出来的。欲望发出的时候,起先是一种活动的状态,像是为一定的结果而动,这种动作除非被另一种行动所中断,不然会继续进行,直至达到目的。目的达到后便进入比较静止的状态了。这种动作循环有许多特点,和条件反射显然不同。最注目的特点便是:①动作适合于达到某种结果;②动作继续至达到目的为止。但这两种特点都是不能固执的。至于植物呢,介于动物的和条件反射的中间,所以我们在动物上认为欲望的那种动作,在植物也有,不过更微弱罢了。

(1)我们也可以说江河是有欲望的,江河的欲望便是海洋。怎么说呢？因为从表面看起来，水是不会活动的，除非流到海洋里，或是流到一个地方，在那地方受了阻挡，非向高处流，便没有出路。除此之外，水总是顺流的。所以我们也可说：当水流着的时候，它正有所欲求！我们可以这样说，因为水的行为是可以用物理法则来说明的。但要是我们对于动物研究得深些，我们也许不会说动物有欲望了，因为动物的行为，也许可以用物理的、化学的反应来说明。

（2）动物有许多运动，并不具表现欲望的动作循环的几种特性。动物的运动，有的是出于无意识的，像滑下或跌下，那时动物的身体受平常物理势力的支配，差不多和死物的运动一样。动物从高处跌下的时候，在空中无论如何奋力挣扎，但落下时重心的运动和死物一样，不会受任何影响。这时候，如果动物落到地上便死了，我们从表面上看，全部动作也仿佛具有表现欲望的动作循环的几种特性。虽然是这样，但是我们决不能说跌下的事乃是动物所欲求的，一半因为跌下的事显然是一种机械的运动，一半因为当动物落地没有跌死，它决不想再照样试一回了。

还有其他的理由，我不想细述了。除无意识的运动外，还有中断的运动。譬如，有一只鸟儿来吃你的豆，看豆的小孩把它唬了一下，鸟儿便飞走了。要是这样的中断有过好多次，动作的循环很少有完成的时候，那么在循环中所观察的特性，便无从辨认了。从上面这几层考虑来看，可见当我们只用外部的非科学的方法观察心的内部行为时，动物和死物的差别，乃是比较的，不是精确的。有许多幻想家以为棒子和石头也有心灵，就是根据这种理由。其实动物有心灵，其证据本来是很薄弱的，要是假定这是确实的，那么更进一步，也可以证明一切物质都有心灵了。话虽如此，但这种论断诚然是可疑的，大体上看去，在动物的行为中，循环的存在确实是动物和平常物质所不同的一大特性。我们说动物有欲望，也是根据这种特性而言，因为这种特性使动物的行为和我们有所欲求时的行为相似。

现在在用下列定义来说明动物的行为：

行为循环就是动物连续而起的有意识的反射的运动，这种运动的目的在于达到某种结果。

在未达到某种结果之前，运动继续进行，除非这种运动被死亡、事变或别的新起的行为循环所中断。行为循环的目的便是循环完成时的结果，在平常是一种暂时的静止状态。

动物当行为循环进行之际，可称为对于行为循环的目的，正有所"欲望"。

我相信这种定义对于人类的目的欲望，也一定是适合的，但现在所讲的，只以动物及从外部观察可以觉知的为限。"目的"和"欲望"，除掉上面定义所述的意义外，不再具有别的意义。

我们对于行为循环，还没有说到原始的动机是怎样。寻常对于欲望的见解，好像在这一点很有稳固的根基。一只饥饿的动物，不停地运动，到寻得食物为止。这时候，我们假定食物的观念，在动作进行时始终存在，又假设动物的全部动作是受达到结局的那种思想所引起的，那自然言之有理。但在别的许多地方，这种见解显然有点不对，而于本能有关时则尤为显著。现在以动物的繁殖和养育后嗣为例。鸟儿结偶，建巢，在巢内孵卵，坐在卵上，饲养小鸟，看护它们，等到完全长大为止。这其中的许多动作造成了一个动作的循环，而完成这一种动作循环的起因，绝不能说它是为一种结局的预想所鼓动的。我们必须假定：使动物完成各种动作的动机乃是先天的冲动，不是未来的结局所诱起的。鸟儿在每一时期行其所行，是因为它对于那种特殊的动作，具有一种行动，不是因为它知道这种动作循环的全体，具有保存种族的功能。同样的思考也可以应用到别的本能上去。饥饿的动物暴躁，便为本能的冲动所鼓动，自然而然地去完成寻求营养物的运动。但是以这种寻求食物的动作来做证据，断定动物的心里本已有食物的观念，这种证据是不圆满的。

现在再就人类的动作来讲一下。在我们的动作中，引起行为循环的乃是一种所谓"不快"的感觉，这是显然的。譬如，我们饿时，起先在内部起一种不舒适的感觉，随后便不能安坐，对于食物香气的嗅觉力骤然增加，那时要是近旁有食物放着，便引起一种羡慕。在这种动作的进行中，我们有时也会自己觉得饿了，自己说："我有些饿了！"但在我们未曾觉得饿之前，对于食物有时也会有同一种动作的。我们当说话或读书的时候一边吃饭，那时吃饭的动作，全是出于无意识的，但我们却一样地完成吃饭的动作，如有意识的一般，而且等到肚里不饥饿了，便也自然而然地停止。所以我们所谓的"意识"，在动作中，全然处于旁观的地位，即使在意识命令的时候，也像见机的父母对于儿子所下命令一样。这种命令即使不下，也无不遵从执行。这种见解，初看像是言过其实，但我们若把所谓意志和意志的起源，仔细考察一下，我们便不能不信了。用文字来说明一切，自然很繁复，而且暗伏着许多困难；但我暂时不能顾到这些，因为我所讲的仍旧是人类原始的欲望，而且只用显出人类和他们兽类的祖先接近的形式来说明。

有意识的欲望，是由两部分构成的：一部分是欲望的本质，一部分是对于我们需要什么的一种信仰。原始的欲望的本质却是无从认识的。那欲望中原始的无从认识的因素似乎是推的，而不是引的；是从本体发出的冲动，而不是对于理想的诱引有某种感觉，或别的"心情"具有一种性质，我们把它叫做"不快"，这种不快的感觉，唤起肉体的动作，像是要使不快停止一样。等到不快停止了，或减至极小量了，我们便又起一种感觉，这种感觉所具有的性质，我们就叫做"愉快"，愉快的感觉或者竟唤不起任何动作，或者唤起一种像是可以延长愉快的动作。我在下文就要讲不快和愉快的本质到底是什么。现在把这两种东西与我们的动作和欲望有什么连带关系细讲一下。

我们假定饥饿的动物先有一种不快的感觉，随后唤起一种动作，像要使它们去寻笼子外面的食物似的。当它们寻得食物把食物吃了，它们的不快便停止，于是它们的感觉变为愉快了。从表面看去，好像动物的动作全是胸有成竹的，但实际上，它们不过始终为不快的感觉行动而已。要是动物和人一般自己反省一下，它也会想到动作的前因后果，有时也会想到到了什么地步，心里才可以满足，不快总可以减少，但实际上这种思想，却仍旧是不快引出来的。所以无论如何，不快的感觉总是最初的主动者。

现在我们可以谈到不快和愉快的本质区别了。对于这个问题，大约有三种学说。我们可以把不快和愉快，当作有这种经验的人的心中独立存在的东西；我们也可以当作感觉和另一种心情的固有的性质；我们也可以当作起不快或愉快心情时的一种因果性质的差别。第一种说法以为不快和愉快是包含在有这种经验的人的心中，这一说法多半是因为把"痛苦"这两个字没有弄清楚的缘故。有许多人都用错"痛苦"这个词,柏嘉莱也是这样。他的主观唯心论的论据,用着"痛苦"这字都是错的。我们可以拿"痛苦"来和"愉快"相提并论;我们也可以把痛苦当作一种感觉,和热、冷等接触的感觉并列。近来心理学上"痛苦"这个词,都照着第二种用法,拿"痛苦"和"愉快"相提并论,现在却没有人用了。

不快和痛苦的分别没有弄清楚,所以人家要把不快当作更有实体的东西了,又因为不快是和愉快相对的,所以愉快的观念也弄不清楚了。现在既知道不快和痛苦感觉是截然不同的,那么不快和愉快是心情的性质,不是一种独立的心情,自然也很明显了。

现在,只要考查不快和愉快到底是心情的性质还是因果的性质上的差别。这个问题我自己觉得无从断定,这两种似乎都可以说明事实的。假如这是真的,那么我们不要假定有那种心情的固有性质,只假定有因果的差别就好了,因为这种因果差别是无可否认的。我们不必排斥固有说,也可以断定不快和愉快是包含着因果的性质的,我们只要就这两者相同之处就是。因此我们应该说:

"不快"是感觉或别的心情的一种性质,这种心情能够唤起有意识的或反射的运动,以生出确定或不确定的变化,使这种心情停止。

"愉快"是感觉或别的心情的一种性质,这种心情不唤起有意识的或反射的运动,或唤起运动时,只限于唤起延长这种心情的运动。

要使上面的定义意义完全,需对于所谓有意识的和反射的运动也下一个定义。我们身体的运动,可以分为三种:机械的运动、反射的运动和有意识的运动。所谓机械的运动,是不依赖神经组织的特殊作用的,如人从悬崖坠下时,他的运动不是靠着神经作用的,他的神经无论如何用力,至多不过在半空中竭力挣扎而已。物理的性质是一般物质所有的,化学的性质,却是各类的物质所独具。我们现在也是这样,要分出哪一种是生理的性质,是生物所独具的,哪一种不是生理的性质,是生物和死物所同具的。机械的运动便是生物和死物所同有的,不是生物独具的性质。而除了机械运动之外,一切别的运动,都不外乎反射的和有意识的两种运动,但这两种运动在此处却没有辨别的必要。

上面所讲对于欲望的见解和平常的见解大大不同。平常的见解，以为欲望在实质上是对于想象物的一种态度，这种想象物叫做欲望的"终点"，又以各种动作的"目的"都是从欲望生出的结果。照这种见解，与不满足的欲望同时产生的不快以及动作，都是欲望之果。我们反对这种见解所持的论据，多半在于能从外面断定欲望。现在我们尚待考察的，只有那种和"终点"、"目的"相混的欲望。但我对于这种欲望，却以我的解释为：满足是这种欲望和原始的欲望不同，只因为另外加入了一种信仰，这种信仰，常常是错误的，而且和欲望的主动力没什么关系。

三十一、婚姻新解

婚姻问题是一个很复杂的问题,对于婚姻有两种见解。一种是浪漫的见解,表现于神仙故事中。据说,王子与公主结婚,以后便总能快活地生活下去。这便是造成了离婚的原因:因为男女结婚之后,一旦过得不快活了,男的遂以为所娶的并非公主,女的也便以为所嫁的实非王子。于是便各自另做一次试验,大概也一样不成功。其所以屡屡失败,是因为对两个人之间能有关系两人所抱的见解,都是完全做不到的。

其次一种见解,圣保罗曾坦然表示:"结婚比动情好。"照这种见解,性的快乐完全是遗憾的事。可是人的天性并没有这么强,完全舍弃性的快乐的人不会有几个。虽然如此,却可以仗着婚姻,把这种快乐减到极小度,把夫妻弄得彼此互为警察的这种见解,自称是相信婚姻是一种圣典的信念。

这两种相反的见解,都太极端了。第一种之所以极端,在于把快乐看成人生归宿;第二种之所以极端,则因其以为防止快乐是人生归宿。快乐本身固然是一种好东西,可是并不是一种很重要的好东西,因其并不需要促进的活动,所以不能满意地使其作为人生归宿。要得到幸福,必须立定一种归宿,永远完全实现不了,可却又永远在实现的过程之中。野心,父母的爱情,科学的好奇心,艺术的创造性,都是供给这种活动的。一个男人或女人,如专心于这种种活动之一,并且不是完全不成功,便可以得到一定程度的幸福。可是如果一个人,只为顷刻的快乐而生活,最后一定要做不可忍耐的烦恼的牺牲。

婚姻是复杂的,因为包含有两个很不同的要素,就是男与女彼此相对的关系,及两人与孩子的关系。凡是幸福的婚姻,夫妻都是彼此相爱及爱其孩子的。彼此的相爱，不但在性上，而且在为孩子而合作上，也得到满足。在发生了困难的时候，这种动机仍是存在的。但是如婚姻是完全成功的，则由此而得的惬意是非常圆满的，因为性的本能与作父母的本能合力以互相加强。

法律道德所向往的就是造成这种婚姻。习俗的道德哲学主张两个完全无经验的人应结成一种不可解的关系，这样的道德哲学一定达不到那种归宿。要找一个可以一生与之和谐地生活的人，并不是件容易的事，对于完全无经验的人，差不多不可能。完全无经验的人，并不能分别性的饥饿与在性的饥饿满足之后仍然存在更深的情爱。所以，在结婚之前应有经验，对于男人与女人是一样的，还必须有为重大原因而解散婚姻的可能。不过关于什么是构成重大原因的见解，在我看来则是完全错误的。不拘哪一方偶有通奸的事，与深而持久的情爱完全相容。假使每个人都见到了，离婚的人的幸福，肯定不像现在这个样子的，这样常常为嫉妒所破毁。嫉妒是出于本能的，可是使其活动的机缘，则很大部分都由信念与社会的习约而定。想得到的并不与不想得到的引起同样的嫉妒，而且嫉妒如果只为犯了一种罪恶的信念，而致加强，也是更加可怕的。控制嫉妒，完全是容易的，可是一定不比终生忠于一人还难。如有人说，不用自制，也可以得到一种幸福的或过得去的生活，这大概是错的，可是我却主张这样。所以必须自制，由于容易产生嫉妒，而习俗的道德则把嫉妒看成是完全可以赞美的。不过，我并不是在鼓吹不忠，我只是在鼓吹遇有不忠时相应的一种宽容态度。

有些别的原因，大得足以使婚姻非解散不可的，即使对于孩子不免有所损害。在这种原因中就其较为显然的，如疯狂、犯罪与酗酒。结婚的一方，如有这种情形存在，对于孩子，便以不使他接近为好。此外还有别的情形，在那种情形之下，也可以考虑离婚的，可是这种情境，却很难就法律的确切性来定论。父母彼此相恨时，很容易对于孩子的情爱发生一种竞争，由这个遂造成一种空气，势必要在孩子身上造成重大的精神疾病。所以在这种情形下，就是为孩子，其父母是一样地值得离婚的。这种情形，除非由不相容那种模糊的观念，如何可以弄到法律范围之中，我并不十分晓得。照不相容的观念，其实就等于互相同意的离婚。凡是有孩子，这种离婚，除非万不得已，如必有一方是不能自制而缺乏做父母的责任心的。虽两方不能把彼此不和之处，调济得当，但为了孩子的康宁，还是可以合作的。

　　成功的婚姻实在是很重要的，是把自我投入一种较为宽大的单位中。所谓夫妇是一块肉，应该不仅仅是一句话，而且应该有一种本能的肉体同情。现代的男女们，在自我上，倾向一种硬性与圆满性，大多数的婚姻，即使并非不幸福的，也没有深厚的交感相印，也没有把个体的生命融入于一种较为宽广、更令人满意的共同生存之中。其实，婚姻实在的好处就在这种融入，如缺乏这个，绝没有深厚的幸福能够存在。许多人虽是拒绝这种把自我的墙壁推翻，然而这却是一种人类的需要，不加以中和，定要有一种不满之感。可是，已得到了那种圆满结合的，那种结合便也扩展到孩子身上，父母对孩子的爱，定要是由自发而不为嫉妒所染玷的。

　　现代文明中的困难之一，就是井然有序的行为与个人的远虑相结合。个人的远虑，用得超过一种程度，对于一切较优美的性质，及一切精神上的欢乐，人生所需供献者，都是可以毁灭的。所有伟大的神秘家都痛骂个人的远虑，因为这个理由："把你的面包抛在水上"，"不要想到明天"，"谁失其生活，谁求得其生活"——凡此都是对于远虑的非难。但是如无远虑，要把婚姻与小孩子的看顾做到底是不可能的。不过，我以为，有一种分别却要做，远虑为个人的关系而避免对于个人的自我的伤害时，与那发源于爱的关系而避免对于爱情对象的伤害的那种远虑之间。婚姻上的个人远虑，就是表明有使婚姻所要的，一定都得不到把婚姻当作一种丰富个体生活者。可是对于自己孩子的康宁的远虑，显然是最不可推诿的本分之一，就是这个也可以为一种伟大的公共需要而抛弃。

　　这两类远虑，心理上的差异是显然的，因为一类根源在恐惧，另一类则在爱。不幸，根源于恐惧的远虑，因习俗的道德而加强。世人总看到富的男人比穷的男人更好，不会爱的女人比被引诱失节的女人更好。在所有这点上，世人的看法，都是缺乏勇气与大度的，这种情形就是大多数婚姻上的麻烦的根由。常有夫妻开始婚姻生活之初，双方决意尽可能地保守私密，妻意所在，主要在身体事项上的私密，夫则在涉及其业务的事项上的。这样就养成一种互相敌对的态度，绝没有那种完全投降于一种共同生活的情形。其实是只由那种情形，真正的姻缘才能发生。基督教，以与较原始的对于家庭信念的反对，有一种超度个人的教义，由这种教义已养成了一种个人主义。

人乃是一种复杂的生物。生活应该是建筑在一种本能的基础上的。所谓本能，通用的广义，性、做父母、权力，都是主要的本能的情欲。除由对于三者知识上的简化外，因三者错乱的混合，也已发生了许多害处，在情感上，三者个个都有其淡影，除非过着正当的环境，对于人的幸福，是没有一个发生其可能的圆满贡献的。对于权力的冲动，显然就是政治活动的源泉，也是已经富了的人的生意活动的源泉，也还是知识生活的源泉。对于知识的冲动，原本是由感觉"知识就是权力"而来。

做父母乃是一种与性完全不同的冲动，随便什么人只要不厌烦，读读旧约，都可以知道。大体上，做父母乃是一种逃死之欲，欲把自己的自我，在身体其余部分死亡之后留下一部分在世上活动。可是要使这个在女人身上可以发展到圆满的程度，必须对于孩子有肉体的看顾；要使在男人身上以什么满意的样子存在，必须对于做父亲有一定的把握这种情形。当然，就是所有要把婚姻约束在女人方面的性放松的学说里的纠结难解之点，这也就是男子嫉妒的名义。可是在实际解决这个问题上，男方是在其婚姻关系上为其对于权力的冲动，找到了一条道路，而非为其情爱的感情。于此，所要对付的心理问题就是：婚姻是一种平等的结合，而不是做奴隶。事实上，如非在形式上，带有一种多少东方式的隐居者，那么，男人作为父亲又有什么把握？还是，如果不可能的话，女人们对于自由的要求，是否会造成母系制度的重来？

我并不以为现代婚姻的心理学，到现在已经成就了，我还预见到要有一个很长的困难时期，在文明人类再得到一种像旧的父系家庭那样坚固持久的制度之前。也许非到国家把父的经济上的责任担当起来，世人所晓得的家庭停止存在的时候，那个阶段永远不会达到。我诚挚地希望不会如此，因为从婚姻同家庭关系上，可以得到很有价值的、在现代世界里没有别的东西能给予的人生要素。人生在其生物学的方面,是一个相续之流,其中分为种种不同的个体,是偶然而不重要的。见到人生的这个方面,就是从许多走进一种较广大的世界的那些门中的一个,离开自我的牢狱。对于一百个男女中的九十九个,这道门都是那些门中的最容易的。

性单独并没有这种好处,只有性与做父母相关联时才有。因为,性是一种超越片刻的情感,而为由始至终的生命之流的一部分。真正的性道德上的教育应当使少年人感觉到这样看法的婚姻的重要与高贵而成。旧式的道德是有一种非合理的基础的,而新的缺乏道德则又总易把男女关系上一切有实在价值的东西都扫荡去。要保存那个,必须要有一种新道德,庄严不减于旧的,可是基于一种较真的心理学同一种对于人类需要的公正的重视。

三十二、中国的未来

写给中国人看的文字，似乎应注重他们自己所能做的事，而不宜注重外国人应该怎样帮助他们想靠外国提携的那种行为，那是不中用的而且也是不应有的。因为一则易流于寄生的习性，再则别人毕竟是靠不住的。"匪今斯今，振古如斯。"世界上不自私自利的国家，恐怕很难找。中国是能以自己的力量自救的国家，我相信中国所有的爱国志士，个个都很希望中国能慢慢地自己奋斗起来。

假使我是一个中国人，当我自问应该如何救国的时候，那么，我觉得应当有两个方针：一个是保守，一个是改进。一方面应该保存有些从中国古代文化遗留下来的精粹，并且是西方所没有的精粹；在另一方面，也需尽力采取和传播西方从科学上得来的知识和技能，以辅助中国文化的不足。要想调和这两个目的，本是一件不容易的事情，但也不是完全不可能。关于中国的各种问题，我所要提出的主张，就是尽量使这两个方针不发生冲突。

关于中国人的第一种优点，我以为是用活动的目的去判断活动，而不光是以活动所费力气的多少去判断行为的习惯。我们居住在西方的人，常常都朝着这面想：以为力气这东西，它自身就是好的。我们很赞美动乱和战争，但是简直不能做任何有理性地享受一点安适的闲暇。我们的文化，越来越趋于丑恶、粗陋和破坏，所以它将有自己毁灭自己的可能。如若不然，除非有些企图实现一些理想的事，能够来代替那些无目的的瞎碰才好。在中国的古代，已经对优美高尚的理想有了一种尊敬，就是现今的中国人对于行为的决断，也要预先有一个动机，然后才肯开始动作。这一种优点就是中国的美术和中国人爱好和平的来源，并且也是受过教育的中国人能够明确一致的原因。

不幸沉思这种美德，在实际做事上，有相伴而来的迟缓和懈怠的毛病。假如中国还能实行闭关主义，那倒不要紧，但是处在许多更加有力的国家支配之下，不和他人发生关系的独立，是万万不能的了。中国受外人的管束，无论是武力的也好，经济的也好，或仅是精神方面的也好，总是很倒霉的事。要想避免这一层，只有革新的中国人努力奋斗，才能办到。但是，对于一切的先决条件，必须要保存中国国家的独立。没有独立，什么都说不上，自然更别谈建设"新中国"了。

假如中国的独立保持了，那么，中国的人应该自己依次完成下列四项重大的工作：

（一）公德和群力的增长；

（二）好政府和稳固政府的建设；

（三）普通教育和专门教育的扩充；

（四）用中国的资本和技能去开发中国实业上的富源。

现在让我们一个一个地依次讲下去：

（一）中国积习相沿的道德是私德。它的根基在家庭，不在社会。社会上的种种罪过，例如贿赂、勒索与玩忽职守，等等，一般人都视为无足轻重，不甚介意。但从事实上讲，在现今这个世界上，不讲公德的害处比不孝要多得多。依我来看，介绍一种较高于现在所流行的诚实和勤于公务的标准到政界去，到一切公共机关去，是那些受过新式大学教育的人所特有的职责。倘若腐败的官僚存在一日，富有资财的外国人，就一日可以利用金钱来引诱他们去出卖国家的权利。同时军阀们的横行和扰乱，也不能阻止他们不绵延下去了。所以要改造中国，还需要一大批诚实的人、光明磊落的人、能专心而且肯卖力气的人去从事于政治和行政。在这一般人那里，应该以留学生作为他们的中心。

（二）只要有那些有团体精神和维新思想的人，要想肃清中国全国的纷争和扰乱，就可以成功；要想建设良好而且有条不紊的政府，也可以成功。政府不稳固坚强，什么事情都不能办。如果一个国家在政治上软弱无能，对外则外侮不能抵御，对内则军阀们横征暴敛的行为不能说其不会再干，那么，以中国人的经营去发展事业上的富源，也是不可能的。假如公立的教育经费无着落，那么所谓扩充教育也不能达到目的。总而言之，良好稳固的政府是绝对的重要和必须的。就是那些与政治关系初看似乎很远的事，没有这样的政府，也是不行的。

我以为这是很明显的事体：中国稳固的政府，必须建设在联省自治上。各省的自治范围可以让它很广。关于这件事情，我认为1912年的宪法起草委员铸成了一个错误。差不多和美国相仿的宪章，比较单一制的约法，大概成功的机会好得多。现在要紧的事儿是必须得找出一种为大多数舆论所能拥护的政体，并且加以宣传。这种政体是什么，据我看来，恐怕一定是联省自治了。

（三）除非是有教育上的进展陪伴着，否则任何国家的进步都不牢固、不结实。要想中国真能达到稳固坚强的境地，有两件必须的事情，而这两件事都是非靠教育不可的，那就是民主政治和工业制度。民主政治之所以必要，一则因为它的自身就是好的；再则还是避免少数又蠢又倔强、居于领袖地位者的唯一方法。工业制度的本身虽然不好——因为在它的自身，我把它当作祸患看待，但是对于维持中国的独立，是绝对的需要。不过在中国人有自己经营实业的可能之前，必定要有一批受过特别训练的专家和精巧的工匠。我有时这样想：留学欧美的中国学生，多是太偏于理论方面的研究。举个例子来罢：研究经济学的人虽然不少，但学习怎样实际经营大规模的实业的人，则寥寥无几。其实说起来，研究怎样实际的经营实业，对于中国的用处较之于只学理论的经济学或许还多得多！偏重理论的情形，也可以从请到中国的外国教员中看出。两相比较，实业家总是比讲空论的人少。当我在北京演讲哲学的时候常是很难过地觉得我所给的知识，远不如一位矿业工程师或者一个精于钢铁工业的人所能给的有价值和有益处。这样的实业家，依我的意见是应该多多地请到中国来以教导那些能实地去应用知识的人们。

要想中国成为一个西方式的民主国家，普及初等教育，是万不可少的。但要实现普及的初等教育，必须有两件现在还没有办到的事情：一是充足的税收；一是教师适当的供给。赋税的收入，在稳固的政府成立以后，可以源源而来，但绝不能在那样的政府未成立以前，就能实现普及的高等教育。储养师资的师范学校虽已开办，但是还需要增加。其增加的程度，应该以能供给每一个乡村一位适宜的教员为标准。也许如此大规模地增办师范学校，也要在民主立宪政府成立以后才能做到。

（四）实业的富源，特别是铁道和矿山，是维持中国独立的命脉、全局的要点。中国是富有矿产的国家，外国的企业者，久已垂涎三尺，想来开发它了。只要矿权和路权一旦落在外人的手里，就一天没有法律的保障来维护中国真正的自由。倘若实业的富源能够完全存留不用，那么，工业制度在中国还不必急于采用，但这是决不可能的事情。关于经营实业这方面，只有两条路可走：一是中国人自己开发；二是外国人来"越俎代庖"。我极希望中国人能够自己经营，不顾及外人来"染指"。因为中国的文化，是我素以爱慕和钦羡的。假如经济上权力掌握在西方人的手里，不管是属于私人也好，或是属于国家也罢，中国的文化势必不免为西方所代替。我们西方的文化，已经受了工业制度的改变，故实业一经发达起来，中国文化将起相似的变化，是自然而然的道理。我虽然热爱中华，但并不盼望中国完全没有更变。中国此时颇有大大的根本改革的需要。不过我希望此处所谓改革顺着中国进行的轨道，顾及中国的历史，从中国的过去开发出来，而不应该先是以西方的思想和行为去做不分青红皂白的代替。我相信，以一种聪明审慎的态度去采纳西方的知识，中国一定能够走进一个光明伟大的新时代，并且还能够解决许多本文所不能解决的问题。在那些我们没有办法的解决问题中，或者对于我们的一个根本问题，如工业制度如何才可以使它成为人类的仆役，如何才可以使它不至像现在成为残酷的魔王，也许都会有相当的解决。

中国潜伏的能力非常大，所以无须大量的军备，也无须极端的爱国去抵抗外人的侵略，就可以成功了。但是，这两件事稍微来一点，予以相当的提倡，却是必要的，不成问题。本来这是一种祸患，不过这种祸患的责任应该由西方的国家和由它们所教出的大弟子——日本来负。我希望中国不要过甚地提倡国家主义，只要足够自卫，就可以了，切不可过多。从中国人的品性上看，达到这样的结果，我想不会使我失望的。他们一定不至于为人类的灾祸。但是，在达到自卫的过程中，假如中国被逼迫去除知识以外的东西，什么都要摹仿西方人，那我就悲伤叹息了！因为中国人的人生哲学，我相信，一定是高于我们西方的。

三十三、理想的素质

近代文明国家都承认教育是必要的，可是这个论题仍常常是那些判断足以服人心的人们争论的题目。反对教育的人说，教育不能达到其理想的目的，因此反对教育。所以在考查这些人的意见以前，我们应该决定我们希望教育达到的究竟是什么。关于这个问题向来意见极为分歧，因为关于人类幸福的概念，也有种种的解释。不过有一个性质上的大差别，较诸其他任何争论，都更为深刻，即是有一派人，对于教育，根本是就其对于个人心理的关系立论，另一派人，则就教育对于社会的关系观察，二者之间是截然不同的。

假定教育的职责，不仅在预防那些足以妨碍生长的东西，尤应有相当的训练，因此便有问题发生，就是教育应该训练良好的个人呢，还是训练良好的公民呢？我们可以说，良好公民与良好个人之间，并无冲突，尤其黑格尔之徒也必这样主张。因为良好的个人，即是谋全体福利的人，而全体的幸福，则由诸个人的幸福组合而成。这个题目，因是一种最后的形而上学的真理，我未曾准备加以攻击或拥护。不过在实际生活中，把儿童看作个人所得的教育结果，和把儿童看作未来公民所得的教育结果，是大不相同的。就表面上观察，个人精神的培养和有用公民创造并不是一件事。例如，就公民的效用一点而论，哥德当然不及詹姆士·瓦特，但其个人却不能不认为较为优越。在事实上，真有一种个人的善，与社会的一小部分善有别。不过关于个人的善的成分，各人有不同的解释，所以对于那些见解和我不同的人，我不愿和他们辩论。不过不论采取什么见解，我们不能不承认个人的教养与公民的训练是截然不同的两件事。

那么，个人的善的成分是什么呢？对于这个问题，我将提出自己的解答，但我绝无意要他人赞同我。

第一点，个人也和莱布尼茨的单子一样应该反映出世界来。为什么呢？我只承认知识和理性乃是人类光荣的品德，凭借这些特性，我便喜欢上了牛顿。一个人若深思熟虑或潜心探求空间的深度、太阳和行星的进化、人类历史等问题，仿佛昏暗的照相机内部发生奇妙的作用一样，则他所做的事显然是人类的，最能增加自然界的大观，甚至如近世物理学所说，空间的深度和"时间的边远"不过是数学家方程式中的系数，我也不放弃我的主张。因为那个人若发现了多星的太空和宇宙过去的年龄，则他越发值得羡佩。在知识方面，他虽然有损失，但在想象上却有所获得了。

不过人类的知识部分虽是人类优越的基础，却决不是其全体。单凭这一点，还不足以反映世界，还应该用情绪来反映。例如，一个人对于一种对象，都有一种相当的特殊情绪，在单纯的认识过程中，也会感觉一种欣喜。不过知与情二者，仍不能说是一个完人。在这种流动的世界中，人类也是变化的一部分原因，他们自觉是变化原因的时候，他们就在运用意志，觉得有力。要使一个人造成一个完人，必须把他的知、情、意三者尽力扩张。依照传统的神学，权力、智慧和爱，即是三位一体的属性，一种各具一种，所以在这一点上，人类是在他自己的想象中自认为是"神"了。

照这样看法，我们是把人当作一种个体，和佛教、苦行僧、基督教圣徒及一切神秘主义者对于人的看法一样。如我们上面所说，完人中知情的原素，实在都不是社会性的，要经过意志及权力的运用，我们所说的那种完人才成为社会中的有用分子。但即使如此，这种意志所能给予个人的地位，仍不过是一种指导者的地位。一个人若单就其个人来看，其意志仿佛神的意志一样，诸事都听其自然。可是一个公民的态度，则与此大不相同。他知道他的意志，不是世界上唯一的意志，他得用种种方法，和同一社会中其他冲突的意志相调和。前述的个人，乃是自己存在的，公民则被他的同类所环绕。除了鲁宾逊漂流孤岛而外，事实上，我们都是公民，对于这种事实，教育应该顾及。不过我们也可以说，假若我们认识了我们个人的一切潜能，然后又忠实地参加实际的政治生活，后来我们不是可以成为一种较优良的公民吗？公民的基本特征，就在于他是合作的，无论事实上是有意或无意的。所以一个人若愿意合作，除非他是有异常权力的人，他总得寻求某种预有的目的，以便与他人合作。只有那种异常伟大的人，才会独自想出一种目的让旁人合作，并诱劝人们来赞同他。在历史上，确实有过这种人。例如毕达哥拉斯就以为几何是应当研究的，一直到现在，小学校的学生研究几何时都在诅咒他。但这种孤独的创造式的公民究竟是少有的，也不是养成公民的教育所要造成的人。政府所认为的公民，乃是赞美现状、努力拥护政府的人。可是奇怪的是，政府拼命培养这种人，而不培养其他各种公民。历史上的英雄，恰恰是那种图谋推翻现状的人。美国人都赞美华盛顿和杰佛逊，可是赞成华盛顿政治主张的人，却被他们放在牢狱中监禁起来。英国人都赞美包底霞，可是她若生在现代的印度，他们也必像罗马人一样处理她。西方一切国家都赞美基督，可是基督若生在现代，则也是苏格兰圈院中的嫌疑犯。在美国也必因他不愿意当兵，不认为他是美国公民。由这些事实，可以说明把培养公民当作教育理想，实在是很不妥当的。因为如果我们理想仅仅是做臣民，则其中便不是能含有创造性，愿意服从威权。而这种威权，不论其为政治的威权，或民主政治的威权，都和伟大人物所必具的特征相反，再若运用过度，且足以妨碍普通人无法达到他们所能达到的伟大。

　　但我的意思并不是主张反抗。反抗本身并不见得比服从好，因为反抗的决定，同样要靠我们自身以外的关系，并不是决定于纯粹个人的价值判断。反抗不论应该赞同或应该贬抑，都是决定于一个人所反抗的东西，但总得有可以反抗的机会，刻板的一致的教育所造成的不过是一种盲目的服从而已。而比反抗或服从更为重要的，就是应该有一种开创新方向的能力，如毕达哥拉斯发明几何研究便是一例。

　　公民训练与个性教育的争论，不论在教育、政治、伦理以及形而上学上，都是重要的。在教育方面，情形比实际简单，在相当程度内，可以离开理论来考虑。全社会青年的教育，即是一种枉耗资金的事业，大体上自应由国家筹款办理。此外其他机关有意来教育青年的，便是教会。国家的教育目的，当然在培养公民。但过去由于种种原因，这种目的大受传统削减。中世纪的教育，即是僧侣的教育。文艺复兴以后，一直到现在，教育只是士君子的教育。在势利的民主主义势力之下，教育的目的，在使人像一个士君子。许多对于公民无用的东西，都当教材，目的都在使学生变成温柔尔雅之人。此外，教育上还有一些成分，是来自中世纪的。宗教传统，目的在使人理解上帝的道理。文雅与似神，乃是个人的品德性，并非公民的品德。整个的基督徒，实是一种个人的宗教，因为这种宗教，系创自毫无政治权力之人。它根本的目的，只在探求灵魂与上帝的关系。基督教虽也谈人对社会的关系，但它承认这种关系，是发生于个人的情绪，并非发生于法律及社会制度。

基督教现有的政治元素，是随君士坦丁而来的。在君士坦丁以前，基督徒的责任就在于反抗国家，可是自他以后，基督徒的责任却在于服从国家。不过基督教的发源，是在反抗政府，所以它的教义，始终在唤醒原始的反抗态度。例如清洁派、阿尔比宗派（改革派）及崇尚灵魂的富兰亚派曾用种种方法，否认权威，以维持其内心的光明。新教也曾开始反抗权威及至取得政权之后，还要求神权之运用，殊无理由可言。结果，新教基于内心的逻辑，承认异教的存在，这种观点，是天主教在理论上绝未采取的，只不过实际暂时的方便，勉强承认而已。在这一点上，天主教是代表罗马教皇的传统，而新教则回到基督信徒和神父的个人主义时代。

一切宗教可分为两类，一类是关心政治的，一类是关心个人灵魂的。儒教乃是一种政治的宗教，孔子周游列国，关心的就在政治问题，游说造成良好政治的种种方法。佛教则不然，佛教虽然起始是一种王子的宗致，但究竟是非政治的。不过我也不是说佛教向来始终如此。在西藏就和罗马教皇一样，是一种政治的宗教。在日本我遇见的高僧，就使我想起英国的副主教来。不过佛教徒在其较富于宗教性的时候，确实把他自己看作孤独的人。反之，回教自始就是一种政治的宗教。穆罕默德就把他自己当成人们的统治者，就是一直在大战发生时止，继承他做教主的人也是如此。回教与基督教间代表的差别，就在回教主是世间的权威和出世的权威结合在一起。在回教徒眼中，这两种权威并无分别。可是基督教却不然，因为是非政治的宗教，却产生两种敌对的政治家来，教皇与皇帝。教皇所以不要求世间的权力，就因为世间的统治是不重要的。

上面对于宗教发展史的鸟瞰，可以指出现代着重培养个人的教育上的成分，大部分是传统的产物，且渐渐将被公民教育所代替。良好的公民教育，固能保存个人教育上最优良的成分。不过假若公民教育目光短浅，必导致阻碍个人的发展，强迫个人成为政府利用的工具。所以公民教育的理想，假若目光偏狭，其中必定还有危险的存在，这是不可不注意的。制定国家教育制度的人，假若对于良好公民的理想，持一种偏狭的看法，必导致使受教育的人堕落。只有受过博大的个人教育的人，才能知道哪种个人教育对于公民有所助益。不幸今日这类人渐被淘汰，而代以仅有办事才能的人，甚或代以贪图报酬的政治家。

以培养良好公民为目的的教育，有两种极为不同的形式，或是谋拥护现有的制度，或是谋推翻现有的制度。我们可以说现代教育之中，国家占有重要位置，所以现代教育的目的，差不多都在拥护现状，然而实际上并不是这样的。因为宗教及中等阶级的影响，致使只要是社会党有势力的地方，教育的大部分仍然是反动的。在法国革命以前及俄国革命以前，教育虽未普及，但大体上也是反政府的。在美国目前较落后的地方，也有相似的趋势。国立大学所教的学说，乃是那些纳税人所厌憎的。农民们自然以为担负费用的人应该吹奏出调子来，但他们既不会了解吹奏者，又不知道他所吹奏的调子是什么，所以他们觉得这件事稍有点为难。不过纵然有这些例外，我们仍可以说，近代的教育是要成为一种反动的势力，对于保守的政府则拥护，政府进步时，则反对。更不幸的是现在学校及大学中所着重的公民教育，其成分并不是最好的，而是最坏的。提倡最多的，乃是那种稍具军事性质的爱国主义，也就是说，仅顾某一地方的人的生活，而反对其他各地的人的生活，且愿意用武力来增加某一地方的人的利益。在国内，普通的公民教育，都在维持传统的公民不公平。例如当工人总罢工的时候，大多数小资产阶级的青年人的行为都是一种骗子的行为，可是他们仍以为他们是爱国的。他们之中，差不多无人受过合理的教育，能对罢工者略表同情。只要有不公平的事实存在，就会请求立法和立宪的理想来维持。现在世界各国，教育家仿佛生来就是怯懦的，不论在他们的收入上或势利行为上，都是有钱人的附和者。因为这两种原因，所以他们的教学，都把法律和宪法看得过分重要，殊不知这两种东西，历来施用的结果，导致现在受了麻醉无法发展。因为要反抗这种过分的重视，所以那些图谋根本改造世界的人，便不得不革命，但革命者对于社会责任所持的概念，也容易和主持法律秩序者的思想一样狭隘，最后终归是危险的。

不过也有几方面，改革论者所施的教育似乎较现状论者所施的教育要好一些。动物的习惯，就足以使一个人喜欢依旧行事，如使一匹马喜欢走向常走的路上。保守主义，绝不需要高等的心理作用。可是改革论者则不然，他必得具备相当的想象力，才能对于现存事物作一种不同的看法。要能根据价值的立足点，批评现状，因为他不能不知道现状也有主张维持者，所以他不得不知道一个健全的人至少可以有两种观点。再则，他对于现状暴虐下的牺牲者，不能不表示同情，也不必造出种种理由来证明那些容易防止的灾害不应该防止。所以同情与智慧，在不满意现状的教育之下所受的压制，较在维持现状的教育之下比较少一些。

不过这点也有相当限制。对于现状的不满，可以发生于两种不同的原因：或由于对不幸者表示同情；或由于对幸者表示怨恨。若发生于后者，则其同情亦属有限，和保守主义者一般无二。可是正统论这种东西，不论是什么主张，总是智慧的坟墓。而在这一点上，改革者的正统论，并不见得胜于反动者的正统论。

个人教育与偏狭的公民教育最重要的一种冲突，是在对于可疑问题的科学态度方面。科学已经造成了一种技术，实是一种发现技术，即改变的技术。泛言之，大凡有科学结构的心，都容易做发现的工作，绝不使人坚决相信当时科学的教义。可是受过良好教育的公民，却无发现的能力，因为他尊敬比他年长、比他更好的人。他敬重过去时代的伟大人物，却畏惧一切叛逆的学说。所以近代国家若要建立于科学之上，实在是不容易的。

所以我们这个时代是冲突的。一方面，科学即是权力的源泉，尤其是政府权威的源泉。科学进步，又全赖科学家的心理有一种无政府的状态。科学状态的精神，既不是怀疑的，也不是武断的。怀疑论者承认真理不可发现；武断论者则承认真理已经发现；科学家，则承认不论他所研究的事件是什么，真理虽未发现，然而终可发现。但即使说真理可以发现，也只是说，真正的科学家并不就毅然置信，因为他不承认他的发现就是最后的、绝对的，而不过是一种近似的东西，仍待将来的修正。最终缺少的，即是科学精神的精髓。所以科学家的信仰都是尝试的、非武断的。但这些信仰，若是他自己研究所得，则是个人的，而非社会的。即是说，这些信仰，是靠他自己由观察和推论所确定的事实，并不靠社会认为良好公民所必须置信的。科学精神与国家对科学的应用问题之间的这种冲突，常常易使科学的进步陷于停滞，因为科学的技术将逐渐用以灌输正统理论及轻信态度。即无此种现象，则对于科学有相当才能的儿童，不应常加以公民的训练，而特别准其思想。

整个的真理概念，是否无法和寻常的公民理想相调和，自然也可以如实验主义者所说，传统的真理概念并无实效。所谓真理，不过是方便人们相信的东西。若如此说，则真理便可由条例规定。如汉特觉得相信利真特皇子肥胖很不方便，因为这种意见会使他坐牢，所以利真特皇子便是瘦小的。在这类情形中，即不易承认实验主义者的哲学。我们不能不相信，在利真特皇子肥胖的命题中，有客观的绝对的真理存在。自然，我也可以想出许多辩证来避免这结论。但"肥胖"一词乃是一个相对的名词。例如，我记得有一次，基督学校前任校长和两个现代著名的作家午餐同座时，说他有一种异常的瘦小感觉。若和得奖的猪比较起来，利真特皇子也是瘦小的。所以若要汉特的前说法正确，便不得不说利真特皇子属于男子的1%最肥者，或类似的说法。也可以说：利真特皇子身重对于身高的比例，不超过瘦皇帝的一切男性臣属体比例1%这种说法，自然不无可疑，不过若把1%改为2%，必可十分正确。我们也不能说这种说法因为便于相信，所以是对的，或说了犯罪，所以是错的。上面所举的例子，是百余年前的事情，不再会引起政治的情感。不过类似的事件，在今日仍为政府所关怀，仍有许多命题为具有科学态度的人所不能否认，但又为不愿坐牢者所不愿说。现代的一切政府都采用精明的方法来遮盖他们认为不应当的真理，对于传播所谓有害于民众的知识的人，则施以种种惩罚。

尤其对于所谓谋乱及淫秽的知识更加仇视。此类例证我也不愿列举。因为我若列举出来，我不啻把自己陷于法律禁止之中，我又何必呢！

由上述理由，可见公民教育是非常危险的。可是拥护社会团结说的教育的议论，势力却颇为不小。

文明生活的愉快全有赖于合作，工业主义的每一增进即需合作的增加。例如中国，除去有一个强有力的中央政府外，对于繁荣及高等文化的需要，是非常迫切的。又如拉丁美洲，自从西班牙及葡萄牙的束缚中解放出来以后，因为人民持一种无政府的倾向，所以仍在落后之中。合众国现在所感受的最大危险，是由大多数人民缺乏明确的公民意识。这绝不能说是由于公民教育的失败，反之，美国的全部教育机关，从公立学校乃至大学都已着重公民的训练，教育青年人知道公民的责任。可是纵然有这种教育的努力，通常的美国人，因为传统的开辟精神或因祖籍是欧洲人的缘故，总缺少欧洲其他国家人民所具有的那种本能的社会意识。美国人除非获得了这种意识，不然，全部工业制度必有崩溃的危险。

除去这种现在一切国家教育企图获得的国内的团结外，国际的团结也是必要的。因为要世界人民认识了人类是一个合作的单位以后，我们的科学文明才能存在。我以为欲图科学文明存在，最小限度的条件是：应设置一种世界的教育制度，以培养对世界国家的忠诚态度。这种制度，当然必会在一两个世纪之内，培养一些浅薄的人，反对个人的发展。但若我们不愿见世界的混乱和文明的死亡，则代价并不算高。近代社会的经济社会结构，较之过去时代的社会，更为团结坚固。但欲图成功，必使个人的公民意识增加。对于世界国家的忠诚，虽然不会引起现代人民对于国家的那种忠诚的最坏特征，但也可以使理智及艺术的冲动，不能充分发展。不过我认为最近将来急切的需要是在明确的世界公民意识的培养。世界真是成为一个经济的、政治的单位后，个人教育才能复兴。不过在那种时代未来到以前，我们的全部文明仍在危险境地之中。就某种观点而言，我以为个人教育，是一种比公民教育更为精细的东西，但由政治方面考察，就其对于时代的需要的关系而论，恐怕公民教育仍要优先。

三十四、现代及将来

　　普通学者大都称颂希腊的文学与艺术，不过在这些方面，还有其他的古代国家：如中国——不见得比希腊差。希腊的特长，还要算逻辑中的演绎法和几何学。有些希腊学者，如阿基米德，沟通了理想与实行，推论与实验，与现代的科学方法一样。苏格拉底以前的学者，如恩培多克勒，是当时极合乎科学方法的。我们常常称赞亚里士多德搜集的事实最多，特别是关于动物方面，但是他的"动物史"，与他手下人听讲的动物故事，有许多不符合的地方。他还没有觉得准确地观察是一件不容易的事。柏拉图所努力的，完全是在伦理与玄学，而不在实验方面。此后，这种趋势更盛，而把阿基米德丢开了。柏拉图的思想，近于贵族，而鄙视劳力，恐怕他对于现代的实验方法，是文人所不屑为的。因这种种原因，古代实验的科学方法，未能进步，反而渐次遗忘。

　　但是几何的发展，没有上述这种阻碍。直到1829年罗巴雪夫斯基的时候，几何所有的前提，并未发生任何疑难。一切新知识，都可用演绎法推测出来。因此，当时对于前提本身并不注意，而只注意到推测方面。希腊哲学和中古神学都为这种观点所蒙蔽。这种观点对于特殊的事实，只当作三段论大前提的引证，而对于此事实的本身毫不注意。苏格拉底是一个必死的人，并非根据柏拉图记载苏格拉底死时的事实，而是根据"凡人必死"这个大前提。到了文艺复兴的时候，世界又重见天日了：事实的本身，即有价值，并非只为大前提的引证而已。那时有许多人反对独裁的知识系统，比如：蒙旦不光不理会那些公律，反而提出许多例外，以推翻它们。不过无政府状态的学术界，也不能持久，因此就建立了一种新的知识训练方法。这就是科学方法，创建于伽利略。

　　科学方法的要素，在于考察特殊的事实，而发明新的公律。科学方法是希腊与文艺复兴两方法综合而构成的。这方法的基础是特殊的事实，不过这些事实是为归纳原理而用的。原理归纳出之后，再用希腊的演绎法推测新的特殊事实。这方法成功极大，为什么呢？因为这方法和中古时代纯粹的演绎法一样，并非不可更改的。这一点可由休谟证实出来。休谟以后的哲学，都是反驳休谟的理论，而休谟自己，也是一个极善于反驳别人理论的，他反驳得极精微，不易看出他的错处。以后的科学家，继续不断地奏着凯旋，不顾休谟的理论。但是最近13年来，许多大科学家，因为机械进步的神速，于是又抱着怀疑主义，与从前的休谟差不多。爱丁登解释相对论的时候，以为大部分科学的公律，不过是人类的习俗而已。还有几个研究原子构造的专家以为物质世界并无所谓因果律。有许多哲学家也有同样的见解。尉特真斯登说："迷信乃是信仰因果律。"

　　这种怀疑主义，是现代科学的中心问题，暂时还只影响几个主要的科学家，将来恐怕影响全体的科学家。这或许是因为现代的科学家沉于冥想与思维的缘故。不过现代的科学，已逐渐变为一种生活与行为的方法，以生活的胜利，代替老的、专努力于学识的观念。如果怀疑主义的出发点是理想，那么，将来的趋势一定是实用主义愈占胜利。将来世界各国都有这种趋势，不过暂时以美国为最明显。战后的德国，普遍地都表现着悲观昏迷，而美国则科学地应用，成功极大。把理论的科学变为实用的科学，可说是美国的先例。因此，凡关心世界的将来的，不可不对美国加以研究。在我个人看来，20世纪对于哲学和心理学成绩最好的要算美国。这并不是因为美国人的智力比别国好，而是因为他们摆脱了欧洲那种中古的传统思想。

　　工业哲学主要的信仰，是人类的命运在自己的掌握中，而不受自然或先天的压迫。从前的人类，极畏惧天时，因为他们不能战胜天时。虔诚的农人和渔夫，莫不如此。海岸居民的宗教信仰，与他们船只的大小，恰好形成反比例，这差不多是一个定律。不过偶然像泰坦尼克那样大的船也还是沉没了，因此当时即或是极大的船，也还是多少有点宗教信仰。现代没有这种情形了，因为现代航海日益安稳。

人类自最初有思考的时候，即为恐怖所笼罩。他们用半理智半迷信的方法，躲避这种种危险。古代农民遇着饥馑的时候，就以活人献给谷神为祭。后来科学的农业发达，才把这种迷信打破。古代消弭水灾，都是拜河神。有许多灾害，都以为是鬼神作祟，可以用祭礼治解。以瘟疫为鬼神作怪的，至今还有这种迷信，如今日的印度。对战争的恐怖，现今已有加以理智的分析，而这班人还不免幻想。普通人以为战争的原因，还和哥尔利治的观念差不多。

克布拉从远处听见祖先的声音，预告着将来的战争。

对于暗杀的恐惧，是以刑法来处置的。而刑法的起源，还是带着迷信，根据于流血为污的观念。至今我们对于暗杀所引起的反感，与其他无迷信根源的罪犯如冒名者不同。司法中赏善罚恶的原理，因其从前有惧怕犯人的迷信，以至现今不能收到最大的效力，而制止一般人犯罪。

现代享受文化的人民，很少觉得科学对于他们眼光的影响最大。希腊罗马在最盛时代固然没有什么恐惧，而且他们的希望和今人不同。试将柏拉图的"共和国"与现代威尔士的"乌托邦"两相比较，柏拉图的希望是促进人类的道德与智慧，而不像威尔士以战胜自然为理想生活的要素。这恐怕是经济的原因，因为自由国民即有奴隶替他服务就不觉着减少人工的紧要。此外，还有许多学术上的原因。如几何学的发达，使他们相信真理是可由推论与臆想而得到的。关于自然界的假设，必须与伦理和美学相吻合。他们以为宇宙必须美丽而易于想象。天上的星宿，是以圆圈或花圈道的轨道而移动。古代学术的色彩减少之后，就有少数的学者成为权威。一般人专做注释的工作，而不做独创的工作。因此，虽然有几个少数的希腊人有科学的眼光，而普通受教育的人对于世界并无科学的研究。

阿拉伯的文化便不同了。他们对于科学的好奇心，比较后期的希腊人要大些，不过他们对于科学大都带着迷信的色彩。练金术中所谓的金丹，以求长生不老，荒废了许多实验的工夫，而没有作正当科学的考查。至于当时的欧洲，一方面着重伦理问题，如苏格拉底的希腊哲学，一方面崇拜权威，而普通学者的程度降低。这样，中古时代的科学，除了受阿拉伯影响的培根之外，毫无成绩。因此种种原因，直到文艺复兴时代,科学对于普通人民的日常生活无所贡献。

文艺复兴原是一种文学的运动,其结果并非完全脱离了权威的羁绊,不过是由亚里士多德之崇拜移到柏拉图罢了。当时学者发现了古人彼此也有意见不同的地方,于是他们自己不得不加以研究,再定夺随从何人的意见。意大利的哥白尼发现了古时希腊学者也有地球绕日的理论。若是他没有发现这一点,恐怕他还不敢宣布他自己的理论,因为他自己还找不出科学的根据。

直到19世纪,科学才被视为一种改良实际生活的学术,其方法不在道德或政治的改革,而在战胜自然。此种观念的改变,是由于工业革命及各种发明,如汽船火车电报之类。以科学为工业工具的观念,现代是极普通了。现代人类都希望能够解除历代以来的许多恐怖,如瘟疫、饥荒、飓风、水灾,甚至战争等。

科学的成功,可以除去上述种种恐怖。固然,科学不能完全除去死亡的恐怖,不过科学延长了人的寿命,而将来这种延长是无限的。现代的城市对于自然的恐怖是很少了。不过有时像日本东京的地震使我们觉得还没有完全制服自然。我们再看远些,科学也告诉我们地球不是永远可以居住的,将来太阳的热度减少的时候,或许我们会移往金星上去,不过这总还在百万年之后。但是这种种猜想,对于城市中每早去上工的工人,并没有什么大的影响。他的世界是很安全的,虽则也有一些琐碎的麻烦事体,如工头发怒的时候。这样,从前的宗教,就变为现代的政治,因为现代的一切恐怖,都在政治方面。科学一方面固然减少了人类对于自然的恐怖,但一方面也增加了人类彼此间的恐怖。起初被视为渎慢上天的避电针,消除了人类对于雷电的恐怖,但人类同时也发明了许多破坏的能力,与从前的自然一样危险。一方面科学使社会机体化了,使反抗者不易为乱,而一方面如若社会纷乱,其祸害就比古代的社会大多了。因此,美国人民对于群众及邻人的恐怖,比较其他任何国家都大些。以全体而论,人类是脱离了自然的羁绊,但以个人而论,人类彼此互相牵制,比较科学未发达以前,反而更增加了。

科学对于这种恐怖也有方法对付么?我想是有的。现代的科学,还在努力于物质环境的改良。从前的环境被看为是固定的,只能任其自然或加以沉思,而现代的环境,就任人类指挥了。但是我们对于人类的天性,还是看为固定的东西。我们可以改变环境,但我们不能改变各人的性情使彼此融合。这原因不外乎研究人性的科学还不如自然科学的发达。不过这种情形,已逐渐改变。100年之内,恐怕我们约束孩童的性情,正如我们约束自然界一样。这样,我们就可免除人类彼此间的恐怖,正如我们已免除了人类对于自然界的恐怖一样。不过人类得了这种约束能力之后怎样去应用它,是很难预知的。这种能力对于我们遗传的价值一定有剧烈的影响,但是我们相信这是一种好的影响。我们也不必过于忧虑,好像汉姆列德所说的:"世事本无所谓好坏,不过是我们的心理作用而已。"

凡是某社会各分子的思想是好的,就是好社会。合乎科学方法的教育家,将来一定可以做到这一步。

工业政策的哲学,推翻了中古及近代把知识看为固定的观念,而根据机械创立知识工具论。知识工具论,不主张为真理而求知识。一切知识都是动作,约束环境而使之实用,能实用而后可称为知识。这种知识论的定义大概是如此:"我们认识某物,而能随意改变它,才可称为知识。"这种知识论,无天堂的幻想,也无至善的追求。

知识及价值观念,已深注于现代美国人的心目中,因此他们很难了解留恋旧文化的欧洲人。欧洲各国,除俄国之外,彼此没有什么大的差异,而综合与美国相比,则都有不同。这种差异,值得考查一下,因为如若我们根据旧文化的欧洲来推测机械文明,是易于错误的。

我们读"神剧"的最末一篇,可以看出这一点。依据这篇所讲的,人类最大的幸福是沉思与仁爱。这篇所表彰的沉思与仁爱,已达到最高点,但都是"静"的,因为一切即已完美,不需再来奋斗。弥尔顿对于天空的看法也是如此:

在那里,辉煌的琴奏着,

天使们高声吹着号筒;

还有成千的天军,

鼓弹着不朽的金弦琴。

不过弥尔顿没有提到这些琴和号筒可以日渐改良而且可以用机器

来吹奏。若果如此,天使们就可以避免许多麻烦,可以用他们的时间在"金城"里建筑更高大的宫殿。

现代欧洲的艺术家或学者,不能把人生看作天堂,而对于死后的来生,也很怀疑。无论他是艺术家,科学家,讲爱情的,或冒险的,只要他易于动情,一定有时可以感觉达到极点的狂喜。寻求知识也好像追求美感一样。当某人发现了一种新理论的时候,也必正如初恋时一样的喜不自胜。

不过这类人好像古代遗留下来的野鬼,并非与时代相吻合。大凡出类拔萃的人,不是进步者便是时代落伍者。如但丁的功绩,不过是把以往的思想集其大成,而他对于将来的改进除传播意大利文字之外,完全未曾提及。假如古代学者复生于今世,他们对于现代文化取什么态度,猜想起来一定是很有味的。我想阿基米德看了现代文化一定表示无限的欢乐。他会赶忙参观各工厂,天文台,制造厂;他会拿着全书一页一页地翻着细读;他会惊叹无线电与飞机的神奇。他看了现代的武器,一定是称赞不已;不过他不懂得何以不拿这些军器去消灭野蛮的民族。在几年之内,他就会精通我们的科学与数学,但是他所看到的我们的政治,却是不解之谜。

亚里士多德呢,恐怕他会把一半时间花在牛津大学的演讲厅里,一半时间花在动物园里。在动物园里,他就会盘问看守者那些动物有些什么习惯,而且他会提议怎样医治象的不眠症。在牛津大学演厅里,他所讲演的玄学,一定会引起许多人的钦羡,不过他稀奇何以这些人对于动物不发生兴味。他会与探险家和政治家交游,对于人类学极有兴趣。他讨厌现代的机械文明,憎恶民治主义。他不愿意去用地道,除非他和他的朋友有一辆专车。

柏拉图来了,会与英格做朋友。他对于现代文化的态度,完全和英格一样。

培根来了,会请他做"大英百科全书"的总编辑,但不久就会辞退他,因他借着百科全书来宣传自己的思想。他会惊叹博物馆、卡片目录、机器。他赞美工业,而以相对论及分量论过于玄妙,于实际无益。他与当代名人郊游。如果他发了财,就觉得这世界确实是很好的。

牛顿看了他所研究的理论现今这样通行，一定要后悔。他情愿关起门在三一学院里研究，憎恶摩托车、自行车，他想数学题目的时候，就有这些东西打扰他。他不喜欢机械。他觉得现代的美国不如安尼皇后时适宜于哲学家。他看了现代用纸币，也必觉得很惊奇，因为他原是铸钱局的局长。

我对于古代名人这种猜想，恐怕把他们的大名都弄小了。不过有许多大人物的裁判力，都为许多小事物所影响。我觉得这一点很紧要。因此，我们批评现代文化的时候，应当特别小心。凡欲以极客观的态度考查现代文化与19世纪以前的文化的区别，我以为应当留意以下几点。

第一，现代交通便利的突增。从最初用马为工具直到发明火车之前，运输的速度，大概都是差不多的。罗马帝国时的邮运和狄更斯时马车的速度差不多。火车可说是一个大改革，而不久就增到最高的速度。飞机又是一个新的大改革。航行呢，虽说从前在地理上增加了一些知识，但是直到汽船发明之后，才增加了速度。

第二，传递消息速度的增加。这种进步可分为三期：电报，电话，无线电。无线电的速度，和光一样快，从理想上看来，是不能再超过的了。关于这方面，我们差不多可说是进步到完美的地步了。

第三，机械的发明，代替手工业，以此促进人类物质的享受不少。

第四，公共卫生的改良，特别是20世纪开端以来。

第五，战术的进步，这是一小点，我也不必再加以发挥。

科学影响于学术上的进步，较物质的进步稍为迟缓些，不过也是19世纪才开始的。大概而论，科学一方面可说增加了人类的能力，一方面也减少了人类的夸大狂。中古时代，大家都以地球为宇宙的中心，人类为万物之灵。哥白尼发现了地球为无数小行星之后，上面这种论调，就受到了很大的打击。第二个打击是进化论，但是有许多保守者还反对这种进化论。第三个打击现在才开始不久，就是行为派和生物化学家对于心理的分析。有一个生物化学家说：神秘主义是因为血液含碱质过多而发生的。这种说法不知是真是假，不过我想对于神秘的感觉不久总有一种奇怪的解说出来的。物理、生物、心理，都渐次由迷信的学说而变为科学。这种变迁，对于人类的自夸，都予以打击。不过科学的胜利，增加了人类的能力，而人类也情愿忍受上述的种种打击。有许多人虽说在理论上反对科学，而实际上还是拜倒在科学势力之下。

科学的理论，发达到现在，也改变了性质。牛顿的"科学原理"，以前大都视为金科玉律，但是现代的科学家并不以为自己研究的结果是不可更改的。大凡现代的科学理论，不必是最后的真理，而发明这新理论的科学家，也不自以是最后的真理。现代对于真理的观念，并非永远的、固定的、确切的、真实的。因此，现代最新最好的科学理论，于实际上极有用处，而于理论上并不能使人十分满意。物理学越是进步，自然界越是解释不清楚。希腊时所谓原子，是一个很小的圆球，和普通物质一样，不过形体极小罢了。但是现代物理学家所谓原子，乃是一个小小的中心点射出许多光芒，而这中心点究竟是什么，却很茫然。所谓"从某中心点射出许多光芒"，我们过细想来，也没有什么确实的意义。科学的趋势，是日渐成为管理自然的技艺，而不是解释自然的理论。想了解自然的迷梦，已渐次为科学所打破。从前并非如此，这是近25年来物理学进步所促成的结果。这种趋势，更坚定了知识工具论的哲学。

相对论所发生的影响也是如此。爱因斯坦的相对论比牛顿的地心吸力更好，也算是特殊天才的创造，然而他所发生的影响完全不同。牛顿发明地心吸力的时候，当时英国和法国人都觉得他们已揭破宇宙的秘密了。当时上流妇女都热心研究牛顿的科学原理，而一般哲学家也乐于加以注释说明，使她们易于了解。但是爱因斯坦的相对论都使大家觉得他们的知识反而因此减少了。物理学的进步，在某方面固然可以引导我们的经验，然而对于自然界只能给与我们一种抽象的形式的知识。现代所谓地球循着轨道环绕太阳，并非如我们实际所想象的那样真确，这都不过是数学里的名词而已。牛顿的理论，使大家觉得很得意，而爱因斯坦就不然，虽则他的理论也很伟大。有些"自然律"，是人人皆熟习的；而有些自然律，不过好像统计上的号码而已。这句话或许不对，不过无论如何，从前那种自以为有把握的思想，现在是没有了。

最后，我们要讨论科学对于社会发生什么影响，而这些影响又引起了人类对将来有什么希望或恐怖。

科学文明有一个很不幸的影响，就是抹煞个人价值及独立精神。现代的大企业，都是集合群众为基础。工业时代社会干涉个人的自由，比较商业及农业时代都厉害些。机械虽使人群克服了自然，然而个人因群众而埋没了。在美国，合群的本能比英国较为发达，而对个人在政治上社会上的自由，也不大尊重，恐怕这也是各种原因之一。不过我想更重要的原因还是因为美国的种族过于复杂，大家不得不联合起来。科学文明虽然抹煞了个人自由，然而战胜自然是一种很大的幸福，即使牺牲大一点，也很值得。我想待将来人类惯于这种制度而加以纠正的时候，干涉个人的自由就要少多了。

群众的万能和个人的单弱，是科学文明的结果。这种结果，对于宗教道德美感的价值，都发生许多影响。罗马帝国时的属民，都以为个人的灵魂有永远的价值，以安慰自己，因为当时的平民在政治上并无地位，于是不得不在来生补偿这种缺憾。在现代机械发达的时代，因民主与科学的发达，一般人民就可从其他方面寻找补偿的机会。如现代的国家主义，个人可以与群众联合起来，共同合作。不过这种补偿，个人对于全体必须有所贡献，否则会被大家轻视。过去世界最盛行的抒情诗，大都是皇宫和贵族的出品。黑暗时代之后，腓特烈第二又极力提倡。当时皇帝的恋爱故事，大家都很注意，而皇上自己，也极尊重其事。皇上既是如此，于是朝臣皆仿效。这样恋爱就成为一种风气。不过在现今机械时代，把这种情绪过分地张扬是不可能的。

宗教与道德的变迁很慢，因为对于这方面情绪的抵抗力很大；不过如若科学的势力延长至数百年之久，宗教与道德也势必受其影响。现代道德的趋势，是减少恐惧，而增加希望；注意公共利益，而牺牲个人的权利。以往的传统道德，大都是注重个人灵魂与上帝的关系。在希腊罗马的共和时代，政治的义务是道德的一部分，但是早期的基督徒对于政治并无责任，因为基督教是由一般无政治势力的平民而产生的，因此，现代还有许多人以为奸淫比贪官污吏受贿的罪恶更大。此外，现代政府对于父母与子女的关系，干预得很厉害，如强迫子女受教育，禁止残酷地责打等。恐怕这种趋势的势力，将来日见蓬勃。

如果父亲无养育子女的能力，恐怕国家就要代替父亲的职务，而担负子女的经费责任。若果如此，家庭就不得不因而破裂，社会心理也大受影响。这样养育出来的子女，并非个性发达的青年，而是很灵敏而服从的军队，他们只忠于国家，而不必忠于其他任何团体。

最后，还有一个问题：科学的社会是否巩固呢？在这种社会里是否含有腐化的成分，而终究崩溃呢？希腊创立了一种很好的生活，但是不能经久；其中有一部分传入罗马帝国，其后又传入天主教会，但原有的成分就极其稀薄了。现代生活的科学色彩极浓厚，但是否也如前日的希腊，渐次消失呢？这确实是值得我们考虑的。

第一，是现代科学内部有矛盾。科学方法的基础是事实，凡无事实为凭证的，皆不承认。但是实际上，科学也有许多武断的处所，如神学一样，这是怀特海在《科学与现代世界》内曾经指出的。各种科学都建筑在归纳法上，而归纳法又建筑在桑达亚郡所谓"信仰"上。归纳法证据与有神论的证据一样多，但是没有一个能使人绝对信仰的。如果科学家故意对于理论的健全置之不问，科学或许仍旧进步如常，但是他们恐怕会丧失那种无畏的探讨精神，而造成一班正宗派的辩护者。如若他们专注重知识之工具论，而将理论方面，另作为一种学理的研究，那么，发现新理论的热诚就会消失了。我并不是说工具论是假的，不过我觉得这种论调不能鼓舞学者下力作思想的工夫。埃及的祭司发现了日月蚀是按期出现的，不过他们这种发现是因迷信而督促他们记录下来的。迷信或许是发现所必须的，不过科学家完全科学化的时候，恐怕科学的进步也要停止了。若果如此，他们就会仍归于迷信，而回到黑暗时代。不过我以上所说的种种，都是一种理想的推测罢了。

第二，科学文明还有一个更坏的结果，影响人口的——并非影响人口之"量"的方面，而是"质"的方面。大概现代的聪明人，平均看来，传种很少，而所传的种，总不足以保持其固有的数目。如果没有新的原动力鼓励他们传播，恐怕后代的聪明人日见稀少，而不足以维持固有的高尚文化。将来这种新的原动力，都必须比较无论什么政治能力要大些。英美为民治的崇拜所阻碍，俄国的马克思主义，根本就反对生物学。凡天主教势力范围之内的国家，都以人数的增多视为紧要。法国的经济制度，是根据拿破仑的宪法；要想施行什么优生的计划是绝对不可能的。德国要算最好的，然而机会也很少。同时，在最近200年内，后代的人日益愚笨。这确实是一种可忧的现象。

我们晓得罗马奥古斯丁时代的人比后一代的要聪明些，而罗马衰微，实因知识衰微的缘故。这种衰微，将重现于现代么？如果生物学有现代自然及机械科学一样发达，或许不至实现。若果如此，优生学就可从积极或消极方面来改良每代人类的智力，而不像现代这样日渐衰落。不幸生物学所研究的对象，与人生的关系过于密切，而且情绪道德宗教等阻止其进行。如果优生学实行起来，必有许多地方与人类的天性相冲突，从而使其难受。我们现在对于机械文明，就有许多讨厌的地方，如果实行优生政策，就必更加讨厌，于是大家都觉得这种优生政策还是不值得一试。

有一点是很明显的：现代西方的科学文明不能站着不动。我们必须有更进步的科学，否则我们无能力容纳科学，因而必致崩溃。若果崩溃，世界将渐次复归于蒙昧无知的状况。在这种状况之下，旧的机械或许还能存留一时，如六七世纪时罗马的水道，但时日久远之后，那些数十层的洋房，都会渐次倾颓，好像犹嘎旦印第安人的荒墟一样。

在本文之内，我并没有忽视机械文明的缺点，不过我觉得机械文明的优点比缺点要多。我可以举出两点为例：贫困的减少及公共卫生的改良。仅这两点，就增加了人类无穷的幸福，而这两方面将来的进步，还未可限量。

补救现代文明畸形的发展，不在乎拆毁科学，而在乎充实其内容。心理学、生理学、遗传学等，将来都可以有许多贡献。不过它们贡献的时候，应当特别注意一点：我们只须利用机械，不可崇拜机械。心理学不可专门去研究怎样减少工人的疲劳，以增加工业的出品。研究刺激品的时候，不可专想到这刺激品在星期一早上会减少工人的工作效能。优生学家也不必专门研究人类将来是否适宜于在工厂工作。机器是为人而造的，人不是为机器而生的。工作的目的，是在乎多给与人类闲空的时候以娱乐。如若没有做到这一步，工作就失去意义了。将来我们研究人类到了研究自然界一样精密的时候，也希望不要忘掉了我们最紧要的目标,还是人类的快乐。同时,我们也希望那些初次迷恋于机械文明的国家,快快把它们的"蜜月"度过去。因此,我盼望西方各国能够及早建设一种适合于人性的、巩固的、真实的科学文明。同时我也相信现代已有这种趋势。